大师的巅峰时刻

文学家卷

刘金星◎著

河北出版传媒集团
花山文艺出版社

图书在版编目（CIP）数据

大师的巅峰时刻. 文学家卷 / 刘金星著. —石家庄:花山文艺出版社, 2013.4
ISBN 978-7-5511-0868-3
Ⅰ.①大… Ⅱ.①刘… Ⅲ. ①文学家—生平事迹—世界 Ⅳ.①K811
中国版本图书馆CIP数据核字(2013)第059403号

书　　名：大师的巅峰时刻·文学家卷
著　　者：刘金星

策　　划：张采鑫　陈　新
特约编辑：梁　坤
责任编辑：刘红哲
责任校对：李　鸥
装帧设计：景　轩
美术编辑：胡彤亮
出版发行：花山文艺出版社（邮政编码：050061）
（河北省石家庄市友谊北大街330号）
销售热线：0311-88643221/29/31/32/26
传　　真：0311-88643225
印　　刷：大厂回族自治县正兴印务有限公司
经　　销：新华书店
开　　本：700×1000　1/16
印　　张：15
字　　数：220千字
版　　次：2015年7月第1版
2015年7月第1次印刷
书　　号：ISBN 978-7-5511-0868-3
定　　价：25.00元

Contents 目录

1 **灵魂的战车**

——与司马迁一起面对黑暗 /1

2 **梦里不知身是客**

——曹雪芹的人生悲情 /35

3 **无处安放的灵魂**

——鲁迅先生的风雨人生 /63

4 **寒鸦为谁鸣唱**

——与卡夫卡一起拥抱孤独 /127

5 **幕布为什么撕开**

—— 一生遭禁的劳伦斯 /157

目　录 Contents

6 **记忆是时间的俘虏**

——帕斯捷尔纳克的文学苦难 /181

7 **文学硬汉的悲歌**

——与海明威一同走过爱与恨的战场 /207

灵魂的战车

——与司马迁一起面对黑暗

司马迁（约前 145 或前 135 ~？），西汉史学家、文学家、思想家。字子长。夏阳（今陕西韩城南）人。司马谈之子。早年遍游南北，考察风俗，采集传说。初任郎中，元封三年（前 108）继父职，任太史令。太初元年（前 104）与唐都、落下闳等共订太初历，对历法进行改革。后因对李陵军败匈奴事所作辩解，得罪下狱，受腐刑。出狱后任中书令，发奋继续完成所著史籍，人称其书为《太史公书》，后称《史记》，是我国最早的纪传体通史。书中不少传记语言生动，形象鲜明，是优秀的文学作品，对后世史学和文学影响深远。

引　子

西汉武帝天汉三年，即公元前98年隆冬，莽苍苍八百里秦川，寒风凛冽，冰封雪飘。这样的天气，寻常百姓人家大都关紧柴门，偷闲在家，或围于炉前共享天伦，或邻里间把酒闲话，怡然悠然。

不过，在韩城芝川镇西门塬一个复姓司马的祠堂里却争得面红耳赤。他们的争论跟这个宗族的一个人有关，这个人曾给这个宗族带来过荣耀，是大家的楷模，而眼下这个人欺君罔上，犯了罪，死罪。重要的是，也许会有灭门之灾，甚至连累宗族。

族长急召宗亲商议，议题是如何保全宗族血脉。有人提议将复姓司马拆开，司，左边加一竖，单姓“同”，马字左边加两点，改姓“冯”。这一提议立即在司马祠堂里炸了锅。支持和反对者双方各执一词，僵持不下，争论来争论去也没有更好的办法，最后族长长叹一声说道：“愿意改姓氏的就请离开祠堂吧。但自己要记着，你们永远是司马姓氏的子孙！”

工夫不大，司马姓氏子孙已离去过半，还有一些东张西望，犹豫不决。族长摆摆手，于是，剩下的宗亲也一个个相继离去。独自面对突然空荡的司马姓氏祠堂，族长紧闭双眼，任凭浊泪不断滚落。他没有擦拭，而是慢慢跪倒在地。不知过了多久，待有人发现时，司马姓氏族长已气绝身亡，仍然保持着跪立的姿势。

与此同时，这个犯下死罪的48岁司马姓氏男人，没有按照汉代法律，或选择大义凛然的死，或选择拿50万钱赎罪，而是选择了更为残酷、更为屈辱的刑罚——他面无愠色、神情淡定地走进蚕室，接受了宫刑。

从此，他断绝了做男人的权利，更重要的是他辱没了妻儿、辱没了先人、辱没了宗族！

他为什么要这样做？一个知识分子，一个历史作家难道真的这样贪生怕死、毫无骨气、甘受其辱？

这究竟是怎样一个男人？忍辱负重，苟且偷生，仅仅是为了著书立说，流芳千古？

他忍受着身体和精神的巨大摧残，写下的是怎样一部历史著作？

后来，他在留给朋友的一封信里是这样解释的。他说：死，的确可以结束这一切。但此时选择死，就是向残暴权力屈服，就是对自己的人格和存在价值彻底抹杀。“假令仆伏法受诛，若九牛亡一毛，与蝼蚁何异？而世又不与能死节者比，特以为智穷罪极，不能自免，卒就死耳”。

这封信就是后来著名的《报任安书》，他信中对朋友任安几乎是大声呼喊：“仆诚以著此书，藏之名山，传之其人，通邑大都，则仆偿前辱之责，虽万被戮，岂有悔哉！”

此书最初书名叫《太史公书》，后称《史记》。后来——民国初期有个叫鲁迅的作家称赞《史记》是“史家之绝唱，无韵之离骚”。再之后，还有一个叫刘金星的男人，翻检了大量史料之后认为：这是一个有权势的男人（君主）和一个有理想的男人（作家）精神和生命的对决。武帝刘彻和史官司马迁共同完成了人类历史的极致。

但，历史没有赢家。司马迁拖着自己的残缺之躯记载了三皇五帝以来，乃至这个有权势男人家族的全部历史，历史却很少记载他。

班固的汉书《司马迁传》是这样记载司马迁的：“迁生龙门，耕牧河山之阳。年十岁则诵古文。二十而南游江、淮，上会稽，探禹穴，窥九嶷，浮沅、湘。北涉汶、泗，讲业齐鲁之都，观夫子遗风，乡射邹峄；厄困蕃、薛、彭城，过梁、楚以归。于是迁仕为郎中，奉使西征巴、蜀以南，略邛、莋、昆明，还报命。……卒三岁，而迁为太史令，紬史记石室金匮之书。……迁既被刑之后，为中书令，尊宠任职。……迁既死后，其书稍出。宣帝时，迁外孙平通侯杨恽祖述其书，遂宣布焉。王莽时，求封迁后，为史通子。”

寥寥数语，就把司马迁跌宕起伏的生平履历囊括了。简洁明了，却无法让后人感受一个知性的、立体的、血肉丰满的司马迁。因此，在中国文学的历史画卷中，《史记》名气很大，真正了解司马迁的人却很少。跟我们这代作家恰好相反，作家名气很大，其作品却鲜为人知。因此，这个叫刘金星的男人，现在决心走进他，感受他——与作家司马迁一起拥抱黑暗……

一

龙门古为陕西韩城的代称。这个代称据说跟韩城龙门山有关。当年大禹为治理黄河水患将龙门山凿开，一分为二，横跨黄河，两山隔岸相守。地理环境的突然改变，每年都有许多鲤鱼游集于龙门山下，跃上跃下争跳龙门，很是壮观。鱼跃龙门，过而为龙。李白还专门为此写过一首诗：“黄河三尺鲤，本在孟津居，点额不成龙，归来伴凡鱼。”龙门山在韩城人心目中，充满了神话和神秘色彩。大家熟知的“鲤鱼跳龙门”的故事，就于此演绎而成。后以“鲤鱼跳龙门”比喻中举、升官等飞黄腾达之事。再后来，因为一个历史人物的出现，一个历史事件的发生，又被人们喻作逆流前进、奋发向上之意。

话说汉景帝中元五年（前145）二月初八卯时，距龙门山不远的芝川镇，一个复姓司马的人家里传来婴儿的啼哭声。哭声嘹亮，响彻龙门山。

只听有人满心欢喜地喊道：生了，生了。是个男孩！

祖父司马喜闻讯竟喜极而泣，热泪交并。父亲司马谈则高兴得像个孩子在院子里手舞足蹈，以致有人唤他都没有听到。唤他的是芝川镇方圆几十里有名的接生婆韩高氏。韩高氏提醒司马谈进屋看看孩子。随后嘟囔说，她接生三十年从来没有见过嗓门这么高，哭起来没完没了的孩子！

是的，这个紧闭双眼，还没看到世人面目的孩子，刚刚落地，就开始了长久而响亮的哭泣。他的急促的哭声，给这个喜悦的家庭带来了些许不安——但他毕竟来了。司马府久已盼望的首子终于来了。《易经》有云：“君子以见喜则迁。”因而，给这个孩子取单名一个“迁”字。

二

司马迁出生的时候，父亲司马谈还未出仕做官，在芝川镇以耕牧为业。但司马祖先毕竟是书香门第，世代为官。他的远祖在周代为史官，七世祖司马错为秦国蜀郡太守，五世祖司马靳为秦国大将白起的都将，四世祖司马昌是秦皇嬴政主管冶铁的大臣，曾祖司马无泽是汉初长安市长，祖父司马喜官至五大夫。到了父亲司马谈，虽说尚未出仕，却学识渊博，立志出任史官，献身于史学事业。这就不同于一般的农耕家庭。司马喜耕牧之余，孜孜以求的治学精神，势必会对童年时代的司马迁产生重大影响。汉书《司马迁传》说他 10 岁通古文，的确不假。

司马迁天资聪颖，6 岁入学之前，在父母的精心授教下，就具备了相当牢固的古文基础。入学后在课堂上所提问题老师常常不能作答。两年后，在全县五所书院考生会考中，司马迁一举夺魁，名列榜首，得奖银二十两。司马迁不仅过目成诵，能记善背，而且文思敏捷，出口成章，令人交口称绝。随着时间的推移，神童司马迁的名气，很快传遍了芝川镇、夏阳县，乃至龙门山。但司马谈对儿子寄予的希望还不仅限于此，他希望司马迁学富五车，将来继承祖业，出任史官，为史学事业做贡献。因而在司马迁很小的时候，就有意识地教授他学习以历史为主的知识，如《左传》《春秋》《国语》等古代史籍。在汉朝，想步入仕途，不仅要能背诵一些制度条文，能理解、发挥这些条文的意思，而且还有严厉的文字制度，会八体的书写，这样才具备推举做官的基础。父亲的言传身教对司马迁的影响日益加深，尤其司马谈后来所著《论六家要旨》，对阴阳、儒、墨、名、法、道六家学说言简意赅、见解精深的评述，为司马迁日后献身史学研究起到了榜样的作用。

汉武帝建元年间（前 140~ 前 135），司马谈做了太史令后，很快把儿子接到长安求学。汉朝经历高、惠、文、景四帝七十多年的休养生息，到汉武帝即位时，经济、政治、文化、军事等各方面都达到了空前的强盛。都城长安，是全国的政治、经济、文化中心，城区中部和南部为宫殿、官府和贵族官僚的“北阙甲地”，占全城三分之二。城西北部为工商业区，有东、西九市。北边的一部分是一般居民区。“北阙甲地”宫殿耸立，鳞次栉比，金碧辉煌。尤其是长乐宫、未央宫、桂宫，还有正在修筑的北宫、明光宫、建章宫、武库以及上林苑、昆明池，都显示出汉朝的强盛发达。最重要的是京都长安，文化名流云集，还有“金匮石室”的国家图书馆，馆藏古往今来大量图书和秘籍，可方便拜师请教和查阅典籍，这一切，无疑为司马迁提供了良好的学习环境。司马谈清楚，要想使儿子在学术上有所造诣，就得敦促他多读书，学会读书。学会读书，就必须有名师指点。因此，司马迁来长安不久，便带他先后拜访了董仲舒和孔安国，后正式加冠拜师。

董仲舒为一代儒学大师，其“罢黜百家，独尊儒术”的学说，正与坚持黄老思想的司马谈观点相左，却要让儿子拜他为师，由此可以看出太史令司马谈的眼界和心胸——学术和政治（统治阶级思想）不能混为一谈。同时，他在整理古籍古史过程中，常感叹自孔子之后，史事零乱，无人著述，因而著述历史逐渐成了司马谈最大的心愿。尽管自己思想上与统治思想相悖离，也并没有使司马谈放弃献身史学的理想。他相信儿子，希望儿子向儒学大师董仲舒学习《春秋》，在史学上有所建树。

作为学生的司马迁自然会耳濡目染接受董仲舒的一些思想，但是并没有在他心中占主要位置，乃至在他后来的著作《史记》中，也只把《董仲舒》归入《儒林列传》中；而鲁都曲阜人孔安国，是孔子第十二世孙，也是经学大家，以今文校读《尚书》《礼记》《论语》《孝经》等闻名。现奉诏作《书传》《古文孝经传》《论语训解》等书。司马迁主要向他学习古文经学的故训，以及别择古文资料的古文学，掌握考信历史的方法。

几年以后，在良师的指导下，勤奋刻苦的学习，使司马迁的古文治学日渐精进，学术功底日渐深厚，并很快远近闻名，成了都城长安年轻博学的才子。少年得意，年轻气盛，也多少有些自负。有一天，两位经学大师当着司马谈的面一番夸奖之后，少年才子司马迁自负的心里有些膨胀：“自拜二位鸿儒为师，重新学习了《春秋》与《尚书》之后，犹若井蛙见天，豁然开朗，随之也就野心勃勃起来。于是我想写一部贯通古今的史书，可与《春秋》齐名，可与《尚书》相提，书名姑且叫《史记》如何？”

司马谈立即打断儿子严肃地说：“乳臭未干，好不狂妄！”随后又说：“潜心研史是对的，欲写一部有价值的史书，单凭读万卷书，远远不够，有道是能行之者未必能言，能言之者未必能行。还必须考信核实，具体实践！”

董仲舒和孔安国十分赞赏太史令的见解和主张。最后三人商定，让司马迁走出书斋，漫游山河，采集民风，搜求遗史，广开视野，体察民情，考信核实，以求知行合一。

公元前 126 年（汉武帝元朔三年）仲春，20 岁的司马迁暂时停止了对古文、经传的攻读，告别亲人，走出家门，开始了历时两年多遍访名山名川、考察风土人情、搜集史料的漫游生活。

三

汉书《司马迁传》为我们提供了司马迁出游的地点，却没有详尽说明在长达两年余的时间里，司马迁一路走来都考察了哪些风土人情，搜集到了哪些史料，心灵受到哪些震动与人生醒悟。还有最重要的一点就是正史上几乎都没有记载司马迁这次出游的艳遇。与杨文卿偶然的相遇，成就了人世间一段美好的姻缘，这自是后话。现在我们跟随司马迁“南游江、淮，上会稽，探禹穴，窥九嶷，浮沅、湘。北涉汶、泗，讲业齐鲁之都，观夫子遗风，乡射邹峄；厄困蕃、薛、彭城，过梁、楚”，最后满载而归。武帝刘彻龙心大悦，遂提拔司马迁为郎中——司马家族又一颗史学新星由此开始走向仕途。不久，“奉使西征巴、蜀以南，略邛、莋、昆明，还报命。”25 岁时，他奉诏以使者监军的身份，出使西南夷，担负起在西南设郡的任务。足迹遍及邛、莋、昆明等地。尽管史书记载文字寥寥，却使我们从历史缝隙中，看到了或感受到了一个怀抱崇高理想的青年才俊，在这万里长途跋涉中的故事和年轻生命的律动。

话说司马迁在十里长亭与父亲司马谈话别后，并没有急着出关，而是逗留几日，游览了三秦名胜，访鸿门，考察阿房宫遗址，凭吊黄帝陵和秦始皇陵墓，而后来到华阴境内的三河口。滚滚渭水自西而来，滔滔洛河从北而至，二水在芮乡相汇，合流而东在风陵渡汇入黄河。三河相汇，泾渭分明。然而，在这里司马迁的感情却无法像渭水和泾水那样分明，心中的潮水夹裹着泥沙如黄河般奔腾咆哮！何故？自然是风流倜傥的青年才俊与风姿绰约的渭水才女偶然邂逅，心与心相撞，情与情相融，迅速汇成了波涛翻滚的爱情江河。

青年才俊司马迁自不待言。杨文卿则是八百里秦川远近闻名的儒学大师杨敬尧的女儿。杨敬尧潜心学问,效法孔孟,以淡泊名利著称于世。其女杨文卿自幼聪慧睿智,过目成诵,杨敬尧将其视为掌上明珠。他们二人,可以说是天造的一对,地设的一双,杨文卿的出现必将为司马迁的漫漫征途涂抹上炫目的色彩。更重要的是她将会成为这个有志青年的最佳伴侣和日后编撰《史记》的坚定的支持者。

后话少提。司马迁恋恋不舍地告别了杨文卿,踏上了南下的漫漫征程。出武关,经宛、襄阳,至江陵渡江。从南郡渡江后,东去会稽,探禹穴。会稽山位于现在浙江绍兴县的东南,据说大禹做了部落联盟首领之后,曾经在这里约集各部落头领,对各头领的功劳进行评定,会稽山因此而得名。会稽山上有一孔洞,禹死后葬在这里,人称之"禹穴"。禹穴就是禹陵。但司马迁考察的结果证明此穴不是陵,而是井。

司马迁在这里搜集了许多春秋战国时期的史料和传说,比如,发生在这里的越王勾践卧薪尝胆的故事。他还找到了秦始皇当年立的石碑,并把碑文完完整整地抄录了下来,成了他日后撰写秦始皇事迹的有力佐证。之后,司马迁西返苍梧之野,窥九嶷。九嶷山在零陵郡营道县(今湖南宁远县)境内,这里埋葬着舜帝。山上有斑竹,远远看去,像点点泪痕洒在竹竿上,据传是当年舜的两个妃子娥皇、女英的血泪化成的。舜即位后任用贤人,让禹去治理水土,让契管理人民,让益掌管山泽,让皋陶做大理。一一安顿好以后,舜便继续南巡。但这次却病死在了南巡途中。于是娥皇和女英沿一路哭着寻找舜的葬身之地,历经千难万苦,终于找到了舜的安葬地——九嶷山。娥皇和女英悲痛交加,对着满山的竹子放声大哭,哭啊哭啊,泪水牢牢地印在九嶷山上的竹子上,斑斑点点,当地人称为斑竹。这自然是神话传说,因为上古时候,无文字记载,其历史多来自神话和传说故事。这就为司马迁以后的写作打开了想象空间。《史记》因史实而确凿,因传说而瑰丽!

司马迁从苍梧之野北上长沙,到汨罗屈原沉渊处凭吊。长沙是楚先王的始封之地,城西的湘江东岸有先王的古城遗址,宫殿、太庙等建筑的基础尚清晰可辨;城西南岳麓山下先王的陵墓尚在,古坊、石兽犹存。司马迁凭吊了楚王遗迹之后,来到汨罗江畔的玉笥山下。这里是屈原最后生活和写作的地方。司马迁在汨罗江边徘徊许久，心情十分沉重。滔滔的江水是否还记得这位伟大的诗人？两岸匆忙奔波的人们是否读懂了诗人那旷世之作？《离骚》《天问》那奇特的想象、大胆的夸张、绚烂的文采、完美的韵味，好似江岸传来的那幽怨的独箫声，在年轻的学子心中泛起层层的涟漪。各种复杂的感情荡涤着他的心胸；对屈原的敬慕、同情；对楚怀王、顷襄王的指责、不满；对靳尚、子兰等人的愤恨，还有对历史的感叹等等。司马迁又想起父亲的叮咛，想起父亲对他的期望，他立志继承父亲事业的信念更坚定了。“路漫漫其修远兮，吾将上下而求索！”

离开了汨罗江，司马迁又凭吊了贾谊的遗迹，然后从长沙溯湘江而上，越湘南辗转到湘西，顺着沅水而下，沿着长江东行，登庐山，观禹疏九江，漫游吴越。庐山，一称匡山或匡庐，相传殷、周间有匡氏兄弟结庐隐居于此而得名，在今江西九江市南部，耸立于彭蠡泽（今鄱阳湖）畔，长江之滨，为古老变质岩断块山。

司马迁下了庐山，向东北上姑苏，望五湖（今之太湖），观春申君宫室。姑苏山下曾经是吴国的都城，山上阖闾曾筑有姑苏台，其孙夫差又于台上立春宵宫，为长夜之饮。相传这建宫的栋梁就是越王勾践派大夫文种送来的。后来吴为越所灭，整个姑苏台并春宵宫，被盛怒的越军付之一炬，如今只剩下了残垣断壁。当年吴越争霸的鼓角声似乎还在脑际迂回；项羽和他的叔父项梁，在姑苏山下高举的反秦义旗，还在猎猎飘扬；历经了百年风雨的春申君黄歇故城和宫室，还依旧透露出一种豪门贵族的华丽之气。围绕着姑苏台、春宵宫和馆娃宫，司马迁居姑苏数日，四处采撷、搜集传闻逸事、传说故事，将其连缀起来，便构成了吴越争霸的历史。

之后，司马迁继续渡江北上，来到了淮阴（今江苏淮阴市东南），这里曾是秦汉时期著名的军事家韩信的故乡和封侯之地。在这里，他听到了不少淮阴侯韩信的故事。韩信本是淮阴的一个流荡青年，贫无以食。秦末动乱，先投靠项羽，未得重用，又投奔刘邦，仍未被重用而逃离，后经萧何推荐，举为大将，一步一步，为刘氏江山铺平了道路，也实现了自己宏伟的政治目标。韩信功高震主，却不知韬光养晦，而又恃才傲物，最后被夷灭三族。如此英才，竟落得如此悲惨的下场，引人深思，发人深省，令人唏嘘慨叹！

司马迁怀着种种复杂的心情离开淮阴，继续北上。渡淮、泗，涉汶、济，直抵齐都临淄。自西周时期，临淄便是齐国的首都，它是当时最繁华的名城。史载：“临淄甚富而实,其民无不吹竽、鼓瑟、击筑、弹琴、斗鸡、走犬、六博、蹋鞠者。临淄之途,车毂击,人肩摩,连衽成帷,举袂成幕,挥汗成雨,家敦而富,志高而扬。”就是说,临淄城大城小城相套,大城是官吏、平民及商人居住的郭城,小城是国君料理政务及其居住的宫城。如今的临淄城,依然保持了当年的风貌,小城内的宫殿巍峨,鳞次栉比,错落有致,金碧辉煌;大城里街道纵横似棋盘,宽阔整洁,街道两旁店铺林立,店内货物琳琅满目。长街之上,车水马龙,往来行人,比肩接踵。循街而行,处处弦歌,人人昂扬。这些尚武、旷达、重功利的齐文化特点,为司马迁日后《史记》撰写齐人齐事提供了必要的文化准备。然后,他南返直奔鲁都曲阜——一代圣贤孔子的故乡。曲阜是古代的文化中心,历代都有不少知识分子到这里朝拜,也自然是司马迁景仰的地方。司马迁专门跟董仲舒学过孔子的《春秋》,对孔子,自然有一种特殊的感情。他首先朝拜了孔庙与孔林。孔庙是孔子生前的居室和弟子们的住所,里面陈列着孔子的衣、冠、琴、车、书等遗物。孔子的学生总共有3000多人,其中有72个成了很有名的贤人。公元前479年,孔子去世后,他的弟子为他守孝三年,仍然不忍心离去,于是干脆搬到孔墓附近住,后来一些儒生也搬了来,渐渐有了几百家,人们把这里就叫作孔里。每年到了一定的时节,孔子墓前就挤满了前来祭祀的人群。人很多,但绝少有不愉快的事情发生,人人彬彬有礼,个个相互谦让。各地的儒生也经常到孔子的墓前演习饮酒和射箭等古礼。孔子68岁返回到鲁国,开始了《诗经》《尚书》《易经》《春秋》等古籍的整理与编订工作,直到去世。

由峄山向南,司马迁辗转来到了战国四公子之一孟尝君田文的封地薛县(今山东藤县东南)。在这里他感受到了与曲阜一带很不相同的民风,曲阜民众深受孔子遗风的影响,重视礼节,温文尔雅,但薛城的民风却比较强悍,有不少暴戾的行为,让司马迁一时接受不了。司马迁不明白这其中的原因,就向当地的老人们求教。老人们告诉他,很久很久以前,薛城的人不是这个样子的,大家相互之间相敬相亲,十分友好地相处,后来孟尝君十分好客,吸引了天下大批人士来投奔,来者不论是仁义之士,还是偷鸡摸狗之辈,孟尝君一概收下,有些做了坏事的人,也到他的门下逃避法令的惩罚,不法之徒投奔到薛县的竟有6万多户,这就使得当地的民风大变,成了现在这样。传说中的孟尝君好客自喜,果然名不虚传。

下了峄山,司马迁在乡间小店里整理他出武关以来数月来的考察成果之后,不辞辛劳来到彭城（今江苏徐州市）。彭城是楚霸王项羽的都城，也是秦楚战争和楚汉战争的战场，历史上许多事件都与这个地方有着密切的联系。但因长期奔波，风餐露宿，司马迁积劳成疾，来彭城不久便病倒了。店主心地善良，为他请来了当地老中医诊治。没想到这次邂逅，竟是天赐良机。这位年过百岁的老中医是项羽的后裔，名祖燕。燕者，楚之名将项燕也。司马迁从祖燕口中了解了许多项羽青少年时期及起义初期时的珍贵资料。项羽年轻的时候，不爱读书习字，亲友们大伤脑筋，干脆送他去学习剑法，项羽也不好好地练，叔父项梁很生气，项羽却说，读书习字，能写自己的名字就可以了。学剑只是为了防身，斗一两个人可以，与万人争斗就派不上用场了，也不值得学。我要学能统御千军万马的本领！

司马迁不禁为项羽少年时代的远大抱负而感动，也为后来欲以武力平天下，只有莽夫之勇而缺乏谋略的项羽表示惋惜，更对项羽的悲惨结局产生了深深的同情。项羽只能算做豪杰，而不能坐位天下、治理四方。后来在《史记》里司马迁对这位英雄豪杰着墨最多。

彭城附近的郡县，也是史迹较多、史料颇丰的地方。比如，彭城西北的沛县（今江苏沛县东）和丰县（今江苏丰县），是汉高祖刘邦及其手下许多文臣武将的故乡，也是带领他的哥们起义造反的大本营。萧何、曹参、周勃、樊哙、夏侯婴就出生在这里。萧何当年是丰县沛狱的主吏，经常资助刘邦，后为刘氏平定天下立下汗马功劳，并一生矢志不移地追随刘邦；曹参原为秦朝低级官僚，后跟随刘邦南征北战建立汉家王朝后，被提拔为丞相；周勃足智多谋，不仅为高祖建功立业，还辅佐汉文帝平息汉室之争；樊哙是卖狗肉出身，后随刘邦四处征战，特别是在鸿门宴上因救驾于沛公刘邦，而声名鹊起；夏侯婴原为刘邦的“司机”（ 驾过车），后来被封为汝阴侯，人称“滕公”。而刘邦年轻时是一个浪荡子，后来当了泗水亭长，仍然不务正业，常和一些贩夫走卒饮酒作乐。这样一个好说大话、蔑视官吏的无赖，在公元前 209 年，由于陈胜、吴广率先举起义旗，为他提供了样板和时机。他斩杀沛令，召集人马，迈出了他宏伟大业的第一步。在这里司马迁不仅了解了刘邦及其部属们鲜为人知的趣闻逸事，还获得了大量的“金匮石室”正史中无法记载的真实故事，如陈涉少为佣耕有鸿鹄之志的慨叹，刘邦青年时的种种无赖行径，樊哙屠狗，曹参为狱掾，萧何为主吏，张良亡下邳，陈平为社宰，周勃织薄曲，韩信贫少时受胯下之辱等，后来这些都成了《史记》中的最精彩的篇章。公元前 125 年(汉武帝元朔四年)岁末,司马迁结束历时两年的漫游考察,满载而归,从大梁返回都城长安。这耗时两年多的漫漫征程,期间的艰辛与困难已经无法用文字描述了。我们似乎看到了青年司马迁满身的征尘,满目的倦容;我们似乎感受到了一个有理想有抱负的青年学子的执着与坚韧!

在返回长安觐见了武帝之后,司马迁便深居简出,闭门谢客,专心致志地整理两年来的考察资料,总结经验,开始构思《史记》的写作。当然也没忘记途中艳遇,天赐良缘,他恳求父母托媒人,下聘礼,尽快把杨文卿迎娶回家。

四

公元前 124 年,即司马迁远游归来第二年,22 岁的青年学子被任命为郎中,以此为起点,漫漫的仕途生涯开始了。

汉朝郎官系统有议郎、中郎、侍郎、郎中四级。郎中处郎官系统最低一级,但也有车、户、骑三将,秩皆比千石(实领八十斛)。郎官均为皇帝侍从,虽分四等,但都可积资外迁,得为外朝各部门的长吏,出守地方为令、长。官虽不大,平常可接近皇帝,算得上是皇帝的亲信,被人们视为出仕的正途,是仕进的阶梯。

汉朝的郎中,一般来说有两种来源。元朔五年(前 124)以前,只要是父亲的官俸在二千石以上的,就可以被选做郎中。董仲舒对此曾提出异议,认为官宦子弟未必都是德才兼备的优秀分子,选举皇帝侍从需要慎重。后来武帝采纳了丞相公孙弘的意见:18 岁以上的优秀青年,可以补博士弟子员,朝廷每年给出 50 个博士弟子员的名额给民间,这些挑选出来的 50 个博士弟子员,经过每年一度的考试选拔,成绩优秀的,就可以入仕做郎中了。

司马迁的父亲司马谈官为太史令,官俸六百石。因此说,司马迁是凭着真才实学先入选博士弟子员而正经通过考试争取到郎中这个职位的。

其实司马迁根本用不着这么复杂的程序。法律是人定的,何况还是一贯不拘礼数、率性而为的武帝刘彻,不就一句话的事嘛!的确,武帝在司马迁远游考察回来不久就想许以官位。

为完成一部贯通古今的史书，刚满20岁的青年学子司马迁，独自在外漂泊两年有余，最终满载而归，这件事曾在京城长安轰动一时，有口皆碑。此等非凡经历和勇气，非常人所为。武帝早已龙心大悦，再加上董仲舒和孔安国两位经学大师时常在武帝面前提及司马迁的非凡才华，以及执拗的秉性和做学问矢志不渝的精神，希望武帝能够提携重用。武帝早把自己所钦定的郎中入选律条抛到了脑后。选定一个风和日丽的下午召见了司马迁，并表达了先提拔他为郎中再伺机擢升的美意。没想到这个不知深浅的少年郎却一口拒绝，真是少年狂妄。武帝有些恼怒，但听了司马迁的陈词，忽而转怒为喜。

司马迁先大礼拜谢陛下的隆恩盛德，然后说道："孔子曰名不正，则言不顺；言不顺，则事不成。今陛下倘颁旨命仆为郎中，恰如孔夫子之所言。回首以往，官二千石以上，视事满三年，子与侄一人可为郎；家资五百万，可选为常侍郎，张释之、司马相如，皆以此为郎；李广、赵充国，皆出自行伍，善骑射，杀虏立功为郎；金城、陇西、天水、安定、北地、上郡等六个边郡的良家子，由郡国推荐为郎。上述途径，仆全不具备，何以能官为郎中！仆已过加冠之年，却无功于国，无惠于民，忽为郎中，岂不让天下议论，说仆凭仗皇亲国戚方步入仕途？如此，仆固然名声不佳，而对于国家和陛下，危害尤大，万民必说陛下任人唯亲，徇私枉法，陛下怎么能够有法御四海而制六合呢？国家既然从博士弟子中通过考试选拔郎中，仆便由此路而入仕。虽说博士弟子是选择孝悌子弟，由乡曲推荐到太常，太常审核合格方能入选，仆今尚非博士弟子，然董、孔两位大师既收仆为弟子，仆必能从恩师处学得应有的知识，届时前往应试。考取郎中，如愿以偿，为国效力；倘试不第，仆仍可耕牧之余，修身治学，完成修史之志愿，以报隆恩！"

武帝听了连连点头称是："贤弟，果然有志气，难怪董仲舒、孔安国两位爱卿时常夸赞贤弟！"

行文至此，读者肯定心存疑惑：武帝刘彻因何称司马迁为贤弟，皇帝究竟跟司马家是什么关系？笔者觉得有必要解释清楚。司马迁有个姐姐，叫司马蓉，年方18岁那年，被选入宫中。司马蓉天生丽质，端庄娴静，再加上家学渊源，气质高雅，雍容高贵，色艺双绝，很快得到皇帝宠幸，不久被加封为蓉妃。后因李贵妃的胞弟、武帝的小舅子李广利畏敌不战，向匈奴求和，在雁门关与胡虏签订和番条约，司马蓉被迫别离京都长安，下嫁单于。武帝自觉愧对司马一家，也感念司马蓉，很想寻机报答。武帝这次欲要破例提拔司马迁，是否也因负疚之心呢，不得而知。因为“金匮石室”正史没有记载，野史也无留痕，只留给读者诸君一个想象空间。如此说来，司马一家算正宗的皇亲国戚，再后来莲贵妃的出现，更是亲上加亲，暂且不表。只说司马一家，笔者还有一个疑团未解。既是皇亲国戚，武帝又有报答之意，却不知太史令司马谈因何总是提拔不上去，至死仍官为太史令。是老丈人不得这个皇帝女婿欢心，还是自己才学不够、品行不端、人缘不好？在汉室浩繁的史料里，基本看不出来，或者说汉史已经详尽表明，司马祖上世代为官，司马谈出仕前，致力于史学研究，学识渊博，他所著《论六家要旨》闻名遐迩，令世人叫绝。而且为了实现自小立志出任史官的理想，曾拜名家为师，如著名的天文学家唐都，《易经》专家杨何，黄老学派的黄生等，并最终成为一位道学大师。司马谈可谓家学渊源，史学功底深厚，尤其坦荡磊落的品行和严谨虚心的治学态度，深得众人钦敬。那么，是武帝刘彻昏庸，分不清好歹人？汉史认为不是，司马谈甚至其子司马迁也认为不是。可武帝为什么舍君子重小人？他的另一个妻舅李广利是何等卑琐、何等庸碌，却一再提拔重用，最后官至贰师将军。武帝后来就是因为过于袒护他，才使一代英才司马迁自请宫刑。笔者无法解释这段复杂的历史。这不仅是一段史实，更是一段感情恩怨史，或者感情牢狱——仿佛是上天安排，或者命中注定，司马一家欠刘家的！

以上历史人物，比如武帝、莲贵妃、李广利等还将在下面的章节出现，暂且不表。因为眼下本书主人公司马迁，还有一项个人重要事情——迎娶华阴才女杨文卿。

有史记载，杨家数代以仁德立本，以忠厚传家，到了杨敬尧辈，则养性修身，潜心学问，效法孔孟以设坛讲学为业。杨敬尧一向淡泊名利，鄙视仕途，极少与官场人等交往。就连视为掌上明珠的膝下小女的婚嫁，都约法三章：不嫁贩夫走卒，不嫁胡虏异族，不嫁官宦人家。不日国舅爷李广利托人来说媒，就被杨敬尧严词拒绝。为此李广利耿耿于怀，还让人捎信恐吓杨家，杨敬尧却仍不为所动。司马府在当地远近闻名，声望也很高。司马迁独行万里遍游山川，搜访史迹的故事，也早已灌满了杨敬尧的耳朵。传说中司马迁有理想抱负，不仅才高八斗，出口成章，而且英俊潇洒，倜傥风流。提亲说媒的挤破了门框，踏破了门槛。因此，当司马谈托人来提亲，杨敬尧最初似有所动。但有约法三章在先，还是摇头拒绝了。这可急坏了在门外偷听的杨文卿。三河口与司马君一别,已整整三载。三年来,少女的梦里每回都会出现一个英俊的郎君脉脉深情地望着她,冲她挥手告别。她想追上他,可是追啊追,总也追不上;她喊啊喊,总也喊不出声音。她眼睁睁看着那个既清晰又模糊的身影渐行渐远——梦醒之后,两眼泪痕,既幸福又感伤。一日日,一夜夜,春去了又来,山青了又黄,梦绕魂牵,辗转反侧,吃尽了相思之苦,仍不见郎君的身影。只是不断有消息传来:郎君满载收获,顺利返回京都;郎君潜心学问,高中郎中,成了皇帝的红人。杨文卿既激动又担心,既快乐又伤悲,既自豪又自卑——郎啊郎,难道三河口一别,要成为永别,难道你忘了山前之盟,河边之约!不会的,绝不会!杨文卿相信自己的眼睛——在看了郎君最初一眼和最后一眼之后,她就断定,这个人永生永世将会与她连在一起,永生永世什么力量也无法将他们分开——喜鹊迟早会在枝头鸣叫,蝴蝶迟早会在窗前飞舞,明媚的春光都需要经过冬雪的酝酿啊!

现在这一切都来了。可是爹爹却要赶走它们,杨文卿能答应吗?不能,决不能!她顾不得少女的矜持了,顾不得杨府的颜面了,她要告诉爹爹,告诉媒人——三河口邂逅,一见钟情,已私订婚约了!

后面的故事,不必用文字叙述,我们也可以想象得到。因此,作者省去笔墨,留白于后,任由增添。作者急于告诉的是事实和结果。多日后,一个阳光明媚的日子,太史令府张灯结彩,大办宴席。从此,这个大胆泼辣、聪明伶俐的少女成了司马府的一员,成了有志完成贯通古今、史学文学之大书的司马迁的贤妻和助手;从此,她将要与郎君风雨同舟,荣辱与共,生死不移。因为,后面的路还很长,漫漫征程,茫茫黑夜,风霜雨雪,泥泞坎坷,将会在这个由少女而妇人的旅程中递次出现——她做好心理准备了吗?

五

洞房花烛夜,金榜题名时。人生两大喜事接踵而至,司马府上下一派欢乐祥和气氛。司马谈老两口喜上眉梢,笑逐颜开;司马迁杨文卿小两口更是如漆似胶,缱绻依依。都说祸不单行,福无双至,依作者看来未必。好事有时挡也挡不住,就像那和煦的春风，谁能阻挡她矫捷的步伐！话说一日，宫中内侍急匆匆前来太史令府报喜。刚得两喜，又来一喜，司马谈有点找不着北了。只顾得叩头谢恩，竟忘了给内侍赏银。如若不是儿媳杨文卿提醒，差点失礼得罪内侍，埋下隐患。

那么，司马府这次喜又从何来？这得先从匈汉实行和亲谈起。汉与匈奴实行和亲政策以来，特别是前期胡强汉弱之际，多是汉家皇室女子到匈奴去服侍单于，即所谓“和亲”，以缓和匈奴对汉的入侵。随着汉武帝富国强兵政策的落实，汉之军事实力的不断强大，匈奴逐渐北撤，当汉朝大军压境之时，他们也效仿汉朝，选一公主或嫔妃来汉和亲，以解燃眉之急。眼下正值大汉鼎盛时期，匈奴敬献大汉皇帝胡女，已不算什么新鲜事了。这次敬献给武帝的是匈奴单于的姐姐银花公主，司马谈父子自然早就知道了。可想不到银花公主会给司马家带来喜讯：司马蓉一切安好！更无法料到司马家第三喜竟是这个异域女子：她要认司马谈为义父！后来司马谈才知道，这既是银花公主的意思，也是武帝的意思。显而易见，武帝是因为司马蓉之故，而银花公主却是为何？银花公主虽说生在帐篷里，长在草原，但毕竟生长在宫中，嫔妃争宠，互相倾轧，明争暗斗，早给她的心灵蒙上一层阴影，使她政治上过早地成熟。现在远离故土和亲人，背井离乡来到汉宫，她无可选择地要选择政治上的靠山。司马氏世代忠君爱国，司马谈父子诚实正直，自然是她的不二人选。银花公主后得武帝宠幸，加封贵妃，因跳百叶莲花出众，武帝封她为莲贵妃。

此后，莲贵妃以女儿的身份时常到太史令府拜见司马谈，在宫中与司马迁相见，则以姐弟相称。到此为止，司马一家与武帝可谓亲上加亲，司马迁成了双料国舅爷。武帝也不拿他当外人，经常在莲贵妃的寝宫召见。武帝和莲贵妃立下规矩，凡司马迁来到后宫，彼此便是一家人，不再拘礼，要像寻常人家一样，随随便便，亲亲热热。此时的司马郎中有武帝和莲贵妃罩着，可谓春风得意，仕途顺利，前途无限。但随着与武帝近距离交谈，他渐渐发现，这是一个纵欲无度、骄奢淫逸的男人。一时性起，居然当着司马迁的面与莲贵妃亲热，令人脸红心跳，无地自容。完事后却张口许与司马迁中大夫，秩二千石，总领郎官系统的一切事宜。

司马迁闻听此言，一时竟忘了君臣之礼，赶忙说，不可，不可！

如若换作别人，肯定会忙不迭叩头谢恩。而这个小小的郎中却赶忙说不可，这使武帝有了兴趣。武帝问他因何不可，莫非嫌官小职轻？

此时司马迁已稳住了神，施了君臣大礼从容说道：蒙圣上错爱，委以高官，赐以显爵，仆当竭尽忠诚，报效圣上和大汉！仆亦系父母所生，血肉之躯，岂有不贪恋荣华富贵之理！非是仆狂妄不羁，职位再高，任务再重，仆自问也能够胜任！然，摆在微臣面前尚有比荣华富贵更重要、更宝贵的东西，那便是承接父命，写一部贯通古今的史书。因此，将来袭承父职，出任史官，即当叩谢龙恩！

武帝大悦，连称贤弟有志向，朕当支持！话虽如此，武帝也看出这小舅子既耿介憨直，又恃才傲物，骨子里总透着一股难以驯服的狂放之气，令人担忧。但他不得不承认，司马迁坦率耿直，忠君爱国，博学多识，能写善画，尤工文辞，实属难得之人才，必得好生驾驭才是。

同样，司马迁也隐约感到眼前这个男人身为帝王不该有的随意性，特别是后来几次伴驾出巡，他又看到了一个讲奢侈排场、好大喜功、喜怒无常的帝王。

武帝刘彻一生最喜欢做的有两件事：一是搜选天下美女，声色犬马；一是巡游四海，封禅求仙，广施大汉威德，保佑大汉江山，至死不改。武帝在位五十四年，巡幸三十四次。以公元前 144 年（汉武帝元鼎三年）为分界，前二十七年，汉武帝集中全力打击匈奴，只有四次近距离的巡幸，西到雍祠五帝，北到甘泉郊太乙神。公元前 113 年（汉武帝元鼎四年）以后，二十七年间出巡二十八次，71 岁那年，死在盩厔行宫（在长安西）巡游途中。

汉武帝每次出巡，队伍庞大，气势宏伟，场面壮观，声势浩大，威风凛凛。最前边是马队，马队由 36 匹骏骥组成，共有六行，每行六骑。马队后边是仪仗，先是十八面铜锣开道，走五步敲一下。接着便是旗帜、伞、扇、兵器，以及象征兵器的金瓜、钺斧、朝天镫等。仪仗后边是车驾，俱皆四乘，每乘之四马，高矮、毛色、佩饰相同。辇驾装饰豪华，或镶金，或嵌玉，车盖全是苏绣，五彩缤纷，耀眼生辉。车驾后边是全副武装的骑兵和步兵，兵将后边是随从和各种工作人员，整个出巡队伍浩浩荡荡十余里。

司马迁作为皇帝侍从，多次跟随皇帝巡游侍驾。史载：公元前 122 年（汉武帝元狩元年），冬十月，随武帝“行幸雍，祠五畤”。公元前 121 年（汉武帝元狩二年），冬十月，随武帝“行幸雍，祠五畤”。公元前 113 年（汉武帝元鼎四年），冬十月，随武帝“行幸雍，祠五畤”后，又前往故乡夏阳建造挟荔宫，东幸汾阴，十一月甲子，立后土祠于汾阴脽上，礼毕后由荥阳至洛阳而归京。公元前 112 年

(汉武帝元鼎五年),随武帝行幸雍,过陇,登崆峒,西临祖厉河而还;十一月,祀泰畤于甘泉。公元前110年(汉武帝元封元年),冬十一月,出使西南夷后返朔方复命,随武帝临北河、桥山、甘泉;春正月,随武帝至缑氏;夏四月,随武帝泰山封禅;封禅后巡行海上,祭四神主祠。

有几年,汉武帝非常热衷祭祀封禅。祭祀是儒教礼仪中最重要的部分,礼有五经,莫重于祭,是以事神致福。祭祀对象分为三类:天神、地祇、人鬼。天神称祀,地祇称祭,宗庙称享。祭祀有严格的等级界限。天神地祇只能由天子祭祀。诸侯大夫可以祭祀山川。士庶人则只能祭祀自己的祖先和灶神。汉武帝元光元年,董仲舒在《天人三策》里构建了"以天为至高权威,君主为世俗权威,唯天子受命于天,天下受命于天子",天人感应的权力体系,正合武帝一统天下、万民敬仰之意,广为采纳。

封禅是一种特别隆重的祭告天地的仪式。中国古代的帝王们认为,只有举行了这种封禅仪式,才能表明他是真正的天子——天帝之子,他就可以代天行事了。但是据说不是随便什么帝王都可以封禅天地的,必须有帝王的功德。自盘古开天辟地以来,历代的帝王中,够这种封禅资格的只有七十二位,相传从无怀氏开始,伏羲、神农、炎帝、黄帝、颛顼、帝喾、唐尧、虞舜直至夏禹、商汤、周成王、秦始皇等,他们即位后,都曾在泰山上筑土为坛以祭天,表示报答上天之功,叫作"封";在泰山脚下的小山,如云云山、亭亭山、社首山、梁父山等,划土祭地,表示感地之德,叫作"禅"。司马相如临终前还专为武帝写下一篇《封禅文》,称颂武帝功德,劝武帝封禅祭祀天地,确保大汉祥瑞万年。武帝素来好大喜功,自然有着强烈的封禅欲望。

司马迁与武帝不同,武帝是以出巡祭祀封禅为名,广施天子之威,而司马迁则是借机考察更多的地方、收集更多的资料,了解祭祀礼仪和实质。比如,对周室的衰落有了进一步的了解和感受。出巡队伍途经洛阳时,汉武帝下诏赏赐30里地给周天子的后代,用以祭祀周天子。周天子灭商而建立统一的国家。当时周武王威震四海,各部落无不俯首称臣,人称周天子。后来随着周天子势力的减弱,周室王朝的衰落,各诸侯就再也不甘心受周室王朝的节控了;他们纷纷拥兵自立,争霸称雄,所谓春秋五霸、战国七雄,由此诞生。而周室一代不如一代,到周朝末期,周室王朝的威严殆尽,再也无法统管神州四方了。随着周室王朝一去不复返，周氏后代也逐渐不为人所知了。王室的衰败，朝代的更迭，是有规律的。频繁地跟随武帝出巡，使司马迁对汉以前有了理性的认识，《史记》写作思路愈见明晰。同时，他还发现了一个秘密，一个有关武帝身世的秘密。

话说公元前113年（汉武帝元鼎四年）冬十月，司马迁伴驾武帝去汾阴祭后土祠，武帝皇恩浩荡，途经司马迁家乡夏阳小住几日。夏阳是一块灵秀之地，又是春秋战国秦、晋、魏拼死争夺的主战场，史迹因而不少，特别是夏阳城少梁镇南面的白衣庵，十分有名。不光是司马迁的姑母司马纯出家在此，重要的是有一位神秘的住持，法号了空。

司马迁少时曾随伙伴一起到庵中去玩耍，自然也听到过当地有些关于了空住持的传言。说这位了空住持曾经是贵妃娘娘，因遭暗算被迫出家。还有人曾问她家在何地，她不答，只写下五个大字："北望云深处"。司马迁不相信，而武帝却相信了空住持就是自己苦苦寻找的生母。司马迁后来明白了，武帝此番出巡在夏阳逗留非是对司马家的浩荡皇恩，而是为寻找生母。尽管如此，司马迁还是倍感兴奋。因为一直为修史理想而努力的司马迁，将作为历史亲历者和见证人，在自己的故乡解开武帝身世之谜。

传说武帝刘彻并非王皇后所生。但其生母是谁，身世如何，因何被迫逃出皇宫，却鲜有人提及。作为有志为史献身的司马迁，却不能不借机了解寻访。他所掌握的史料是：景帝时，西羌国向汉宫晋献了一位美女，名荔尔塔马娃。景帝的母亲姓林，羌女初来时，见其天真可爱，又别具特色，便认其为干闺女，并随林姓。后景帝册封贵妃后，被称作林贵妃。林贵妃几经景帝雨露，暗结珠胎，产下麟儿，即后来的武帝刘彻。而此时王皇后也生了个公主，为皇位与心腹太监密谋，上演一出狸猫换太子——以公主易龙子。之后，林贵妃的命运可想而知。林贵妃自知是异邦女子，在汉宫备受歧视，而王皇后掌管三宫六院大权，自己如何斗得过人家，只好含悲忍受下来。

没有不透风的墙，雀儿飞过也有影子。不久宫中对这件事便议论纷纷。王皇后很是惶恐，怕皇上知情问罪，遂动杀机。先把口风不严的太监、宫娥处死，然后命太监将自己所生的公主暗中毒死，反诬林贵妃养育龙子失职，将其打入冷宫，后被景帝放生逃出皇宫，辗转来到夏阳城少梁镇南面的白衣庵，出家当了尼姑。也有传闻说是景帝知道王皇后心狠手辣，暗中把林贵妃送到白衣庵的。总之，眼下白衣庵住持了空是武帝生母无疑。

那时还顾忌母后（王皇后）不敢明目张胆地寻找生母，现在一则是王皇后已仙逝，二则是大汉政权已稳固，武帝寻母的愿望甚至比出巡祭祀还要强烈。现在总算找到了，不承想生母如何也不愿还俗。无奈之下，武帝便命人在东临黄河、渭水，西依梁山，背山临水、风景优美的韩奕坡修建了夏阳行宫，命名为“挟荔宫”。挟荔宫内设“三请殿”，意喻武帝与生身母子渴盼之情。此事按下不表，因为后面还要提到司马迁遭难之时，为防不测，将《史记》副本就藏在了了空住持的白衣庵。下面要说的是，司马迁将再次离妻别子，“奉使西征巴、蜀以南，略邛、莋、昆明”等地，踏上了茫茫征程。

六

公元前 111 年，司马迁奉诏出使西南夷，代表大汉安抚西南各少数民族。

西南夷包括今云南以及贵州、四川两省西部地区，这一地区以汉王朝的西部边郡巴蜀为中心，以南为南夷，以西以北为西夷，总称西南夷。

西南夷民族复杂，部落众多。为彰显大汉神威，一统天下，汉武帝对西南部族和国家采取了不同的政策：或用武力征服使其归顺大汉，或安抚绥靖以拓展疆域，或结为邻邦，世代通好。目的是孤立和驱逐北方强敌匈奴。

早在公元前 135 年（汉武帝建元六年），汉武帝就想控制南越（今广东广西一带），后采纳番阳令唐蒙建议，派精兵从夜郎（今贵州西部）过盘江，突袭并收服南越和夜郎。于是任命唐蒙为中郎将，并巴蜀以南征集民众千人前往夜郎。但因唐蒙措施不力，横征暴敛，激化了巴蜀民众与汉军的矛盾。武帝恐激起民变，遂派司马相如前去安抚。司马相如是蜀籍人，因武帝欣赏他的辞赋文采，封为郎官。他极具辩才，再加上乡情关系，很快说服了民众，为征服南越、收服夜郎奠定了基础。

夜郎在汉朝的时候还只是一个很小的国家，差不多只有汉朝的一个县大，却以道不通，自立为一州主，不知汉朝广大。所谓夜郎自大，就源出于此。唐蒙这时已由巴郡（治所江州，在今重庆市北）的符关（今四川合江县西）进入夜郎，会见了夜郎侯多同，并和多同达成协议，夜郎同意归附汉王朝。于是，武帝就在那里建立了犍为郡（在今四川、贵州交界处）。

公元前130年，汉武帝征集巴蜀民众修筑了从犍为郡治所道到盘江的通道，这样就直接对南越构成了威胁。这条通道附近有不少少数民族部落建立的国家，他们见西汉王朝如此神威，邛（今四川西昌市内）、汉源县内、冉（今四川茂汶县内）等地的首领纷纷表示愿意臣服，并请求汉朝派官吏去进行治理。武帝便任司马相如为中郎将，前往出使西夷，并达成协议，正式归顺汉朝。后，汉武帝在西夷设立了一个都尉，下辖10余县，隶属于蜀郡。之后，整整十年，西南各部族相安无事，听从汉朝的治理。而武帝这些年忙于对付北方的匈奴，无暇顾及西南部族，并减缓了对南越的用兵。到公元前112年（汉武帝元鼎五年）夏，南越相吕嘉起兵反叛，杀南越王及王太后并汉使中军。汉武帝气恼至极，遂遣路博德、杨仆等五路大军征讨南越。第二年即大破南越都城番禺（今广东广州），并在南越地区设了南海、苍梧等郡，为加强管理和统治，在西南少数民族地区还建立了盘郡、越嶲郡、沈犁郡、汶山郡、武都郡五郡，并任命司马迁为郎中将，以监军的身份出使西南夷，视察和安抚各部族。

司马迁身兼重大使命自不待言，此行他还给广大西南地区带去了汉朝的农耕技艺和文化礼仪。经武帝准奏，司马迁此次出使，带去各种作物良种和许多耕艺高手、工匠、名医等，借以传播大汉先进的农业技术和陶瓷、制绢、制玉工艺以及医药治疗技术。据说，还有佳丽若干，以实现汉夷通婚，共结永世之好。汉自高祖以来，一直对外实行通亲和好、内外互市的政策。因而七十余年，民殷国富，天下太平。如今汉之江山稳固，国势日强，应以博大的胸怀广恩博施，万不可以大欺小，以强凌弱，留骂名于千古。在这个问题上，汉武帝与司马迁的思想大致相同，如对西南夷采取安抚政策，先后由唐蒙和司马相如等前往进行外交活动，基本上达到了目的。当然，这次出使也为司马迁考察收集西南各地政治文化、风土人情提供了机会。他对西南各少数民族的政治、经济、文化、风俗等，记载得很详细。后来在《史记》中专辟《西南夷列传》。

司马迁统率出使队伍，出长安南下由汉中盆地，西经武都郡（今甘肃南部），然后进国郡。由巴郡南下，即抵临近西南夷之犍为郡（原夜郎国）。由犍为郡继续向南，翻山越岭，涉河穿林，来到了新设置的牂牁郡（今贵州省贵阳市西部）。

这里原为西南夷中的且兰国，汉武帝平定南越叛乱时，曾要求且兰君出兵增援，但且兰君不肯服从命令，反而杀死了汉使者和犍为太守。为此，武帝用兵歼灭且兰国，建立了牂牁郡。完成了对牂牁郡的慰问安抚任务，司马迁依旧由原路北归，经犍为郡而来到了蜀郡首府（今四川省成都市）。这里是大文学家司马相如的故里，司马相如以辞赋见称于世，著有《子虚赋》《美人赋》《上林赋》和《封禅文》等多篇辞赋。

司马迁从蜀郡首府到了汶山郡（在今四川茂汶）视察，然后南下经零关道（今四川芦山县西南），过孙水桥（在今安宁河上），往南便到了沈黎郡（在今四川汉源东），再南下便到了越嶲郡（今四川西昌），这里原系当地大国邛之都城。从越嶲再往南，就到了司马迁这一次奉命出使的最后一站——益都郡，这就是历史上有名的昆明国所在地。昆明国在今云南滇池之南，故又名滇国。

公元前 110 年（汉武帝元封元年）冬十月（汉初沿袭秦之《颛顼历》，以十月为岁首），司马迁完成奉诏出使西南夷的任务，返京途经周南（今洛阳）闻听，武帝意欲封禅泰山，亲率十二路将士，十八万人马，北疆出巡离开了京都长安，而父亲司马谈此时正在周南筹备泰山封禅的事宜。于是，命副使率队回京，自己暂留周南协助父亲。

封禅是一种极为隆重的祭祀天地的仪式，封禅仪式之后，就表明自己是受命于天的至尊。“封”和“禅”是两种不同的祭祀方法，在泰山顶上筑坛祭天，就叫作“封”，在泰山底下的小山上辟地祭地，就叫作“禅”。一般来讲，有功德和作为的帝王才有资格封禅。而此时的西汉王朝，国力强盛、政局稳定，西南地区各部族已臣服，北方匈奴也暂停进犯，边疆安宁，再加上大臣们歌功颂德、不断怂恿，尤其是司马相如念念不忘封禅之事，临终前“颂功德、言符瑞”，劝汉武帝封禅。于是，武帝决定举行泰山封禅大典，并命儒生们着手筹备封禅事宜。

按照古制，封禅先要罢兵。且不说汉武帝率十余万大军，浩浩荡荡出京城长安自云阴向北，经上郡、西河、五原，出长城，再向北登单于台，直至朔方，来到北河，在匈汉边境耀武扬威地举行了罢兵仪式；单说司马迁在周南拜别父亲返京小住几日，再次与贤妻杨文卿话别。短短几年时间，贤妻文卿见老了。也难怪，文卿自进了司马府，非但常常要经受夫妻别离之苦，独自操持全家事物，悉心照料老人孩子，闲暇之余还捻丝线、制竹简，以备丈夫写作之需。自从与司马迁三河口邂逅,杨文卿就不再属于自己了。她早已暗暗立下誓言,为丈夫早日完成那部贯通古今的旷代之作,她甘愿牺牲青春、感情甚至生命。面对妻子的殷殷期望、默默支持,司马迁除了愧疚之外,就剩下发奋著述了。这些年来翻检“石室金匮”藏书,拜董仲舒等大家为师,刻苦研史,漫游吴越,遍访齐鲁,出使西南夷,奉使征巴蜀,读万卷书,行万里路,人生阅历,知识储备,到这时已经具备、条件成熟了。可是,他需要静心整理、潜心创作的时间。可是,武帝一生好动不好静,没事找事,从不给他时间,从不容他安静。据《汉书》记载,从太初元年到天汉三年(前98),汉武帝的车辇几乎没有休息过,太初元年冬十月到泰山,秋八月到宁夏;二年三月到河东;三年春正月东巡海上,夏四月修封泰山,司马迁只能在汉武帝出游的间隙去继续他的著述。现在他又必须离妻别子,走出书斋前去陕中桥山候驾。因为武帝的出巡队伍不久就要返回陕西中部县桥山祭祀黄帝。作为皇帝侍从,他还要伴驾东巡海上,礼拜嵩山,东进泰山,准备正式封禅。

司马迁与妻子杨文卿又一次挥泪告别!但他没想到,在周南——众儒生筹备封禅的地方,还有更多的泪水正等着他泼洒。

七

武帝之所以派司马谈赴周南筹办泰山封禅事宜,固然因他官为太史令,筹备封禅事宜是他的分内工作;又因他曾制定过祠后土、祭太乙的礼仪,非他莫属。但自上古无怀氏到周成王,先后有七十二位圣明的天子曾到泰山封禅,因时代久远,关于封禅的礼仪,并无详细的记载流传下来。因此,武帝的泰山封禅便无师可承。封禅礼仪成了难题。司马谈与众儒生商量研究多日未果,武帝极为不满。后来武帝纳兒宽之谏,亲定封禅礼仪。司马谈却批评武帝所定礼仪“不与古制同”。批评过后,司马谈就后悔了,自己制定不出令人满意的封禅礼仪,还口无遮拦责备皇上,这不是儒生意气吗!尽管武帝没有怪罪,但从他那犀利的眼神里分明写着恼怒,要比其大声训斥还要令人心惊胆寒——老丈人怎么了,皇帝翻脸照样不认人。何况是喜怒无常的武帝呢!因此,司马谈自到周南以后,整日心事重重,郁郁寡欢,加以筹备封禅劳心劳神,不久便病倒了。

司马迁随从武帝从嵩山到达周南时，几乎认不出父亲来了。往日那个踌躇满志、精神气足、博学多识、循循善诱的慈父不见了。他看到的是一个瘦骨嶙峋、有气无力、精神颓废、生命垂危的老人。司马迁唤了一声父亲，眼泪便止不住扑簌簌流下来。司马谈见到儿子，浑浊的眼里立刻有了些光彩。他断断续续给儿子留下了最后的遗言："司马祖先是周王室的太史，在远古的虞舜、夏禹时期就取得了显赫的功名，掌管天官的事务。后来春秋战国时期开始中断，直到我做了太史令，继承了这一世业，难道要断绝在我手里吗？如果你做了太史令，就能延续我们远祖的世业了。如今天子接续千年的传统，要去泰山举行封禅大典，我作为一名太史令，却因病不能跟随前往，不能亲自参与这千载难逢的盛典，这是命运啊！我死之后，你必然会接替我做太史令。千万不要忘了我所要编写的著作。况且，孝顺是从侍奉父母双亲开始的，然后在做事、在为皇帝效命的过程中得以体现，但这一切都是为了使自己能够在社会上立足，使自己扬名后世，以使父母得到显耀，这才是最大的孝啊！天下的人都称颂周公，说他能记述、颂扬周文王、周武王的贤德，宣扬、推广周公、召公的风化，实现周太王、王季的理想，以及公刘的主张，使周室社稷受到尊崇。周幽王、周厉王残暴无道，王道亏缺，礼乐教化之事逐渐衰落，后来孔子修治、复兴了王道，并且编《诗》《书》，著写《春秋》，为历代所借鉴。但孔子死后，自从鲁哀公西狩获麟到现在400余年，诸侯互相兼并，社会动荡不安，历史的记载从此中断了。如今汉朝兴盛，海内统一，明主贤君、忠臣义士，多少该载入史册的人物啊！作为太史令我却没有对他们进行记载，废弃了历史的事业，对此我于心不安，十分恐慌。我死后希望你穷毕生精力完成为父未竟的事业！"

太史令司马谈以史职、史德要求儿子司马迁，要像孔子修《春秋》那样，自觉地肩负起历史的使命。然后，带着一丝慰藉仙逝了。

再说汉武帝率十数万大队人马东巡封禅泰山前后，曾两次派兵将护送方士泛游沧海，寻觅仙山和仙人。自己也曾循渤海和黄海漂泊月余，却一无所获。当时他似乎颇有些心灰意冷，甚至怀疑海上究竟有无仙山和仙人。后来方士公孙卿告知武帝东莱山上有神人出现，欲见天子。武帝信以为真，立即封公孙卿为中大夫，颁旨东巡，莱山寻仙。司马迁不反对武帝封禅，却对他求仙很反感，他坚信世上根本没有什么神和仙。但作为武帝的侍从，不得不随驾东行求仙。武帝自然是又一次求仙未成,一无所获。而司马迁却在一路之上搜集了许多当地的奇闻逸事和历史资料。封禅过后,在方士们的鼓动下,汉武帝又起驾到了海上,希望见到仙人。但是一个偶然的事件使他还没来得及失望就暂时放弃了海上求仙之事,那就是霍嬗的暴死。汉武帝很扫兴,遂没了继续海上之行的兴趣,只得怏怏地沿海北上,至碣石(今河北昌黎县北),巡辽西(今辽宁义县),历北边(北部边陲),至九泉(今内蒙古包头市西),然后返回甘泉。此次北地之游,历程一万八千多里,汉武帝一路挥霍无度,给沿途郡县的赏赐无以数计。而司马迁的这次北地之游,却考察了解到许多史料掌故,弥补了塞外边境材料的不足。也可以说是一个有权势的男人与一个有理想的男人相伴出行,各有所得,各自满足了欲求。

公元前108年,司马迁承接父职做了太史令。太史令在西汉时与州刺史、县令级别相等,享受六百石官俸。太史令官职虽小,但因职掌天官,典司图籍,细史记石室金匮之书,为有志修史的司马迁提供了便利条件。但时间有限,历史浩瀚。为继《春秋》而著述做准备,就必须在有限的时间内、从浩瀚的历史中整理出著述所需资料。此外,身为太史令,他还得向汉武帝禀报书籍整理的进度,抽时间记录朝廷内外发生的大事,掌管阴阳吉凶的占卜,负责天文星象的观测,虽是职责所在,却为此耽误不少宝贵的时间和精力。

不久,武帝又让他主持修改历法。自高祖刘邦建立西汉以来,一直沿用秦朝《颛顼历》:以十月朔为岁首;衣服、旌旗、旄节皆尚黑色;数以六为纪,如符、法冠皆六寸,舆六尺,步六尺,乘六马。尽管“朔晦月见,弦望满亏多非是”很不准确,却一直没有修改历法。武帝即位后也无暇修改历法,直到北疆平定、中央集权统治巩固、天下太平之后,才有时间考虑改正朔,制新历。

公元104年,大汉改历工作正式启动,并相应成立了改历工作领导小组。武帝任命当朝著名天文学家、中大夫壶遂为组长,主持改历工作。壶遂谦辞不就,把太史令司马迁推到前台,主管改历事宜。壶遂隐入幕后,甘当人梯,大力辅助品级很低的年轻后生,深得武帝赞许。后被提拔重用,官拜丞相职,暂且不提。却说司马迁初担重任,诚惶诚恐,格外慎重。立即组织人马,投入工作。除武帝钦定的公孙卿、壶遂等外,还邀请了很多造诣很深的学士专家参加改历,如邓平、司马可、侯宜君等。甚至连隐士高人和“父辈级”的天文学家唐都也邀请到了。

司马迁不负众望，带领几十位专家学者，仅用了一年的时间，就顺利制出新历，即《太初历》。《太初历》将一年的开始定在正月，并一改旧历中以冬至月（今阴历十一月）为正月的传统，将正月定在建寅之月（今阴历元月），称之为“夏正”（今夏历）。这种夏正制，贯通了二十四节气，并以没有中气的月份为闰月。

武帝对《太初历》十分满意。他下诏将元封七年（前104）改为太初元年，并下令改制：颜色以黄为贵，数字以五为吉，定官名，协音律。

公元前104年（汉武帝太初元年）仲冬，京城长安城沉浸在欢乐祥和的节日气氛中。只见明堂雄壮巍峨，挂绿披红，彩旗招展，鼓乐喧天，文武百官两旁站立，喜形于色，时不时交头接耳，议论几句，然后翘首以待。巳时三刻，众人盼望的时刻终于到来，盛大的颁历典礼行将开始。大汉天子刘彻器宇轩昂、满面春风，神采奕奕款步来到明堂之上。待群臣行完礼、齐呼万岁万万岁之后，武帝朗声说道：“按新历法，节气复归于正，羽声复归于清，二十四节之名称与实际相符，十一月甲子朔旦时刻为冬至点。据此，朕郑重宣布：改元封七年为太初元年；以十三月（孟春建寅之月）为正，以平旦为朔；废旧历，用新历，新历名为《太初历》；色上黄，数用五，变更百官名称及秩禄，协音律，以黄钟为宫声，林钟为徵声，太簇为商声，南吕为羽声，姑洗为角声。”

宣布毕，群臣三呼万岁，齐颂我主英明，功德无量，泽被后世。之后，武帝盛设国宴三天，与群臣共庆《太初历》出台，大汉改元。美酒佳肴，奉承颂扬，帝王尽兴，群臣兴奋，然而，在美酒飘香、杯来盏往、觥筹交错的国宴上，却少了一个主角——司马迁此刻正躺在家中病榻上。多日的劳累，让制历功臣司马迁病倒了。奇怪的是，司马迁在病痛中反复做着一个相同的梦，梦到的却是鸿门宴的场景和人物。

之后，说与朋友任安听。任安说，你的写作计划该实施了。是的，司马迁的写作工程——贯通古今的修史著述，就在新历颁布实施的这一年，即汉武帝太初元年（前104）仲冬开始了。

八

汉武帝太初元年（前104），司马迁42岁，正值人到中年，精力旺盛，阅历丰富,何况从20岁起,就开始遍游东南西北,对各地的风土人情、历史遗闻、历史传说,经过了实地调查与考证。因此,创作起来很顺利。司马迁首篇之作不是酝酿许久的三皇五帝,却是病榻上梦到的鸿门宴。

此时武帝也开始关心和关注司马迁的写作,工作上尽量减少打扰他,甚至外出巡幸,也很少让他随从。这样,司马迁在写出首篇《项羽本纪》之后,很快又创作了伏羲、燧人、神农三皇和黄帝、颛顼、帝喾、唐尧、虞舜五帝八篇传记。准备装订成册,呈君御览。可是,就在禀明武帝完成写作情况的当天夜里,太史令府突遭窃贼,书稿被盗窃一空。

别说武帝、大臣们不相信,就连司马迁自己都觉蹊跷。虽说司马氏历代为官廉洁,可一家人勤俭持家,积攒多年,多少也有些存款或者珠宝首饰什么的,却一点未动,唯独盗走了书稿。

无书稿面呈圣上,司马迁急得抓耳挠腮。不单是恐武帝怪罪、失信于君,而是心疼。这可是司马迁多日的心血啊!可恨的盗贼,你偷它干吗?难道偷书稿是为了卖给地下书商换钱,还是剽窃他人著作为自己出名?显然都不是,自高祖刘邦建汉以来,从未发生过这等不齿行为。况且,汉朝也不兴这个。那么,窃书却是为何?难道是为了——是的,只有陷害了。司马迁忽然想到一个人,此人与自己同朝为官,同为武帝小舅子,却素有嫌怨。当年姐姐司马蓉就是因为此人,才被迫远离祖国,下嫁匈奴。后来此人丧父,竟恬不知耻央求司马迁为其父撰写碑文,被拒绝。不仅如此,还听说此等劣君曾经向杨府提亲,被杨文卿拒绝。一桩桩、一件件连起来看,李广利嫌疑最大——简直就是他!此时司马迁已显露了文人的气质、文人的秉性、文人的天真——他要去报官,或者面君。武帝如此器重他的写作,肯定会给他撑腰,还有可能成立专案组,侦破此案。案破时,李广利的险恶用心就会昭示天下,说不定还会拔出萝卜带出泥——李贵妃姐弟都不是什么好东西。

想到这,司马迁整好衣冠,正欲出书房进宫,却被杨文卿拦下了。杨文卿说:“子长夫君,请随我来!”司马迁随夫人来到西厢房,不禁被眼前的一幕惊呆了——一捆捆崭新的竹简整齐码放在西厢房里。他顺手拿起一捆打开,只见一列列娟秀小楷字体映入眼帘,所写内容正是自己多日的心血之作。

你道是如何?却是杨文卿捧读丈夫的书稿之后,爱不释手,故而誊抄了副本，以备自己闲时欣赏。没想到关键时候派上了用场。

司马迁对妻子杨文卿的感激之情自不待言，只说誊抄副本，并藏在别处，倒是提醒了司马迁。这才有了日后遭难而“藏之名山”，流传后世的佳话。

话说武帝天汉二年（前98），《太初历》颁布后的第七年，四十八岁的司马迁，正进入著述修史高潮，却因为飞将军李广的孙子李陵案做辩护，惹恼了武帝，被判死罪。

李陵一案既复杂又简单，复杂到一部厚厚的史书都无法说清，简单到几句话就能叙述完。西汉时期的匈奴很像近代的倭寇，善变而可耻，且靠偷盗和掠夺邻居生活。西汉强硬他就装孙子，西汉忍让他就钻空子。甚至还把西汉使者苏武扣留，并赶到北海（今西伯利亚贝加尔湖）去牧羊。你说可恨不可恨？可恨！恨得西汉武帝咬牙切齿，于是派兵诛之。可武帝犯了个错误，第一次用兵不该搞裙带关系、任人唯亲派李广利带兵清剿。你刘彻难道不知道这个小舅子，吃喝嫖赌很在行，带兵打仗而非统帅之才，却要给他个立功的机会。结果可想而知。李广利损兵折将，灰溜溜跑回京城不说，还空长了匈奴气焰。李广利三万兵马都未打胜，第二次却要李陵带5000精兵深入匈奴腹地，后来虽然又派出援兵却因增援不力，名将之后李陵身陷绝境、弹尽粮绝而战败被俘，最后还投降了匈奴。

作为一代名将李广之嫡孙，应是被俘而不降敌，宁死而不屈服。李陵应该知道投降敌人、苟且偷生的利害关系。不仅愧对李氏之祖先，辱没李广之英名，有损大汉之国威，更重要的是要牵连很多人，甚至灭九族。可是，他却降敌了。司马迁不愿意接受这一事实，也不相信别人的传说。虽然跟李陵交往不多，两人的志趣也不相投，但凭着平日的观察，司马迁觉得李陵是一个“事亲孝，与士信，临财廉，取予义，分别有让，恭俭下人，常思奋不顾身，以徇国家之急”的奇士。何况又是名将之后，怎么可能如此贪生怕死，甘愿受降呢！一定是另有原委。那是什么原因呢，司马迁百思不得解。

直到李陵全家被斩，自己也因李陵案而获罪服刑以后，才觉得另一个民间传闻更能立得住脚：李陵被俘后，单于百般劝降不从，又以双善公主嫁其为妻，加封其为右校王相诱，仍不从。遂起离间之计，对汉谎称李陵受降。武帝果然上当，灭李陵全家。李陵闻讯，嚎哭三天之后，降敌。娶双善公主为妻，享右校王尊宠。

司马迁慨叹历史无情，君臣无义。作为史官，他将如何记录这段历史！司马迁也和大家一样,认为,不管什么原因,叛国投敌都是可耻的。而不追究后援部队将领的责任,不敢问罪逃兵李广利,还有一味看皇帝脸色行事,阿谀逢迎,甚至落井下石的王公大臣不也很可耻吗?同是败军之将,李陵罪在不赦,李广利却毫无过错,公道、正义、良心何在?朝臣们却不以为耻,反而大言不惭,信口雌黄,我煌煌大汉竟养了一群人渣——可恨,可恶。史官司马迁怒了,他不顾皇帝的脸色,不闻群臣窃窃私语,侃侃而谈,滔滔而论。说李陵也是说自己;说奸佞也是说皇帝:"李陵对父母讲孝道,对士兵讲诚信,谦良恭俭让,且公正廉洁,舍生取义,常思奋不顾身,以徇国家之急,颇有国士之风范。如今不幸败北,却不查降敌消息是否确切,有无其他原委,一味指责,甚或落井下石,此其令人痛心之一;李陵率兵不足五千,入敌腹地,御数倍敌军,转战千里,箭矢用尽,求援无救,无路可走,此为令人痛心之二;将士们手持空弩,仍拼死力战。虽然兵败,但对匈奴的打击,足以名扬天下,却遭小人诽谤、污蔑。此为令人痛心之三;李陵之所以没有死节,当是欲寻机报效国家……"

司马迁只顾凛然大义地一泻胸中块垒,实乃性情中人,而非政治成熟的官员。他的一席话刺痛了在场的众臣子,激怒了大汉天子。平素最善于捉摸汉武帝心理的廷尉杜周,此刻已准确感觉到武帝强压怒火,心中大骂小舅子,不念皇恩,不思器重,居然恃才傲上,犯颜直谏,什么东西!廷尉杜周感觉火候已到,该自己出面了。于是上前拜毕,说道:"以太史令之意,李陵兵败,皆因贰师将军未能派兵增援。这分明在诋毁贰师将军,亵渎圣上,诬罔万岁。况且李陵之罪,不在兵败,而在降胡,他为何不像苏武渴饮雪,饥吞毡,北地牧羊也要以保大汉臣子节操,却贪生怕死,贪恋荣华……"

群臣众口一词,愤而声讨:"大胆司马迁,诋毁朝臣,诬罔圣上,按律当斩!"

司马迁辩解道:"仆绝非是为李陵辩护,更非心存诬罔圣上之意,仆只是尽太史之责呀!"

贰师将军李广利轻声啐了一口:"狗屁太史,你完了!"

司马迁的确完了。按汉朝律令,诬罔君主是死罪。武帝不容其再行辩解,以诬罔罪,将司马迁关进诏狱。所谓诏狱,就是奉诏关押罪犯的地方,俗称天牢。从此,一代文史英才走向了黑暗的深渊!

九

西汉律赦免死罪方法有两种，一是限期一个月交清50万钱赎金；二是接受宫刑，也叫腐刑，均可免死罪。宫刑（腐刑）即是被阉掉生殖器，像太监一样活着。据说这样的男人在生理上、心理上、精神上都会发生变化，最明显的是胡须脱落，声音变细，心理变态，喜怒无常。

进太史府多年，杨文卿是熟知当朝律令的。因此，当她获知丈夫被关进诏狱，第一件事就是赶紧筹钱。可是，把家中存款、金银首饰加在一起，甚至变卖了老宅也不足10万钱，离可免死罪的50万钱差距还很大。杨文卿活了四十几岁，从未低头向别人作揖借钱。如今为救丈夫，只好豁出老脸求人了。第一步自然是先从亲友们借起。没承想，亲友们的托词几乎惊人的一致：真不巧，家中存款被张三借去办喜事用了，或者被李四借去为父（母）发丧用了，再或者被王五借去盖新房用了！最后都会非常真诚地说一句抱歉之类的话。杨文卿走出亲友家门，突然心一酸，泪水止不住流下来：真是人情薄如纸啊！但现在不是赌气的时候，尽管没有了亲友托底，杨文卿还是抱着碰运气的心理，走巷串户求救于丈夫的同事。过去他们常挂在嘴边的一句话是：司马夫人，有困难说话啊！现在司马夫人真有了困难，理所当然要求救于他们。但是，他们的托词也是出奇地相似：请理解，别的事都可借钱给你，唯独这件事。我们都在朝中为官，蒙受皇恩，怎么敢有违圣上旨意呢！意思再明显不过了，不是不借钱给你，是皇上不让，否则，丢了乌纱帽谁负责！言辞坦率，无懈可击，使你无法责怪，谁叫你丈夫哗众取宠、出风头得罪皇上呢！杨文卿无话可说，只好强忍泪水返回家里，一阵号啕大哭。怎么办，怎么办啊！难道就一直这样哭下去吗？难道这样哭下去就能救丈夫吗？子长这会儿在监牢里，指不定要遭受何等煎熬呢！哭是没用的，再想想，仔细想想，还有谁可张嘴借钱！凡是熟悉的人，一一在脑海掠过。她突然想起来了，司马迁还有个姑姑司马纯，在夏阳城少梁镇白衣庵出家为尼。可是姑姑出家多年，早已了断尘缘，能有办法凑够这么多钱吗？杨文卿尽管心中忐忑，但眼下想不起别的人可试，只好风风火火赶往夏阳。姑侄相见自是一顿相拥而泣，之后，杨文卿便把司马迁如何替别人说话，惹怒皇上，被关进诏狱的事诉说了一遍。司马纯说：阿弥陀佛，跟我大哥一样，迂腐啊！姑侄半晌无语，司马纯从衣箱底下取出全部存款，约一万钱。这一万钱多半还是因司马纯侍奉太后（武帝生母，了空大师）有功，皇上赏赐的。这点钱，虽说远不能解燃眉之急，但杨文卿跑了一遭又一遭，现在毕竟见到钱了。这是希望，她相信能见到第一次，就能见到第二次、第三次……关键时刻，绝不能气馁！杨文卿顾不得与姑母再多叙话，便起身拜别，刚出屋子险些绊倒。低头一看，脚下四四方方一个包裹，上面还有一行小楷：修庵之钱，贰拾万，暂且挪作救急之用！

杨文卿不明所以。司马纯说："阿弥陀佛！吾儿，给了空大师磕个头吧！"

一路之上，杨文卿搂着沉甸甸的包裹，大脑突然被激活了。她又想起一个人。此人与司马迁虽非同胞姐弟，却情同手足。更重要的是她对司马迁素有好感，心怀爱慕之意。只是碍于伦理和贵妃身份，始终控制自己的感情罢了。女人观察女人总是那么心细，杨文卿多年以前就看出莲贵妃常来司马府省亲，明着是尽女儿孝道，实则是与司马迁相见。说实在话，杨文卿对莲贵妃也有好感：大方坦率且分寸拿捏得当。如果不是已婚、尊为贵妃，杨文卿都想替司马迁收房纳妾。回到家，杨文卿一夜未眠，第二天早早来到宫门前，递上帖子和小费，央求公公引见。公公迅速又将帖子和小费还给杨文卿，连连作揖，并不答话。此刻，杨文卿明白了。杨文卿愤怒了。她真想痛痛快快地站在未央宫正中间，叉腰大骂一顿刘彻：俺丈夫一生忠君爱国，勤勤恳恳，兢兢业业，你刘彻一时性起，说去哪儿，俺丈夫就得忍痛放下手中挚爱的写作事业，陪伴你出巡游玩，当你看到俺丈夫写的三皇五帝之传记，不也是赞赏有加，激动得一夜睡不着觉吗？就因为俺丈夫为一个没有任何亲情关系的人说了几句公道话，触到了你宠妃的弟弟，你就如此绝情，如此寡义，你还是个男人吗，你配做皇帝吗？

但是，文卿不敢！非是身为太史令夫人惧怕惹火烧身，而是当务之急是尽快凑足 50 万钱，营救丈夫。杨文卿望着冰冷的未央宫，心中骂完武帝刘彻，欲要离开，突然看到一辆车辇向宫门驶来。杨文卿根据车辇的随从们，几乎可以断定，车辇上坐的是莲贵妃。文卿一阵欣喜，竟忘了礼数，连喊三声。莲贵妃既不搭腔，也不停辇，径直驶出宫门，在京城大街上转了一圈，然后往西直奔司马府。原来莲贵妃此次出宫，瞒过武帝，正是要到司马府送钱。刚才在宫门见到杨文卿，心里便明白了她所来何事。之所以没有理她，是怕被李贵妃姐弟的耳目发觉。杨文卿不知内情,还以为莲贵妃也像那些大臣一样,生怕被牵连,尽量疏远司马一家。所以她又气又急,跟在车辇后面,几乎在京城大街转了个遍。直到看不到车子,才有气无力地返回家里。家人告诉她,莲贵妃来过了,没有进屋,只留下一个红木箱。文卿打开一看,红木箱里尽是金银玉器、首饰和钱币。这可是莲贵妃进宫多年的全部家当啊！杨文卿心头一热,不禁潸然泪下:贵妃娘娘,您可是菩萨转世啊！我夫子长,有救了！

杨文卿不敢耽误,即刻赶到典当行,当了那些金银玉器、首饰等,便马不停蹄赶往廷尉府。从司马府到廷尉府并不太远,文卿却感到比回娘家华阴县路还长,时间还久。丈夫啊,亲爱的丈夫！妻子文卿救你来了,这么多日夜,该是多难熬哇,你想念妻儿吗？等你出狱以后,一定要好好感谢姑姑,感谢了空大师,感谢莲贵妃,她们都是好人,是她们一颗善良之心,我们夫妻才得以团聚！我知道,你一个史官,俸禄不高,权势不大,无以为报。那么,就用你修史著述的成绩,去报答她们吧！

到了,终于到了！来到廷尉府门前,杨文卿几乎是跑步进见廷尉杜周的。她气喘吁吁地告诉廷尉杜周, 50 万钱她给送来了！

杜周却面有难色,长吁短叹:晚啦,一切都晚啦！

杨文卿以为听错了,着急地追问道:晚了,什么叫晚了？

杜周显出悲天悯人的样子,告诉文卿,三日前,子长自请宫刑,现正在蚕室静养！

天啊！杨文卿顿觉天旋地转,天昏地暗。她凄厉地喊了一声苍天,便昏厥在地,不省人事。周围人等赶紧掐人中救治,许久文卿才缓过气来,两眼直勾勾地盯着杜周反复问着一句话:为什么！为什么！为什么！

为什么？是啊,为什么呀！

善于修史的人们,习惯这样表述司马迁自请宫刑的原因:他没有选择决然赴死,而选择最卑贱、最污辱的宫刑,是因为觉得,这样不明不白地死了不值得。人固有一死,或重如泰山,或轻于鸿毛。自己这样去死,如同九牛一毛,与蝼蛄蚂蚁无异！在生与死的关键时刻,司马迁想到了历史:周文王被拘在羑里而推演《周易》;孔子被困陈、蔡而编《春秋》;屈原被放逐江南而作《离骚》;左丘明双目失明而修《国语》;孙膑膝盖骨被挖而编著《孙膑兵法》;韩非子被囚秦国而书《说难》《孤愤》。为完成父亲遗愿，为实现自己的至高理想——修史著书，哪怕忍辱偷生也要坚持下去。于是，司马迁面无愠色，走进蚕室，接受了宫刑。

这是司马迁主动选择极刑的理由吗？他真的能够面无愠色、从容受辱吗？难道他不相信亲人、朋友会想办法凑足50万钱，为他赎去死罪、免遭宫刑吗？这是绝望，还是勇气；是对抗，还是妥协；是对权势的宣言，还是对肉身的惩罚；是为灵魂的解脱，还是为理想所要付出的代价！知识分子，总是在扮演着自认为该扮演的历史角色——一代代、一生生无愧、无悔！

作者从历史的故纸堆里艰难地走出来，仰望浩瀚星空，茫茫宇宙，试图寻找答案——不是考证历史，而是对人生、对生命、对历史的诘问——答案也许就在司马迁的心里，我们有能力解开这段历史之谜吗？

尾　声

莲贵妃见到被阉过的司马迁，便像寻常人家的妇人那样放声大哭。

司马迁面无表情，冷冷地望着莲贵妃，好像什么事未发生一样！

文卿边陪着落泪边说，多亏了贵妃姐姐，可子长他居然——姐姐呀，说什么也晚啦！

司马子长麻木地望着两个交替哭诉的女人，好像女人的眼泪与他无关！

因此作者说，宫刑带给男人的是肉身的惨痛，更是精神的裂变。

曾子曰：“身之发肤，受之父母，不敢毁伤，孝之始也。”古之剃发都视为耻刑，何况被生生割掉尘根呢！作为男人，作为有理想、有抱负的一代知识分子，这种摧残精神、践踏人格的刑罚使司马迁走向了灵魂的决绝和生命的顶点——他的生命不再是生命，而是一簇火焰，专为燃烧满腹的文采、满腹的经纶、满篇的泣血文字而存在。完成贯通古今的皇皇巨著成了他生命的唯一的精神支柱。只有沉浸在几千年的历史叙述之中，他才能洗刷耻辱、找到尊严，才能找到与一个强权男人精神对峙的愉悦。

经过忧愤烈火烧铸而成的文字，必定是坚硬的、锐利的。他要以此为剑，彻底撕开历史的幕布、摧毁皇朝的道貌岸然——不巧饰、无夸张，还世人一个真相！

他当然知道这样写的后果，此作若想传之于后世，就必须藏到能够藏的地方，托付给值得托付的人。司马迁除了写作，想得最多的就是给这部书寻找一个妥善的藏身之处。后来妻子杨文卿的话提醒了司马迁。文卿说，看似危险的地方，反而安全。于是，书稿完成之后，夫妻二人借回乡祭祖之名，携书稿回到夏阳，直奔白衣庵。白衣庵乃皇封之地，应当是最安全的。何况有姑姑司马纯在此看守，司马迁完全可以放心。

司马迁把书简“藏之名山”这一年，应该是汉武帝征和二年，即公元前91年。他在信中告诉朋友任安说：“仆近自托于无能之辞，网罗天下放佚旧闻，考之行事，稽其成败兴坏之理，凡百三十篇……仆诚已著此书，藏之名山，传之其人……”

在此之前，汉武帝太始元年（前96），司马迁出狱不久，即被武帝委任为中书令。中书令是皇帝的机要秘书长官，属于内廷宦官机构，直接向皇帝密奏“封事”。此时的司马迁应该是最佳人选：非宦官而受过宫刑，夜宿宫中，不会引出秽闻。何况司马迁修史著书重任在身，委任此职，方便查阅档案，获取资料，写作进程可以加快。武帝近年来身体每况愈下，常感到气喘不均，还伴有咳嗽吐痰。一生求仙不成，看来就要升天了！因此，完整的阅读这部历史大书，成了武帝此后最大的愿望。但是，直到生命最后一息也没有读全。公元前87年（汉武帝后元二年）二月十四日，71岁的西汉武帝刘彻，带着永久的遗憾告别了天下。

在举国悲痛的日子里，司马迁跟王公大臣们一样，怀着沉痛的心情前往武帝灵前悼念。司马迁手捧《史记》的最后一卷竹简——《报任安书》，在武帝灵前默默说了很长时间，但无人听明白一句话。

就在武帝驾崩不久的一个天朗气清的午后，司马迁也永远离开了他奋笔疾书十几年的书斋。司马迁神态安详，无疾而终。

中国历史学的开山祖师司马迁，以命世之才、旷代之识，忍辱负重，创作了通古今之变、成一家之言的史学巨著《史记》，完成了作为一个有理想的作家与一个有权势的君主的精神和生命的对决。武帝刘彻和史官司马迁共同完成了人类历史的极致。

梦里不知身是客

——曹雪芹的人生悲情

曹雪芹（约1715~1763或1764），清代小说家。名霑，字梦阮，号雪芹，又号芹溪、芹圃。祖先原为汉人，后入旗籍，为正白旗汉族包衣。出身于一个“百年望族”的大官僚地主家庭，后因家庭的衰败而饱尝了人生的辛酸。他以坚韧不拔的毅力，历经十年创作了《红楼梦》，并专心致志地做着修订工作，死后遗留《红楼梦》前80回。另有《废艺斋集稿》。

一

船头上站着两个少年，一男一女，一个在前，一个在后。少年神情茫然地望着浊浪滔滔的江面，似乎往日的浮华在悠长的桨声中化作一缕烟云。至此，他将告别锦衣玉食的生活，离开这个生长于斯、叫作南京的地方。而北京是个什么样子呢？有似南京那里的大宅院吗？还有那些与自己朝夕相处、风情万种的美丽女伴吗？往昔的欢乐啊，如滚滚长江东逝水一般，远了，远了。

少年姓曹，名霑，字芹圃，号雪芹。这一年，史称雍正六年，即公元 1728 年。雪芹的父亲曹頫因亏空大量公款，被撤职抄家并递解回京都。曾经给曹雪芹留下深刻记忆的南京大宅院，即江宁织造署院，位于南京的会城之内，江宁府台东北、总督衙院的前边，名利济巷大街。 织造署院为东、中、西三路布局。东路是衙署正院，中路是内宅，西路东为戏台，西为射圃，后面为花园。此园，被老祖宗称为西园，因为园中有池，又叫西池。雪芹从懂事开始，这个曾三次接驾、表面看起来繁华无比的署院，就没有消停过。先是曹頫的舅爷李煦被害下狱，然后是父亲曹頫屡被斥责，斥责的理由是他负责南京织造的缎匹衣物质量粗糙、落色等，因之被罚俸一年。到雍正五年，江宁织造曹頫罢职待罪，并且家产被查抄、查封。史载，此次共查处曹家房产 12 处，共 483 间；土地八处，共 19 顷零 67 亩；家具、旧衣、零星物件数份；当票 100 张；别人欠债白银 32000 余两。全家男女老幼 114 人（包括仆人、丫鬟等）。

昨日还歌舞升平，今夜却无处宿身。曹家一夜之间败落了，败落得一塌糊涂。被遣送出织造署院的曹家家仆、丫鬟们的叹息声、哭声弥漫了南京城。有一个无家可归、无处栖身的老奴刚出织造署院，竟因悲伤过度，突然离世。接二连三地家遭变故，13 岁的雪芹突然感到一股黑暗弥漫了视线。很长时间看不清任何东西。他在黑暗的世界里却擎起一个火把，试图把家人照亮——事实上，他高高擎起的根本不是火把，而是祖母送给他的一块宝玉。他却认为那就是火把。他甚至喊道：黑夜降临了，我有火把；寒冬降临了，我有火把。奶奶您不用怕！他高举着火把，疯疯癫癫地跑出织造署院。

蕙兰看到雪芹疯癫的模样，泪水禁不住扑簌簌流下来，她满含热泪喊了一声——也许是少爷、公子之类的称呼吧，雪芹却分明听到蕙兰喊的是“宝玉”！

蕙兰姓柳名蕙兰，自幼被曹府买来为婢。11 岁开始做雪芹的伴读丫鬟。此时，在船舷上她凝望着雪芹略显消瘦的肩背，许多心事便在这个少年微微颤抖的身影上凝结了。她不知道将来等待自己的是什么，也不知曹家以后还会遭受多少灾难，但是，自从进了曹府、侍奉这个比自己小两岁的公子以来，她就断定今生今世不可能再离开他了——这是宿命，还是怜爱？她说不清，她也不需要说清，她就是跟定了这个时常忧郁而又狂放不羁的少年。

这一年，曹雪芹 13 岁，背井离乡随父北上；柳蕙兰 15 岁，随曹公子雪芹一家遣往京城。

北京近了，已经近了，命运多舛的京城啊，已经进入了两个孤独灵魂的视野！

二

曹家别离江宁，举家北上。曹雪芹的京外生活也随着家道的衰败而结束了。

皇恩浩荡，雍正没有把曹家逼至绝路，抄家后雍正曾明令“少留房屋，以资赡养”。在北京不仅为曹家留下了一处住宅，还准许曹家留下奴仆六人，这自然包括雪芹的伴读丫鬟柳蕙兰。经过数日的旅途劳顿，蕙兰初进曹家的北京新居，竟有些热泪盈眶。她满含热泪地道了一声：总算到家了！

雪芹受其感染，也慨叹道：是啊，又有家了！

家，多么美妙的字眼！雪芹又有家了！

曹家从五代祖入关之后一直定居在北京，至曹雪芹时已有百年有余的居住史。大清入关后，八旗人占了那些老宅子，曹家是正白旗，地区划分东边，就分到了一所房院。

如今，曹家再次举家迁居北京却已成了犯官，不过毕竟是内务府的旗人，与汉人还是有区别的，只是取消了曹家在北京内城居住的权利。曹家的新家，坐落在京外城的东偏方向，崇文门外南面的蒜市口一所简单的四合院里。内有正房五间，东西厢房各三间，南房三间，加上厨房、厕所或放置杂物的房间等，有 17 间半房屋。若再加上在通州的 600 亩地和张家湾本银 7000 两的当铺，曹家的生活基本还算小康。况且，曹家在京城还有几家阔亲戚——先说曹氏家族。曹頫的大哥，雪芹的伯父曹顺时为骁骑参领兼佐领，还兼任内务府郎中，官三品；曹頫的堂叔为正白旗包衣鸟枪护军参领，即雍正皇帝的卫戍部队，官三品；曹頫的堂兄则任茶坊总领，二等侍卫兼佐领。曹氏家族基本都是皇帝近臣，深受信任和重用。再看旁系亲戚，曹頫的姐夫纳尔苏为平郡王，外甥福彭世袭为小平郡王，与后来继任皇位的宝亲王弘历是从小一起玩大的朋友，深得宠信；曹頫的姑父傅鼐是满洲镶白旗人，雍正在位期间，先授镶黄旗汉军副都统、兵部侍郎，后为户部侍郎，再授予都统衔。

俗话说，有三门阔亲戚不算穷，何况曹家在寻常百姓眼里还是小康之家呢，依然是家有仆人伺候，出行有马车坐，虽看不出威风凛凛，却也很滋润。因此，雪芹的少年时代应该还算是一个衣来伸手饭来张口、无忧无虑的公子哥。

随后不久，大清王朝发生了一件足以使曹家起死回生的重大事件。时为雍正十三年，公历 1735 年，阴历八月二十三日子时，雍正驾崩。当年九月初三，宝亲王弘历继位，下诏第二年“改元”，朝号为乾隆。从九月到十二月，弘历颁旨大赦天下，曹家早先的亏空罪，一概免除。曹家在京城的房产也陆续返还。

都说祸不单行，福无双至，曹家却喜事不断：雪芹的姑舅大表兄平郡王福彭被任命为协办总理事务的大臣，即副宰相。第二年三月，福彭又做了正白旗满洲都统。接着，又因为福彭实心任事，在王爵上“纪录三级”；雪芹的祖姑丈傅鼐，凭着跟弘历的关系，由都统一跃而成为兵部、刑部两部尚书，权倾朝野的军政大臣。

曹雪芹在乾隆初年又开始了“锦衣纨绔,饫甘餍肥”的生活。然而,这种优裕生活只维持了短短的五年左右时间,随着一场变故,便迅速宣告结束了。这场变故更突然,更巨大,使曹家破败得更彻底,彻底一贫如洗。

然而,这场变故引发了一场爱情故事,也加快了一部伟大小说——《红楼梦》的诞生。

三

曹家第二次经历的这场重大变故,史家有两种说法。一是乾隆四年以理亲王弘皙为首的“逆谋”案,牵扯到了曹氏家族。

理亲王弘皙乃康熙废太子允礽之子。乾隆四年十月,弘皙与庄亲王允禄(雍正弟弟,乾隆叔叔)、弘升、弘昌、弘晈等结党营私,都被革去王爵,永远圈禁。曹雪芹后来所作《红楼梦》谈到了“弘皙逆案”。其核心自然是皇帝宝座之争:弘皙以“嫡王孙”自居,在雍正暴毙、乾隆继位后,图谋政变。他在郑家庄另立内务府,一些被雍正厚待过的王爷、与弘皙平辈的皇族以及王公大臣,集结在弘皙周围。这自然也包括曾被雍正厚待过的曹家叔伯兄弟。按说曹頫这一支儿,应该不会牵扯“太子党”起事。是人家乾隆爷继位后一系列的优惠政策,曹頫一家才起死回生,家道兴旺的。如何也不会恩将仇报、参与图谋不轨的。问题是他曹家有人参与了,曹頫这一支儿就得受到牵连,这叫株连九族:跟着族人沾光,也会跟着被治罪。

二是史家认为曹氏家族的不肖子孙,从兄弟不和,到招纳匪人,彼此攻讦,互相揭发,惹怒了乾隆,遭到家族覆灭性的打击,一勺烩了。我们不去过多考证哪种历史原因更符合事实,总之,曹家在乾隆四年之后彻底败落了。正值青春时期的曹雪芹也彻底结束了“锦衣纨绔之时,饫甘餍肥之日”,陷入了贫困交加的境地。他也将彻底离开几乎度过了整个青年时代的蒜市口十七间半房,另谋栖身之地。

这次家道败落,使他失去了所有亲人:祖母、父母一一含悲而去,家中仆人也树倒猢狲散，只有柳蕙兰说什么也不忍离开曹雪芹。而且坚定地表示，誓死不嫁，一辈子伺候少爷雪芹。

曹雪芹深知自己哪还是什么少爷，哪还受用得起丫鬟的伺候，现在他连个住处都没有，只好暂且栖身卧佛寺，而且一日三餐都没有着落。尽管如此，柳蕙兰还是不离不弃，仍然跟着雪芹栖居破庙里，有一碗粥，先济给雪芹喝；有一块干粮也要硬塞进雪芹嘴里。她知道少爷喜欢饮酒，就把在曹家当丫鬟时，老爷太太们赏给她的细软当了，给雪芹换酒喝。当完细软就当衣服，雪芹急了，对蕙兰发了脾气。发完脾气，就号啕大哭。雪芹哭着慨叹道："为什么！为什么呀！"

什么为什么！雪芹是指家道中落、命运无常，还是柳蕙兰如此无怨无悔，忠贞不渝？应该二者都有，但更多的慨叹还是来自柳蕙兰。她的忠贞、她的执拗，令雪芹唏嘘流泪；她的母性的怜爱，她的少女深情，让雪芹心如倒海！雪芹懂得蕙兰这份爱的分量，但是他与堂姑的女儿梅表妹有婚约在先，所以他与蕙兰仅限于主仆的友情——甚至超出了一般的友情：从祖母把蕙兰赏给年少的雪芹做伴读丫鬟开始，他就须臾离不开她了，他们同吃同睡，欢乐与忧伤像一条金线，紧紧把少男少女连在了一起。特别是从江宁来到北京，共同经历曹家变故的这对青春男女，更是至亲至爱，或者说亲密无间。这一点，曹家上下都清楚，如果不是门户——或者说阶级界限，他们二人倒是合适的一对。柳蕙兰自己也清楚，自己尽管深深爱着少爷，也曾做过被少爷收做偏房的梦想，但是绝对不可能的。因为，少爷把她仅仅当作最可信赖的朋友——或者当作疼他、爱他、关心理解他的大姐姐。少爷只是需要这种母性的关爱，而非爱情。少爷的爱情是他的表妹梅小姐——他与梅小姐青梅竹马，两小无猜，早已私订终身。当曹家来京又一次发达后，曹梅两家便定下了婚约。如果曹家不是这么快又一次败落，说不定已经娶进门了。

柳蕙兰既已知道曹公子雪芹有婚约在先，又赶上曹家彻底败落，难有翻身之日，却坚持留在雪芹身边照顾他，恐怕连自己都说不清原因。但有一点她是清楚的，那就是少爷曾经跟她说，他要写一本大书。把康熙爷、乾隆爷、曹氏家族甚至把梅小姐、柳蕙兰都写到大书里去。柳蕙兰相信，少爷不是说着玩的，既然少爷写书，就会用得着她柳蕙兰的伺候与帮助——蕙兰自信，自己对曹氏家族的认识、理解可以作为少爷的补充。更重要的是蕙兰写得一手好字，还粗通诗词，完全可以帮助少爷誊抄。

在以后的叙述里，我们会看到曹雪芹在创作《红楼梦》的过程中，柳蕙兰所起的作用。一些红学专家甚至认为，柳蕙兰就是袭人的原型，梅小姐就是林黛玉的原型。我却认为，小说不是生活。生活中的柳蕙兰远远没有袭人幸运，却大大超出了袭人的忠贞与坚定——她一生未嫁，伴随曹雪芹走过了最后的时光。但不知曹公因何没有把小说中的袭人续写完整——没有让我们看到一位潦倒落魄的作家与一个大美大爱的红颜知己一生的绝恋故事——《红楼梦》可惜了，蕙兰可惜了。好在我们还能从故纸堆里，找到这位非凡女性的身影，记录一些片言只语，算作对故人、对今人的一点补偿。

却说那一日，正在卧佛寺偷吃贡品的曹雪芹，被一阵急促的脚步声惊了个正着。你道是谁，却是柳蕙兰。蕙兰身后还跟着两个仆人模样的人。蕙兰上气不接下气，但喜悦洋溢在脸上，使灰头灰脸的曹雪芹甚是疑惑。正待问个明白，只见两个仆人扑通跪倒在雪芹面前，诺诺道："少爷，您让我们找得好苦啊！"

原来他们二人是平郡王府的家奴，受老王妃——雪芹的姑姑派遣，四处寻找因家败而失散了的曹家少爷雪芹。家奴做梦也想不到，早年经常来平郡王府的翩翩少年如今竟会沦落到栖居破庙、偷吃贡品的境地。因此，平郡王府两位家奴一见到曹雪芹，禁不住泪流满面，扑通跪地，表示真诚的怜惜！

雪芹扶起二人说："我不想连累平郡王一家。我跟你们走，得有个条件！"

家奴说："老王妃、小王爷再三嘱咐我们，一旦找到少爷，务必请回王府！只要您跟我们回王府，什么条件都行！"

雪芹说："很简单，给我买斤酒，半斤也行。很长时间没喝到酒了！"

两位家奴乐了，连连答应。蕙兰在一旁暗自饮泣，继而泪水滂沱，潸潸而下。雪芹来到小酒馆饱吃饱喝之后，拉起蕙兰欲要跟随他们去王府。两位家奴却迟疑了，他们瞅了一眼蕙兰，然后面有难色地说："老王妃只命我们请少爷……"

雪芹明白了，略一沉吟，说："请二位转告老王妃，谢谢她老人家的厚爱！不过，我已经住惯了卧佛寺！"

雪芹说罢拉着蕙兰匆匆离开了小酒馆。两位家奴愣了片刻，忽然醒过神来，边追赶，边喊少爷留步。雪芹止步，然后瓮声瓮气地说："今儿的酒钱，我会想法还给你们！"

蕙兰极力挣脱开雪芹，哭着说："跟他们走吧，我求你了，去王府吧！我会常去看你的！"

雪芹没吭声，拉起蕙兰继续走。蕙兰没有雪芹力气大，挣脱不开，只好跪在地上不起来。这时平郡王府两位家奴也赶过来跪在雪芹面前再三恳求，并依了雪芹把柳蕙兰一同请回王府，雪芹才作罢。雪芹说："此事与二位无关，我会向老王妃解释！"

这样，主仆四人欢天喜地进了王府，但等待雪芹的并非此前料想的那样顺利。这座王府既成了雪芹得以托身寄命的最后一个栖息地，也是他彻底走向落魄的出发之地！

四

老王妃见到娘家侄儿，自是怜爱有加。不顾王妃的身份，紧紧搂住雪芹，声泪俱下："儿啊，可怜的儿啊！"

姑侄哭诉完毕，便差人带着雪芹拜见老王爷。见到老王爷，从面目上看不出是喜是忧，说话却不冷不热。特别是最后一句话深深刺伤了雪芹的自尊心。老王爷说："这次来王府打算住几日？现在不比从前了，虽然万岁爷还眷顾着老臣，可曹家出得这事，恐怕老臣也难脱干系！一荣不能俱荣，却是一损俱损啊！贤侄多理解啊！"

满怀希望的曹雪芹，被姑父一席话浇了个透心凉。姑父这是赶他出门啊！

雪芹稳稳神，然后回答："我只是来拜望一下老王爷、老王妃，一会儿拜见了小王爷，就回去！"

老王爷说："我儿福彭去宫里了，一时半会儿回不来，还是我转告他吧！"

雪芹说："那好，我即刻起身！"

老王爷说："你住哪儿？回头我差人给你送些银两！"

雪芹说："多谢老王爷美意，我生活还过得去！"

雪芹强忍着不让泪水流下来，转身离开。雪芹打算不惊动老王妃——他的亲姑姑悄悄离开王府，可总也找不到蕙兰。幸好遇到此前寻找他的其中一个家奴。家奴以为雪芹去他的房屋,便高兴地为他引路。途中雪芹望着家奴的背影在想,看来还他的酒钱,还得往后拖一拖了。想到这里,雪芹隐隐有些不安。活了二十多岁,雪芹还从未欠过债,这次都是酒瘾惹的祸!

说话就到了姑姑给安排的住处。还未进房门,远远听到了欢快的笑声。不用看,雪芹也知道是谁。好久未听到蕙兰欢快的笑声了,那么悦耳动听,那么令人泰然怡然。可是,他要拉着这个刚刚有了快乐的姑娘,离开王府重返卧佛寺。在那里她还会如此快乐地大笑吗?雪芹突然感到心里一阵剧痛,险些跌倒在地。

姑姑心疼家败落魄的侄儿,除了仍然把蕙兰留在雪芹身边,还安排了一个老妈子、一个小丫鬟和两个家奴伺候少爷。刚才的欢快笑声正是蕙兰和老妈子、小丫鬟边收拾房间,边说笑发出来的。蕙兰的确高兴,不仅仅是看到雪芹又恢复了少爷的待遇,更重要的是少爷又有了安稳的归宿,就像从江宁一路颠簸来到北京蒜市口四合院一样,少爷又有家了。正说笑间,少爷挑帘进来了。老妈子、小丫鬟赶紧止住笑声给雪芹请安。敏感的蕙兰从雪芹进门的第一眼就看出了不祥之兆。她脸上的笑容尚未散尽,被雪芹的眼神木木地定格在了鼻翼两侧,甚是扎眼!雪芹遣退了老妈子和小丫鬟,拉起蕙兰就走,蕙兰想问,雪芹摆摆手,小声说:“回到寺庙再告诉你!”

王府的确是深宅大院,尽管雪芹不愿惊扰别人,一路上还是遇到许多男女仆人。仆人们见这两位患难主仆手拉手,甚是羡慕。待他们过去之后,还指指点点,议论纷纷。蕙兰感觉到了,几次挣脱,无奈雪芹的大手如钢钳死死拽着她,挣脱不得。总算到了大门,只要迈出这个大门,他们又要恢复往日衣食无着的生活。蕙兰不禁回身望了一眼,王府大宅院深不可测!

两个守门的家奴正想跟他们打招呼,却改成大声禀报:“小王爷回府!”

雪芹闻听此报,拉起蕙兰便往回走。蕙兰大惑不解说:“又不走啦?少爷!”

不是不走,而是遇到小王爷福彭就走不了了。蕙兰哪知道小王爷福彭与表弟雪芹的感情,不是亲兄弟胜似兄弟。但他们躲闪不及,还是被坐在轿子里的福彭看到了。福彭喊道:“那可是表少爷芹圃贤弟?”

未等雪芹回身,福彭从轿子里钻出来了。福彭喊道:“真是你吗,表弟?你可让我们找得好苦啊!”

雪芹没有理由再躲避了,只好转身勉强一笑,算是问候。福彭快步走到他们身边，先是紧紧拥抱了一下雪芹，然后拉着他说："今儿我正好空闲，咱哥俩一醉方休！"随后告诉身边随从，赶紧通知厨子，小王爷要与表少爷喝酒。雪芹赶紧拦住，说有急事要出门，容后再告知表兄。福彭哪里肯依，哥俩在王府大门内争执起来：一个执意要走，一个坚决喝酒，惹得下人议论。正在这时，有人禀报老王妃驾到。福彭说："你看到了，都惊动了老王妃，你就乖乖跟我喝酒去吧，什么事明天再说！"

兄弟二人请完安，抬眼看到老王妃泪流满面。福彭慌了，赶紧询问。老王妃不理儿子，被人搀着来到雪芹近前，眼含热泪说："姑姑知道你打小就是个刚强的孩子，如果你今天出了这个门，姑姑怕是也活不成了！"

雪芹说："姑姑，您不能这样，一切都是命！"

老王妃说："那好，姑姑也姓曹，姑姑今天就陪你一起离开王府，住在寺庙！"

雪芹说："姑姑……"雪芹说着就跪下了，"姑姑，您怎么可以，您是万人崇敬的王妃呀！"

福彭如坠入云里雾里，摸不着边际。他焦急地再三询问着："这到底怎么啦？"

福彭突然一拍脑门，醒悟过来说："我去找他去，我看他是吓破胆子啦！"

雪芹一把拉住福彭说："是我，是我不想连累王府，跟任何人没关系！"

福彭说："既然如此，就跟我喝酒去！表兄不怕连累，额娘您怕吗？别人要怕就让他怕去，我管不着，我只知道与表弟饮酒作诗是人生一大幸事！"

老王妃说："快去跟你表哥喝酒去，还想要姑姑的命呀！"老王妃转身又对下人说："告诉李大总管，谁要是慢待了表少爷，我和小王爷都饶不了他！"

曹雪芹栖身王府又享受了一阵锦衣玉食的好时光。这期间，雪芹堂姑的女儿梅小姐也短不了来王府。说是拜望老王爷、老王妃，其实连小丫鬟都看出来了，梅小姐的心思却在表少爷曹雪芹身上。每逢见到雪芹，尚未出口却已粉腮玉琢，双目迷离。梅小姐那叫一个美，无法用任何语言描述。每当梅小姐出现在王府，全府上下、男女老幼眼睛发直，思维停滞。什么尊卑，什么贵贱，似乎完全不存在了，存在的只是那璀璨无比的美丽身影——他们觉得三天不吃不喝也不会饥渴。柳蕙兰自然也不例外，她在曹家多年，见过各亲戚家的漂亮小姐无数，只有这一次她才知道了世间居然还有这等女子——这个美丽小姐把同样也很美丽的丫鬟柳蕙兰的美梦打破了。过去她只是在身份上自卑，只有梦想而不敢奢望，现如今见到梅小姐才知道，梅小姐的容貌更是她必须要彻底粉碎自己梦想的根源——上天太眷顾她了，一切都是无可挑剔的。柳蕙兰偷偷哭过几次之后，她决定尽快成全公子小姐这段美好姻缘。因为她不知道雪芹浮华的生活能维持多久，在曹家多年所经历的一次次变故，使蕙兰心有余悸。于是，她先催促雪芹说，既然两家有婚约，还是尽早把喜事办了吧！雪芹笑而不答，但从他的眉宇间，蕙兰清楚少爷是有顾虑的，毕竟客居王府，自己的婚姻大事哪能由自己提出。蕙兰领悟，没与雪芹商量便擅自找到老王妃，老王妃听了小丫鬟的话，猛然醒悟的样子说，我真是老了，居然把这等大事给忘了！老王妃立即差人把雪芹叫来商议婚事。老王妃说："要不是蕙兰提醒，我真个把大事忘了。选个黄道吉日，赶快办了，姑姑也算对得起九泉之下的娘亲——疼你、宠你的老祖宗了！"

雪芹说："霑儿只是不愿让老王妃操心！"

老王妃说："老祖宗要是在，哪有我操心的道理！算是代替老祖宗——我的娘亲呀，你怎么就走了呢！"

老王妃忽然想起她曹家的惨景，不由得落起泪来。雪芹也受其感染，触动了留在心灵深处的伤痕，千头万绪，百结愁肠，凝成一腔怒火。蕙兰明白少爷，赶紧圆场："今儿是大喜的日子，快别提那些个不愉快的事了。少爷应该谢谢老王妃的厚爱才是！"雪芹立刻醒过神来说："都是霑儿不好，惹老王妃伤心了。感谢老王妃玉成霑儿的婚事！"

"叫姑姑！"

"是，感谢姑姑！"

老王妃破涕为笑，然后望着蕙兰说："蕙兰到近处说话！"

柳蕙兰走近了些，老王妃还嫌不够，就叫她到身边来。蕙兰怯生生地走到近前，老王妃一把拉住她的手慨叹道："我记得你从十来岁，老祖宗就把你给了霑儿当伴读丫鬟，这么多年你还是忠心耿耿，曹家落魄还是不离不弃，照顾着霑儿，真难为你了！"

蕙兰感觉老王妃的手温暖、有力，让人踏实。蕙兰说："多谢老王妃夸奖，可这是兰儿应该做的呀！"

"好一个应该做的！"老王妃激动了，她居然从椅子上颤颤巍巍站起来，既是对蕙兰，又是对全体下人们说，“像蕙兰这样对主人忠贞不贰的下人，就该赏，重重地赏！”

老王妃说到做到，而且即刻赏。下人们看到那一堆赏银、珠宝和绫罗绸缎，眼睛都直了，就像初次看到梅小姐似的——不过那是精神的，眼下却是实实在在的“干货”。

他们似乎在想，做一个忠实的奴仆还需要多久！

但是，之后不久发生的变故令人猝不及防。估计他们中的许多人来不及做忠实奴仆，就要被遣散了。

王府大厦将倾，一个树倒猢狲散的场景又将来到所有仆人与客居此地的表少爷雪芹近前！

五

正当王府上下筹备表少爷婚礼的喜庆日子里，一个不幸的消息传来——时任正白旗满洲都统的小王爷福彭突发疾病，暴毙在工作岗位上。这一年，史称乾隆十三年，公历1748年，表少爷雪芹年满25岁。

噩耗传来，举府悲痛。最悲痛的自然属老王爷、老王妃了。老王妃经受不住丧子之痛，一病不起，不久医治无效便仙逝了。老王爷也大病一场，虽说未命丧黄泉，但也无力管理王府诸事宜了。小王妃作为权利继任者，一时也压不住阵脚，况且又长久沉浸在失去爱夫的巨大悲痛里，没有心思顾及其他事务性工作。于是王府权利出现了真空，混乱在所难免。

表哥、姑姑相继去世，对于客居王府的表少爷雪芹，无疑是一个巨大的冲击。全府上下的态度似乎一夜之间全变了。先是撤走了伺候雪芹的老妈子、小丫鬟与两个家奴，然后是减少了副食数量与花样，最后是无人敢理睬雪芹了。一切变得空空荡荡，一切变得冷漠异常，雪芹与蕙兰主仆二人，面对着这热闹而冷清的深宅大院，感受着世态炎凉却相对无言。他们感到是该离开王府的时候了，可是，雪芹的佳期已近，能到哪里寻找他们的婚房，安放一对新人？

雪芹决定即刻离开这遭人白眼的王府，推迟婚期。蕙兰也觉得在刚刚办完丧事的王府举办婚礼不妥，但必须先租好房子，再离开不迟。雪芹去意已决，一天也待不下去了，但又不知去哪里寻找住处，况且也无钱租房举办婚礼，总不能把新娘迎娶到卧佛寺吧。此时，雪芹真有点恨自己了，自己沦落到了这等地步，偏偏爱上了梅表妹，一个非她不娶，一个非他不嫁。难道就因为一点点粪土不如的银两，就要辜负了表妹的深情厚意吗？

冷冷的月光下，雪芹仰天长叹！苍天无语，大地没有回声，只有自己的一颗孤独跳动的心在指责他，在向他哭诉。无可奈何，无可奈何啊！亲爱的表妹，表哥无能，看来要辜负你了！

蕙兰抱着少爷的长衫，默默地站在背后，望着这个越发魁梧而又柔弱无比的身躯，江宁渡船上的那一幕迅速闪现在眼前——那个微微颤抖的少年的肩背永远定格在少女蕙兰的灵魂深处了。往事如昨，短短几年，这个令她爱怜的少年经历了多少事啊！而今，长成了青年小伙子的他却又为婚房而愁肠百结，蕙兰的心怎能不为此而颤抖而痛楚呢！蕙兰几次想告诉他，她已经有了办法，已经通过雪芹的好朋友颚比在西山黄叶村租好了房子，不日就可以迎娶新娘了。但她深知少爷的脾气，既不愿意求人，又不忍心动用她柳蕙兰的钱财，只好瞒着他了。

蕙兰替雪芹披上长衫，然后说："睡吧，明天一早咱就悄没声地离开王府！"

雪芹说："我想好了，咱还回卧佛寺住——我是说暂时的，我会画画，书法也行，咱可以拿到天桥去卖。我估计用不了半年，就能凑够租房子的钱！"

蕙兰说："这个我相信，可婚期不等人呀！"

雪芹说："大不了推迟，我去梅家解释。怎么说也是我亲堂姑，会通融的！"

蕙兰说："绝对不能推迟婚期，将来不吉利！咱可以到西山黄叶村租房子，那儿便宜！"

雪芹说："我暂时还没有租房子的钱——你出去一整天，难道……"

蕙兰说："是，颚比帮着租的，我看了还不错，你跟梅小姐住东屋，西屋做书房。我住在耳房，洗衣做饭方便！"

雪芹说："老王妃赏给你的怎能动用，绝对不行！"

蕙兰说："就这么定了！都大小伙子了，还婆婆妈妈的！"

蕙兰话一出口就后悔了。从 11 岁伺候少爷，到现在还第一次使用这种口气说话，这可是以下犯上、奴欺主啊！蕙兰怯怯地等待少爷发落。雪芹猛然转过身，热辣辣的眼睛吓了蕙兰一跳。雪芹说:“你上辈子准是欠曹家的,不然……我何德何能啊,我如何消受得起啊,我……你就是曹家的大恩人呀!”

蕙兰被雪芹说得有些蒙,还未反应过来就被一双大手攥住了。雪芹紧紧攥住蕙兰的双手动情地说:“蕙兰姐姐,今儿晚上咱俩睡在一起好吗?就像小时候一样,好吗?姐姐!”

雪芹孩子似的摇晃着蕙兰,央求着蕙兰。蕙兰流泪了,那是一种感天动地、幸福的泪水。27年来,蕙兰第一次感受到友情、亲情、爱情交织在一起的巨大幸福。一个27岁的姑娘,今夜要与一个怜爱一生的男人同床共枕,怎能不喜泪交并、幸福无比呢!

今夜无眠!过了今夜她就要把他完完整整地交给另外一个女人。但是,足够了,蕙兰至死也满足了——拥有了今夜,蕙兰便拥有了一个浪漫而真切的爱情童话,无须肌肤之亲,只需重温多年以前那个稚嫩的、甜润的呼吸……就足够了!

雪芹又有了新家——远离京城闹市的西山脚下黄叶村。房屋不大,却很雅静,还能够朝看日出,暮看霞。清人吴长元著的《宸垣识略》载:“西山在府西三十里,为太行之首。流泉满道,或注荒池,或伏草迳(径),或散漫尘沙间。春夏之交,晴云碧树,花香鸟声,秋则乱叶飘丹,冬则积雪凝素。”

后来曹雪芹的朋友敦诚、敦敏与张宜泉在诗中曾为我们描述了此地的美景:“遥山千叠白云径,消磬一声黄叶村”、“爱将笔墨逞风流,庐结西郊别样幽。门外山川供绘画,堂前花鸟入吟讴”、“碧水青山曲径遐,薜萝门巷啼烟霞”。

敦诚还赠送诗篇鼓励雪芹:“劝君莫弹食客铗,劝君莫扣富儿门。残杯冷炙有德色,不如著书黄叶村。”这都是后话了,眼下要紧的是尽快到堂姑——岳父母家商议婚姻诸事宜。然而他在岳父家的经历并不很愉快。就像雪芹后来所作《红楼梦》中封肃对待女婿甄士隐那样:“今见女婿这等狼狈而来,心中便有些不乐……”

雪芹风尘仆仆来到京城岳父家提及婚期,岳父却冷着脸说:“我已请阴阳先生算过了,你与小女八字不合,男妨女,女克男,如结婚,不出仨月就有血光之灾!”早不算,晚不算,偏偏这时候请阴阳先生批八字,分明是借故推托。阴阳不和,雪芹不好说什么,怏怏离开岳父,准备找梅表妹商量。可小丫鬟传出话来,小姐不想见少爷,请少爷离开梅家。自然这都是事先安排好了的,而实际上,梅小姐已经被父母锁在深宅大院，对此一无所知，还一心准备着雪芹娶她呢。

雪芹碰了一鼻子灰，见无人再理睬，只好怀着一腔怒火返回西山。蕙兰一听就明白了，蕙兰说："少爷呀，你真是个少爷！梅小姐怎么可能不想见你呢？分明是父母瞒着她，打发你出门呀！"蕙兰再三叮嘱雪芹，千万不能动退婚的念头，到时候她一定会想出办法来。

雪芹不相信她能有什么办法。他已经心灰意冷，无力也无心迎娶梅小姐了。雪芹借酒浇愁，可是酒非但无法排遣胸中块垒，反而勾起了往日的愁怨。想当年，曹家煌煌一个大家族，何等热闹，何等威武，如今只剩下一个孤家寡人，白茫茫一片真干净啊！

雪芹本来酒量很大，那天不知喝了多少酒，居然睡了一天一夜。这一天一夜雪芹反复做着一个同样的梦：梦到一僧一道远远而来。只见僧道骨骼不凡，丰神迥异，来到山前席地而谈。雪芹半天才听清，原来僧道谈论的却是一块石头。说，一户人家生了一个公子，一落胞胎嘴里便衔着一块五彩晶莹的玉来，还有些许文字，雪芹未看清文字，却识得此玉乃通灵宝玉。

醒来时，雪芹还念念不忘，想说与蕙兰听。无奈，蕙兰不在。蕙兰干吗去了？自从移居黄叶村，蕙兰很少出门，蕙兰究竟干吗去了，不收拾家务，不做饭，甚至也不言语一声，独自出去干吗去了！蕙兰回来，脸上分明带着喜色，雪芹看出来了，路上捡了银子，还是中了六合彩？若在平时，雪芹一定会问，但是他还沉浸在梦中的景象中，他迫切需要告诉蕙兰。于是，他说——梦肯定是有缘由的，我想了半天才觉得，我这部书该动笔了，就从这块宝玉写起吧！

蕙兰听后，灿烂的面容愈加灿烂了。蕙兰说："太好了，真是太好了，喜事要来临了！"

蕙兰又说："什么事也不用操心，你就安心写书吧，就像汉代的太史公那样，也写一部流传千古的大书！"

主仆二人欢天喜地、笑逐颜开不提，单说一日雪芹的好友鄂比差人送来婚宴请柬。请柬上居然写着鄂比与梅小姐的婚宴。雪芹有点丈二和尚摸不着头脑，经询问差人，才确认鄂比少爷迎娶的正是自己心爱的梅表妹。雪芹愤怒至极，三下五除二把请柬撕了个粉碎。

差人说，我家少爷叮嘱，请先生一定看看这封信。说着递上信去，雪芹拆开一看，上写一行字：“另有隐情，请一定赴宴，否则后悔终生！”

颚比结婚那天，雪芹是带着愤怒与好奇前去参加婚宴的。他倒要看看这出戏如何唱，看看表妹如何面对他，好友如何面对他。雪芹做了一个彻底了断的决定，然而冥冥中他又想到了那个梦——那是一个足以使他壮烈地活下去的梦！

雪芹换好新衣准备出发，却见蕙兰也穿了一身过年才肯从箱底拿出来的新衣服，早早等在了院外。雪芹不解地说：“颚比是请我，你去了不好，好像咱蹭饭吃似的，叫人家瞧不起！”

蕙兰笑了笑说：“颚比少爷也请我了呀！你看——”蕙兰果然手里也拿着一封请柬！

雪芹愣了愣，随口骂道：“混账颚比，光出我洋相还嫌不够啊！”

主仆二人各怀心事，来到颚比府上。工夫不大，迎娶新娘的花轿到了。眼见春风得意的颚比随着花轿进了府邸，雪芹一颗脆弱的心都提到嗓子眼了。他真想过去啐一口颚比，然后打道回府，但是饱读诗书、深知礼义廉耻的雪芹，还是硬咽下了这口气。颚比见到雪芹，疾走几步来到近前，拉住他就往里屋硬拽。雪芹生气地推开他说：“你想干吗，让我原谅你吗？”颚比也不答言，把雪芹生拉硬拽到屋里，然后把新郎衣服脱下来，给雪芹换上之后说：“快出去拜天地吧！”

雪芹有些发蒙，呆呆愣在一旁。此时蕙兰挑帘进来道喜：“恭喜少爷，新婚大喜！吉时已到，快拜天地呀！”

雪芹说：“你们——你们——”

颚比笑着说：“芹圃兄，你不光是娶到了如花似玉的心上人，还有一个聪明机灵又忠心耿耿的好丫鬟！为弟甚是羡慕！”

鄂比与雪芹双双走出来，一改刚才新郎官的面目，而成了名副其实的司仪。面对惊愕的宾客，鄂比解释说：“各位亲朋都知道，梅小姐与芹圃兄青梅竹马，自小就有婚约，无奈梅小姐的父母借故悔婚，想拆散这美好姻缘。当我知道这个消息，只是愤怒和惋惜而无计可施。是一个聪明、对主人忠心的丫鬟提醒了我，才有了今天的下策。我是欺骗了大家，也欺骗了梅小姐的父母，可我必须要成全这美好姻缘。不图成为人间佳话，只求有情人终成眷属！”

颚比话音刚落，大家的掌声此起彼伏，称赞颚比。颚比摆了摆手说：“掌声、夸奖不应该送给我，而是——”颚比逡巡半天没找到蕙兰，于是直接道出姓名：

“掌声和夸奖应该送给芹圃兄的丫鬟柳蕙兰！”

大家四处逡巡：谁是柳蕙兰？太不简单了！曹公子太有福气了！真难得，快叫出柳蕙兰让我们见见吧！

雪芹的眼睛也在寻找柳蕙兰，红盖头下的梅小姐心里也在默念柳蕙兰。她似乎想起来了，她在平郡王府见过这个丫鬟，她记得自己还跟表哥雪芹夸过她，夸她知书达礼，忠贞不贰，果然如此啊！将来自己一定要善待她！谢谢你蕙兰姐，你可知道，你成全的不仅仅是姻缘，而是生命啊！如果不是这个结果，恐怕我连今天都活不过去呀！蕙兰姐，你在哪呢？为什么大家都找不到你呢？

蕙兰并未走远，她只是悄然来到胡同僻静的地方，好让隐忍不住的泪水恣意流淌。蕙兰为什么流泪？蕙兰为谁流泪？为自己，为少爷，还是为命运？

命运啊，命运！未来的命运还会有许多流泪的机会，蕙兰省着点吧！既然跟定了少爷，就不怕流泪了，是吗？

六

后来，雪芹的岳父知道了事情的原委，大骂颚比无德。婚后三天回门，见到这等狼狈女婿，岳父依然冷着脸，心中极其不快。但木已成舟，也无可奈何，只是不与女婿来往。岳母见到女儿，自是母女相拥而泣。待娘俩哭够了，便叮嘱雪芹要好好善待女儿：她的女儿可是千金小姐，从小没受过委屈，而今被骗到西山受罪，可真是前世造孽！雪芹嘴里诺诺答应，心中却如打开的五味瓶，酸甜苦辣咸一起涌向心头。梅小姐见丈夫脸色难看，知道母亲的话触动了雪芹的伤情，于是说：“母亲大人不必担心，当年表哥是何等富贵，有几人能比，现今不依然承受得住！”

话虽如此，西山的家境却让梅小姐隐隐担忧。辞别父母，他们的婚姻生活真正开始了。她与雪芹隐居西山，倒也恩爱，只是日子有些拘谨。虽说雪芹写些字画，偶尔也能换回一些银两，但毕竟不是长久之计。再加上少爷出身的雪芹，生性放浪形骸，只喜饮酒赋诗，不善理财，日子紧紧巴巴。天长日久，梅小姐也会无端生出些怨气。梅小姐体会到了，爱情不是童话，需要人间烟火的滋养，需要物质做基础。梅小姐不敢在雪芹面前表露，便私下与蕙兰说些牢骚话。蕙兰却不这么看，她觉得少爷若像寻常男人一样，就不是曹雪芹了。蕙兰相信，少爷是大才，早晚会出人头地，恢复锦衣玉食的生活。于是，梅小姐不在屋时便鼓励雪芹，生活不用操心，安心写书。雪芹就拿出刚刚写出的书稿读与蕙兰听：“士隐乃读书之人，不惯生理稼穑等事……肃每见面时，便说些现成话；且人前人后，又怨他们不善过活，只一味好吃懒做等语。士隐知投人不着，心中未免悔恨……”

雪芹说：“《石头记》乃白日梦所托，甄士隐乃我芹圃是也！”

为生活计，雪芹开始时常走出西山书斋到京城找工作。雪芹最早出现在文艺圈里不是小说家，而是诗人。雪芹的诗才，被喜欢附庸风雅的明相国明亮看重，于是被请去做“西宾”。西宾是做什么的，西宾就是家庭教师或幕僚。主人闲来与之吟诗赋对，主人忙时帮着抄抄写写。但雪芹生性不是做西宾的料，平日放诞不拘，言行不谨，自然不会讨主人喜欢。不久就被辞退了，辞退的理由是“有文无行”。

真是百无一用是书生，被明相府辞退的雪芹，不免有些心灰意懒，连写作也提不起精神了。一日，有两位公子来访。公子说，他们看到先生前两回《石头记》便忍不住想看下回，希望先生快些接写下去。

原来是两位催书的人，雪芹心中大喜。雪芹诙谐地说：“你给我买些烧酒、烧鹅，待我吃饱喝足，就给你续写下一回！”

虽是一句玩笑话，梅小姐心里承受不住了。待客人走后，梅小姐对蕙兰哭诉道：“何以至此呀，表哥竟沦落到这等下贱地步！明日你陪我回娘家，我央告父母大人要些银两，让他吃饱喝足作《石头记》！”

蕙兰说：“大小姐应该知道少爷的脾性，言语放诞不拘，一句玩笑话嘛！我看也不是坏事，毕竟大家喜欢，肯花钱看少爷写的书！”

梅小姐说：“我看是为五斗米折腰！”

蕙兰若有所思。事后对雪芹说：“少爷所写乃旷世之作，岂是为哪个人所写，更别说是酒肉所能撼动的！”

雪芹说：“物质刺激，有时候也能激发灵感。这不，我又很快写了下一回，你给提提意见！”

蕙兰看了之后感觉与所接上回有些异样，语言粗糙，定是心浮气躁所致。这次蕙兰不再留情面，也不再顾及主仆身份，狠狠批评了雪芹一顿。最后竟有些哭腔:“少爷,你是在作践自己的艺术啊!”

雪芹被蕙兰对艺术的真诚所打动,把刚刚写完的这一回《石头记》填到灶火里烧了。此后,再写时格外用心,仿佛有一双眼睛,在热切地看着他的行文。

此一回写作正是雪芹缺衣少食、求助无门之际,自然融进了更多的个人情感。他在小说中写下了一个村妪到荣国府去攀亲求助的经历,这位贫苦老妇人却得到了她所不敢想象的厚待。在这回书的前后,各有诗句:

“朝叩富儿门,富儿犹未足。虽无千金酬,嗟彼胜骨肉!”

“得意浓时易接济,受恩深处胜亲朋。”

闲言少叙,却说雪芹终于找到了一份养家糊口的差事,到西单石虎胡同——后迁至宣武门里绒线胡同东口为皇室子弟开设的官学——右翼宗学管理日常事务工作。史料记载这一年是为乾隆十年,公历1745年。在这里,雪芹结识了敦敏、敦诚两兄弟。爱新觉罗·敦敏、敦诚兄弟,是太祖努尔哈赤十二子英王阿济格五世孙,正儿八经的清宗室子弟。阿济格与其弟多尔衮同为大妃乌拉纳喇氏所生。顺治初年,多尔衮称摄政王,专朝政,阿济格亦乘机扩展权势。顺治七年十二月,多尔衮于狩猎途中,暴卒于喀喇城,世祖亲政,阿济格立遭囚禁,次年十月赐死,子孙降为庶人。

如此说来,雪芹与敦敏、敦诚两兄弟有着相似的人生遭际,再加上他们早就慕名雪芹的诗才,很快发展成为朋友,并成了此后坎坷一生中彼此了解的知己。敦敏、敦诚与雪芹结识之初,首先引起他们注意的是他的诗才。雪芹诗格意新奇,器局大,尤其诗胆如铁一般刚硬,如刀一样锋利。雪芹作诗多师承祖父,却独具一格。祖父晚年所作《楝亭遗集》,雪芹下功夫读过,也受其熏陶浸染,诗格影响,但由于环境条件和生活经历与祖父不尽相同,其性格养成和诗路也不近相似,诗作自然独具一格,别具特色。敦敏、敦诚两兄弟还有一个喜欢雪芹诗作的原因,那就是与自己的性格和诗路相近,惺惺惜惺惺。雪芹性格放达不拘、胸襟开阔,而且才思敏捷,谈吐幽默风趣,尤其善讲故事。于信口而谈、嬉笑怒骂中,意气风生、充满幽默。每设一喻,说一理,讲一事,无不使人为之叫绝称快。特别是他那傲骨狂形、嫉俗愤世,而别有识见、不同流俗的坦荡谈吐,深深吸引了敦敏、敦诚,也加快了他们之间友情的逐步深入。特别是厌倦官场、无心科举的敦诚,经常找雪芹谈作诗,谈人生,他几乎把雪芹视为人生楷模和文学导师。

随着交往的深入，敦敏、敦诚兄弟二人还发现导师雪芹不仅有着惊人的诗才，而且书画也了得，其书无论是楷、隶、篆均达炉火纯青的地步，尤其行书与狂草更见其艺术个性：放达不拘、峭拔崎岖，极具线条美；其画无论山水、人物、花鸟均独具画家性情，尤其人物画，神态毕肖、栩栩如生，添一笔或去一笔都会使所画人物黯然，无论多么精湛的高仿家，都模仿不得。不仅如此，雪芹还对医学、金石、泥塑、印染、雕刻、织补、烹调等颇有研究，并结集刊印，书名为《废艺斋集稿》。《废艺斋集稿》分为八册。第一册讲的是如何治印刻章；第二册讲的是我国南北方风筝的制作工艺；第三册讲的是编织工艺；第四册讲的是泥塑脱胎手艺；第五册讲的是丝缎织补；第六册讲的是竹器雕刻及扇股制作；第七册讲的是园林建筑艺术；第八册讲的是菜肴烹调。

在敦氏兄弟心目中，曹雪芹无疑是一个学识渊博、性格旷达、为人真诚，集诗书画艺于一身的旷世奇才。这样的大才子，堂堂我大清却容不下，却沦落到给大清宗室学堂管理事务，在西山草屋里栖身。敦诚放言为雪芹叫屈，敦敏劝弟弟谨口慎言，说其实他们何尝不与先生一样，要学会卧薪尝胆，等有朝一日中举，重整家业，才可有出头之日。敦诚说："罢罢罢，那是你。我们堂堂正宗清室子弟又能如何？我还是效仿先生吟诗作乐、逍遥一生吧！"敦敏说："弟弟你难道忘了阿玛教诲、额娘期望，岂能率性而为！"敦诚说："难道叫我从头再来，飞黄腾达之日再籍为庶民吗！哥哥既有此理想，爱新觉罗敦氏一支儿的再度兴旺就拜托哥哥了！"

敦敏见弟弟如此颓废、玩世不恭很生气，想替父母狠狠教训教训他，适逢雪芹进来才作罢。雪芹饮了些酒，略有醉意，进得门来随口吟了一句诗："满纸荒唐言。"敦敏接："一把辛酸泪。"雪芹接："都云作者痴。"敦诚接："谁解其中味。"

敦诚说："好你个先生，独自出去饮酒也不叫上我，太不够意思了！"

雪芹说："不准叫先生，叫芹圃，我年长，顶多加一个兄字！"

敦敏说："这怎么使得，我们早把你看作老师了！"

敦诚说："使得，使得，叫芹圃兄亲近！"

敦敏说："敦成胡言乱语，再亲近也不能乱了朝纲，尊卑有别！"

雪芹说："好为人师者，说明自己不自信，我岂能做不自信的人！"

敦诚拿出昨夜写就的一首诗，送给雪芹。说是请教，实则劝勉。诗曰："劝君莫弹食客铗，劝君莫叩富儿门。残杯冷炙有德色，不如著书黄叶村。”

雪芹看罢若有所思。敦敏问写得怎样，敦诚说：“且不管诗写得怎样，芹圃兄还是趁早离开这弹食客铗之地，回清净之所著书立说，把《石头记》续完！”

敦敏说：“原来你是劝先生离开，我们岂不是要远离先生，如何求教啊？”

敦诚说：“心有灵犀，何必在乎距离远近，我说得对吗，芹圃兄？”

雪芹说：“妙极。我想是该离开了，我不能为生计再辜负自己了！”

不久，雪芹果然离开了宗室子弟学堂，回到西山黄叶村，开始了《石头记》的著述。后把《石头记》更名为《红楼梦》，黄叶村里梦红楼，红楼梦醒黄叶村。雪芹过上了“满径蓬蒿老不华，举家食粥酒常赊”、“寒冬噎酸齑，雪夜围破毡”的生活，也引出了大清诗坛一段千古佳话！

七

时至乾隆二十三年，公历 1758 年冬天，雪芹应敦敏敦诚之邀，来到宣武门内太平湖敦氏家里参加宴会。毕竟皇室家族，参加宴会的倒都是名流贤达。雪芹尽管出门前梅小姐和蕙兰帮着捯饬了一番，站在这些衣饰华丽的达官贵人中间，还是有些不协调。敦诚不管这些，亲热地拉着雪芹的手芹圃兄长芹圃兄短地说个不停。敦敏老成持重些，与雪芹亲热交谈两句，则一一介绍给来宾。吏部侍郎兼皇家画院院长董邦达早就知道雪芹的文名，特别是对他对书画的独到见解十分赞赏，于是劝说他到皇家画院任职，曹雪芹婉言谢绝了。后来雪芹刊刻《废艺斋集稿》，董邦达主动提出为其中一册《南鹞北鸢考工志》写序。

雪芹不去皇家画院任职敦敏感到遗憾，特别是后来与弟弟一同来西山拜访雪芹，看到全家衣食无着的惨景，更是不胜唏嘘。他们曾在雪芹成婚的时日见过梅小姐，那时天生丽质，面若红玉，才几年的工夫，而今面容憔悴，一副病恹恹的模样。再看丫鬟蕙兰，刚刚三十出头，却已青春韶华不再，靓丽容颜无存，手上青筋毕现，眼大而无神。倒是头大体胖的雪芹，只是肤色微微有点黑，其他变化不大，依然健朗善谈。后来敦诚为此还写了一首诗作为见证：“满径蓬蒿老不华，举家食粥酒常赊。衡门僻巷愁今雨，废馆颓楼梦旧家。司业青钱留客醉，步兵白眼向人斜。阿谁买与猪肝食，日望西山餐暮霞。”

却说正待敦氏兄弟为雪芹一家唏嘘感叹之际，有一小儿挑帘进来了。不用问，敦敏、敦诚很快就猜出来了。小儿四五岁，正是童言无忌的年龄，进来就问敦敏敦诚是否带好吃的了。还未容他们答言，蕙兰慌张进来抱起孩子就走。敦诚随后跟了出来，问蕙兰村里可否有酒馆，蕙兰说，小孩子嘛，见到客人即使不饿也总会张嘴要吃的，二爷千万别当真！敦诚也不答言，独自出去了。过了一会儿，敦诚急匆匆回来进门就喊，你们猜我带谁来了！

敦诚在酒馆买酒买菜巧遇好友张宜泉。张宜泉也辞去公职来到西山黄叶村，开办了个私塾教馆，正愁聘不到饱读诗书的先生，听敦诚说大名鼎鼎的曹雪芹也在此地，于是欣然一同前往拜谒。早在京都时，张宜泉曾赋诗称道雪芹穷死不当差，饿死不进画苑的骨气和品格：“爱将笔墨逞风流，庐结西郊别样幽。门前山川供绘画，堂前花鸟入吟讴。借问古来谁得似，野心应被白云留。”很是钦羡雪芹闲云野鹤般的生活，于是效仿先生隐居山林。来后但见雪芹家徒四壁、缺衣少粮的境况，又颇为心痛。于是劝说雪芹创作之余，走出书斋登讲台，执三尺教鞭，授业解惑。同时再三强调，他的教馆非官差，来去自由。雪芹有些心动，敦敏敦诚帮腔劝说，终于定下来。于是，西山相逢的四位诗友，乘兴游览了古刹名胜之后把盏对饮，诗酒唱和。雪芹先唱：“白傅诗灵应喜甚，定教蛮素鬼排场！”敦诚拍案叫绝，盛赞雪芹：“知君诗胆昔如铁。”张宜泉立即唱和：“君诗曾未等闲吟。”敦敏赞雪芹：“碧水青山曲径遐，薛萝门巷足烟霞。寻诗人去留僧舍，卖画钱来付酒家。”对饮至迟暮方恋恋不舍散去。

此后，雪芹度过了一段比较安定的生活。一面在村里教书，一面续写《红楼梦》。辛苦一点，可衣食有了着落。雪芹每写一回，蕙兰便帮着誊抄，梅小姐则对小说细心研读，然后提出修改意见，一家人倒也其乐融融。可是好景不长，大约乾隆二十五年，公历1760年初春，梅小姐突染病，撒手人寰。虽然雪芹对医术颇有研究，来此居住期间，曾为许多乡民治好经年沉疴，现今却无力治愈心爱的妻子，直落得生死两茫茫。妻子梅表妹的去世，给雪芹几乎致命的打击。好长时间，沉浸在丧妻之痛里，不能自拔。《红楼梦》的创作也停顿下来。后来友人想撮合蕙兰与雪芹结为秦晋之好，无奈雪芹视蕙兰为至亲姐姐，心理上无法将她纳为妻妾。蕙兰也不同意，尽管一直爱着少爷，也多次在梦里渴望成为少奶奶，现今人老珠黄，朱颜已改，怎还配得上才华横溢的少爷！能辅佐少爷完成这部旷世之作，已经心满意足了。再加上这一年雪芹终因才学过人、文名过大，被拔举为优贡生。蕙兰暗自高兴的同时，也自觉距离梦中姻缘又远了一步。这一年雪芹 35 岁，蕙兰 37 岁。人到中年的蕙兰，随着雪芹南游带回的那个女人走进西山，与少爷的姻缘之梦彻底破灭了。此按下不表，单说雪芹重返南宁的悲遇巧合。

雪芹是应两江总督尹继善的邀请，才得以重返江南的。尹继善并不认识雪芹，他刚来南京做官的时候，雪芹恰好举家北上。他的总督衙门与曹家老宅相邻，日子久了，他才日益体会到，曹家祖孙数辈在江南一带历时六七十年之久，深得人心，远非一般俗常仕宦可比。尹继善爱才好士，扬风书雅，对曹寅的为人与文采早有倾慕之心，再加上宦地相同，官职联属，尹继善自然留意于访寻曹家的现况和子孙的下落。恰逢乾隆南巡，尹继善负责接驾，便很快想到了曾三次接驾的曹家，只是不知曹家后人曹雪芹的下落。后差人到京城打听，才得知虽已落魄的雪芹，在京城诗词、小说名气很大。素知乾隆爷喜好吟诗作赋、结交文人墨客，此次接驾不可少了大才子曹雪芹。于是邀请雪芹前来江南帮助筹备接驾事宜。

雪芹 13 岁离开南京，弹指间已过二十几年，由少年而成中年了。多少事，从头忆，重游伤心地，别有一番滋味在心头。暂且按下不表，却说雪芹来到南京，深得尹继善赏识，宾主相得，感情甚笃。闲暇之余，尹继善为雪芹介绍了几位南京文坛泰斗相见，甚是欢欣。但后来因引见当朝大诗人袁枚，竟闹得宾主不快。雪芹觉得袁枚多叙写身边琐事，多吟风花雪月，风格不高，拒而不见。此举不仅令尹大人甚感不快，也得罪了南京诗坛文苑。后有人常在耳旁说三道四，尹大人更觉雪芹心高气傲，狂妄不行。甚至感觉安排此等不懂礼数的穷酸文人接驾，会贻误大事。终因宾主日益冷淡，雪芹不辞而别。正是因为不辞而别，雪芹才得以在桨声灯影、香艳浮华的秦淮河巧遇李兰芳，才有了此后一段凄艳的爱情故事和文坛绝唱。这是后话，现在我们先介绍李兰芳与雪芹的关系。

雪芹的祖母有个娘家哥哥叫李煦，丈夫曹寅曾奏请皇上安排李煦做了苏州织造，不幸的是，雍正二年（1724）他与雪芹的父亲所犯一个罪名，即因亏空公款而获罪抄家。不同的是，李煦家属及其家仆等男女童幼女共二百余口，在苏州变卖，由于李家为旗人，无人敢买，只好遣散家仆，把李煦一家应留审讯之人押解回京。到京后，亲友帮助斡旋，除李煦外，其余妇孺十口，均交崇文门监督五十一

(满族人名)处置,总算逃脱了被官府作价变卖的险境。

李煦是李兰芳的祖父。李煦没有曹家幸运,还能在京东山再起,过一段短暂的贵族生活。雍正五年,因过去李煦曾为雍正皇帝的死敌阿其那买送婢女的旧案被揭,被刑部定为“奸党”,呈报“秋后斩决”,后虽“着宽免处斩”,仍被流放到黑龙江打牲乌拉充当苦役致死。家遭变故,年幼的兰芳沦为奴婢,被人贩子拐卖送进了烟花柳巷。后遇到一个中意公子,为她赎身来到南京,本想过一生安定生活,可这位公子家人死不接纳,无奈之下,公子离开了兰芳。为生活计,兰芳重操旧业,自甘为娼。只卖唱,不卖身。冥冥之中,也许是在等待一位郎君的出现。但做梦也不会想到,等待的竟是表哥雪芹。相认之后,兰芳当即决定离开秦淮烟花地,与表哥雪芹北上私奔。

雪芹离京已一载有余,却使好友时常想念。雪芹离京后,敦敏在诗中记录了思念友人雪芹的心境:“短檠独对酒频倾,积闷连宵百感生。近砌吟蛩侵夜语,隔邻崩雨堕垣声。故交一别经年阔,往事重提如梦惊!忆昨西风秋力健,看人鹏翮快云程。”

非但敦氏兄弟思念好友,蕙兰更是思君异常。她在幽僻的西山照料着雪芹的儿子方儿和一堆书稿,唯有不停地抄录和研读少爷的著作,才可排遣心头寂寞,淡化思念之情。

忽一日,雪芹进得家门,那份狂喜无以言表。雪芹独自离京,今日却是两人归家。但见那女子,生得明眸皓齿,粉妆玉琢,好似天仙降临此地。好似在梦中见过,又仿佛是前世之缘。蕙兰仿佛明白了,那是少爷的姻缘临近了。

是的,雪芹的二次婚姻开始了。这次婚姻,使雪芹的文学创作走向质的飞跃,《石头记》被李兰芳改名为《红楼梦》,也有了脂砚斋的阅评本。《红楼梦》第四十八回评香菱梦中说梦话,脂砚斋曾有阅批:“一部大书起是梦,宝玉情是梦,贾瑞淫又是梦,秦之家计长策又是梦,今作诗也是梦,一并风月鉴亦从梦中所有,故曰《红楼梦》也。余今批评亦在梦中,特为梦中之人特作此一大梦也。”

于是后来,才有了红学家们的吵吵嚷嚷:脂砚斋是谁?

是李兰芳吗?在下未经细致考证不敢肯定,即使综合各位红学专家研究成果,也难以断定脂砚斋就是李兰芳,或别的什么人。但有一点可以肯定,兰芳此后一生都献给了《红楼梦》,包括阅评、抄录和传播。

眼下，这位青春渐逝、红颜犹存的美丽女子正沉浸在爱情的幸福之中。她似乎还没有意识到，狂放不羁、嗜酒如命、贫困潦倒的表哥，生命已进入了最后的时日：书未成，芹为泪尽而逝。

八

雪芹江南一行，大有收获。不仅巧遇表妹李兰芳，成就了一段美好姻缘，而且在京城名气大噪，诗书画与小说渐传于众口，连专门掌管宫内书画之事的机构皇家的如意馆也动了心思，四处搜访他的踪迹，终于在西山黄叶村把雪芹请进了皇宫，在内务府充当笔贴式、堂主事。后来，被封为忠勇公的傅恒请雪芹为宫里画像，画成之后，圣上必赏给官职，从此可以脱贫致富，改变潦倒不堪的家境。不料，雪芹执意不从，只为傅恒写下一幅字："捐躯报国恩，未报身犹在。眼底物多情，君恩或可待。"那字写得笔墨酣畅，潇洒俊逸，连傅恒都不得不承认，此书在当朝除了万岁爷，没有第二人可比。但此生如此不识抬举，竟敢抗命不从，狂悖至极，须让他去尝尝刑狱的滋味。后念及他的诗才，傅恒才作罢。

敦氏兄弟闻知此事，不禁拍案称奇，敦敏在雪芹画的一幅巨石旁，题一七言绝句："傲骨如君世已奇，嶙峋更见此支离。醉余奋扫如椽笔，写出胸中鬼垒（块垒）时！"

到此为止，雪芹彻底断了去叩富贵之门的机会。而此时，乾隆皇帝临幸永璇府发现了一部叫作《石头记》的闲书，便一一细看了其中的一册，顿觉文笔悠扬，喜爱有加，传旨搜寻全部此作，圣上御览。幸而搜寻到的是删节本，才未惹出祸端，但由此世上出现了一个不完整的《石头记》抄本。

其实是李兰芳与蕙兰共同策划的。曹李两家屡遭不幸，又自知表哥狂放不羁秉性的李兰芳多了个心眼，有人索看《石头记》，只给他另外誊抄的删节本，而将自己阅评过的命名为《红楼梦》的"足本"，锁进了一个木箱子，并在此木箱上题刻一诗："并蒂花呈瑞，同心友谊真。一拳顽石下，时得露华新。"

过去是柳蕙兰自己帮着雪芹或抄录或品评，现今便与李兰芳做了分工。蕙兰自知无论才学，还是对四大家族的理解远远不如兰芳，于是便专管抄录，由兰芳作评，每评阅一回，由雪芹审订后，蕙兰再重新抄录，最后由兰芳锁进木箱保存。

蕙兰如今韶华尽逝，显出了老态。时常腰酸背痛，浑身乏力，还伴随着气喘不均、咳嗽不止。显然，这是长期的生活困顿、营养缺乏、积劳成疾所致。兰芳发现，蕙兰时常抄着抄着就睡着了，而且说话言左而顾右，于是就告诉了雪芹。忙于增删和批阅《石头记》的雪芹，直到此时才发觉，忠心耿耿跟随自己多年的柳蕙兰，身体已经完全被拖垮了，疾病缠身，思维紊乱。现在最要紧的不是写完《石头记》，而是治愈蕙兰的病。雪芹离开书斋，为蕙兰诊治，但为时已晚。这天黄昏，雪芹采药归来的时候，蕙兰永远听不到雪芹的声音了。蕙兰死时，手里还紧紧握着毛笔，伏在案头，若睡熟一般。

兰芳早已哭干眼泪，木雕似的守在蕙兰身边。倒是儿子方儿，见爹回来木木地说了一句："姑姑睡着了！"

雪芹止不住眼泪扑簌簌流下来，长久呼唤着心中这位可亲、可敬、可怜的大姐姐——她是曹家的功臣，她是曹家的忠臣，她是雪芹的至爱，她是雪芹永久的忏悔！他原本懂得她的心思，不知为什么，自己却一直回避这个心思。直到这一刻，雪芹才幡然悔悟：是他的所谓少爷秉性，是他的所谓伦理纲常，是他的所谓尊卑观念，才耽误了一个美丽姑娘的一生，才埋葬了一个美丽姑娘的爱情梦想！

哭吧，雪芹！眼泪虽不能替自己赎罪，却可以使内心找到平衡！

雪芹懂医术，却无法挽留蕙兰和梅表妹的性命。

于是，西山又出现了一座新坟。

第二年清明，还有一个人来过新坟山上香。此人叫颚比，雪芹的朋友。颚比面对山中两座芳草萋萋的坟茔，只说了一句话："芹圃兄，写完你那部大书吧，别辜负了身边那些忠贞的女子！"

这年清明过后，北京闹起了天花。天花即痘疹，俗称长疹子。痘疹本来年年有，但到本年——乾隆二十七年，却酿成一场空前的惨剧。

这一年从三四月起，直到十月止，北京城内外，儿童死于痘祸的数以万计。遭此痘灾的，单是敦家一门就五口，敦诚因此撰文记录："即以目睫未干之泪，续之以哭……私谓自药以往，可净睫痕，不意索小泪者相继于后……泪有几何？宁涔涔无已耶！"

张宜泉家兄弟两支中小孩也是四口剩一。雪芹的爱子方儿也未幸免，染上了痘疹。雪芹无力救孩子，眼睁睁看着病儿日近垂危，而无可奈何。到了秋天，竟然不救，方儿离父而去。

连遭不幸的雪芹，心情抑郁，难以排遣，便去京城探访敦氏兄弟。一路之上满目细雨蒙蒙，衰草萋萋，黄叶飘零，更增添了作家内心的惆怅。雪芹衣裳单薄，肚里无食，浑身瑟缩，只想喝酒暖身，无奈时间尚早，敦氏一家也许还在梦中。正踟蹰犹豫之际，敦府大门突然打开，走出一人。此人披衣戴笠，匆匆在雪芹眼前走过。

雪芹很快认出此人，忙喊了一声。敦诚见到雪芹又惊又喜，说："你我兄弟真是心有灵犀，我本打算去西山找你，你却提早了！"

兄弟相见自然免不了一场唏嘘，说到动情处，敦诚竟不能自已，号啕大哭。后听说雪芹的爱子也因天花而去，更是抱住雪芹痛哭不止。敦诚哭诉道："司痘者何物，三试其毒手耶！一门内如汝姑、汝姊、汝妹、汝兄，相继而殇，吾心且痛且恶，竟无计以避，汝亦终遭此荼毒耶！"

彼此倾诉完人间悲苦之后，敦诚拉着雪芹走进近处的小酒馆，对饮解愁。结账时，兄弟二人却囊中空空如也。酒馆不肯赊账，敦诚便解下佩刀抵押。雪芹说："这可是贤弟的随身心爱之物，难道真的弃而不要，换作酒饮？"

敦诚一笑说："这刀虽明似秋霜，可是把它变卖了，还买不了一头牛种田；拿它去临阵杀敌，又没有咱们的份儿，还不如将它做抵押，润润我们的嗓子。"

于是，兄弟二人招呼店家上酒菜，继续诗酒唱和。雪芹击石作歌，敦诚则当场作了一首《佩刀质酒歌》。喝酒唱和至午后，一对文学好友才恋恋道别。他们恐怕谁也不会想到，此次一别，竟成为永别。

乾隆二十七年除夕，也即乾隆二十八年二月一日（公历1764年2月1日），一代英才曹雪芹在新年的烟花爆竹中，离开了人世，享年45岁。

敦氏兄弟大年初一就接到了雪芹亡故的丧帖。

大年初一是家家互拜，恭祝新年的日子。他们原以为是芹圃兄差人来敦家拜年来了，还夸奖雪芹礼数周到，没承想接到的居然是雪芹的噩耗。

送信儿的是一位老者。老者一身蓝布新衣裳、新鞋帽，进门先行大礼，礼毕便从怀中掏出一个素白的信封。敦诚吓了一跳，忙问老者这是何故。老者未出声，泪却先行流下:"曹二爷没了。"

蒙了,敦氏兄弟蒙了。半晌无语,之后随老者一同泪眼婆娑,继而哽哽咽咽难以自抑。

路上敦诚问老者,曹二爷临走前是否有话。老者说曹二爷来不及说什么就不行了。病重时他好像说过,书未成,死也闭不上眼。

敦氏兄弟见到的雪芹遗体却是,面容安详,双目微合,如睡熟一般,毫无痛苦之态。也许这正是雪芹一生愁苦,半生潦倒的最后遗言——泰然自若地完成了人间的大悲大苦!

有诗为证:

敦敏:"逝水不留诗客杳,登楼空忆酒徒非。"

敦诚:"四十年华太瘦生,晓风昨日指铭旌。"

张宜泉:"多情再问藏修地,翠叠空山晚照凉。"

敦诚:"孤儿渺漠魂应逐,新妇飘零目岂瞑。"

独自飘零的新妇李兰芳,情义深重,痛失爱夫自会留下诗文。我们再来看脂砚斋在雪芹死后十二年,即乾隆三十九年甲午(1774)的八月,《脂砚斋重评石头记》抄本上,针对书中正文"满纸荒唐言,一把辛酸泪。都云作者痴,谁解其中味?"这首诗所作阅批:"能解者方有辛酸之泪哭成此书。壬午除夕,书未成,芹为泪尽而逝。余常哭芹,泪亦待尽。每意觅青埂峰再问石兄,奈不遇癞头和尚何?怅怅!今而后,唯愿造化主再出一芹一脂,是书何幸!"

不管红学考证家如何争论,我愿相信,新妇李兰芳就是脂砚,脂砚即李兰芳!

愿天下情义永存:"……愤世写群芳,字字皆血泪,十年不寻常!……今世看,真真切切,虚虚幻幻,悲悲啼啼的千古文章。"

无处安放的灵魂

——鲁迅先生的风雨人生

鲁迅（1881~1936），原名周树人，字豫才，浙江绍兴人。中国现代文学家、思想家，五四新文化运动的伟大旗手。1902年去日本学医，后从事文艺创作。1918年5月，首次用“鲁迅”的笔名发表《狂人日记》，成为中国现代文学史上第一篇白话小说。1921年12月发表的《阿Q正传》，则成为中国现代文学史上白话小说创作的里程碑。其著作以小说、杂文为主，代表作有：小说集《呐喊》《彷徨》《故事新编》，散文集《朝花夕拾》，散文诗集《野草》，杂文集《坟》《热风》《华盖集》《南腔北调集》《且介亭杂文》《三闲集》《二心集》《而已集》等。

一

1903年初春，日本东京弘文学院中国留学生江南班公寓里，一个23岁的中国青年正在创作一首诗。旁边放着一张照片：典型的学生服和东京流行发式，在其他外国学生眼里很普通，东京满大街都是，毫无特别之处。而在中国留学生眼里却是冒天下之大不韪的壮举——因为盘在头顶的发辫剪掉了，在国内这可是要连头一块被砍掉的。显然，这是一张"断丝照"。这个日本东京弘文学院中国江南班留学生，毅然决然第一个斩断了几百年来大清特殊的发饰标志。他似乎以此方式与曾经留给他精神极度苦闷的大清王朝决裂，但又很快陷入了更深的痛苦之中。这一点我们从这幅"断丝照"的眼神上就能够察觉到。我们都知道，这个留学生生性活泼、机灵、可爱，童年时代还有些顽皮。此时，好容易搞到官费留学指标出国深造、报效祖国的莘莘学子，一个自诩为救国救民的启蒙者，眉宇间应该洋溢着勃勃英气，至少应该无忧无虑地快乐学习，何以忧心忡忡？不仅是外族的歧视与鄙视刺痛了青年，而且风雨故园的黑暗和同胞的麻木和冷漠，使他疼痛难忍、苦楚难咽！于是，在悲愤与痛苦中写下了这首诗，以此寄托理想和抱负："灵台无计逃神矢，风雨如磐暗故园。寄意寒星荃不察，我以我血荐轩辕。"

他把这首诗抄在"断丝照"背后，一同赠给了同乡好友许寿裳。后来许寿裳在他所写的《怀旧》一文中，加上标题《自题小像》，首次披露出来，成为一代文豪最初的发轫之作。

这个青年留学生叫周樟寿，后改名叫周树人，字豫才。直到 37 岁发表小说《狂人日记》时，才以鲁迅为笔名。为了行文的方便，更是本文主要篇幅放在叙述“鲁迅时代”上，故此，以下提前使用“鲁迅”这个笔名叙述。

怀着拯救祖国的理想、漂洋过海孜孜求学的鲁迅，在外域已经四载有余。其间，先入东京弘文学院学习日语，两年后进入仙台医学专门学校学习现代医学。仙台位于东京东北，是一个小镇。鲁迅是第一个到此学习的中国留学生，学校对他很优待，不仅免收学费，还高看他一眼。这让这个忧郁的青年初次找到了自信。况且骨科老师藤野严九郎极看重这个中国学生，对他要求也很严，希望他能完成学业当一名好医生，把现代医学带回落后的中国，拯救虚弱愚昧的国民。但是，在仙台医校学习一年以后，鲁迅却执意要求退学。其原因，我们可以从后来鲁迅所写的散文《藤野先生》中找到端倪。他在《藤野先生》一文中称自己是因为受到一部日俄战争的纪录电影片的刺激，而断了学医念想的。当初立志学医是为了回国拯救虚弱的国民，强健国民的体魄，改变外域眼中“东亚病夫”的形象，重塑中国人的自信和自强。可是看到这部纪录片电影后，鲁迅决定改变初衷。这部纪录片电影记录的是日俄战争期间，一个给俄国人做侦探的中国人被日军逮捕并枪毙的情景，而四周围观的看客却正是自己的同胞。面对同胞被处死的惨状，中国看客麻木不仁，一点民族的尊严感都没有。愤怒、屈辱、悲痛烧疼了立志“血荐轩辕”、呼唤国人应当有斯巴达勇武不屈精神的鲁迅。他无法忍受这种肆无忌惮的嘲弄，无法忍受中国人在流血而同胞无动于衷的麻木！他意识到，一个民族失掉了自豪感和自尊心，才是最大的悲哀！没有什么病痛比精神麻木更加可怕的了。一个人无论体格如何强健，而精神麻木、没有灵魂，就只能做毫无意义的示众的材料和看客。对于麻木的国民，紧要的不是用现代医学强健体魄，而是要医治同胞的灵魂。“救国救民需先救思想”，于是鲁迅决定弃医从文，试图用文学改造“国民劣根性”。

就这样，在学年尚未结束时，鲁迅离开仙台，重返东京，开始了他的文学之旅。此后，暴露和批判国民劣根性成了鲁迅写作的主题，也从此走上了一条不归路，这是后话。眼下他要面对的是，自己的国民性如何改造！

1906 年夏天，就这么悄悄地来了。这个夏天注定要发生一些事情，这些事情对这个东瀛求学的莘莘学子的一生势必会产生重大影响。退学回到东京准备学习文学的鲁迅,突然接到了一封家书:母病重,速归。鲁迅是长子,又是孝子,闻讯,自然分秒不敢耽搁,匆忙回国。可一跨进家门,却看见母亲好好的。母亲诓他回来,是要他完婚。周老太太所以如此匆忙地诓鲁迅回国完婚,是因为她听在日本留学的一位同乡说,鲁迅与一个日本女人有了私情,或许有了孩子。周老太太听信谣言,心里立刻慌了。长子鲁迅如果娶了日本女人,那么就意味着很可能不回这个家了,可日后这一大家子的重担是要靠他来担当的呀!怎么办?恰巧此时大伯哥嫂的儿媳给鲁迅介绍了一门亲事。女子姓朱名安,家住绍兴城内,是鲁迅叔祖母玉田夫人的同族。而大伯哥嫂的儿媳和鲁迅的母亲同住一个大院落,只有一墙之隔,每天一早她都要隔墙给老太太问安,周老太太很喜欢和这个善言辞、懂礼数的晚辈媳妇闲谈。闲谈日久,她便介绍了婆婆的内侄孙女阿安来给周老太太当大儿媳妇,让老人有个贴身的陪伴,周老太太欣然同意,而且迅速和朱家订了婚约。朱安比鲁迅大三岁,已经28了,况且缠足、不识字。我们大都见到过她的照片,朱安长得不漂亮,高额头,扁鼻子,厚嘴唇,单眼皮很厚,眼睛很低,穿一件深色元宝领的旧式棉袄,头躲在衣领后面,显得有些卑怯与恭顺。老太太糊涂得可以,朱安无论从哪一方面与留洋的儿子都不相称,老太太却选中了她,而且振振有词:女大三,抱金砖!这“金砖”成了鲁迅一生的诟病,几乎改变了原有的性情。鲁迅后来称,这是母亲送给他的礼物!这也许是周老太太一生犯下的一个严重错误,她轻而易举地埋葬了儿子的爱情,也使朱安成为旧式婚姻的牺牲品!按照鲁迅的性格,他是完全可以拒绝的,但他妥协了,接受了,如期出席了婚礼,头上还装了一根假辫子。他为什么又要接受这个婚姻呢?后来鲁迅自己做过多次解释:一是不愿意违背母亲的愿望,为尽孝道,甘愿放弃个人的幸福。二是维护朱安的颜面。在鲁迅的老家绍兴,订了婚又被退回娘家的女人,一辈子都要遭受耻辱,任人唾弃,他于心不忍。三是他当时以为,在严酷的反清斗争中,随时都可能牺牲,既然由母亲做主和朱家定了婚约,就由她去吧,至于和什么样的女子结婚都无所谓。

无论这种解释是否可信,这种理由是否充分,在后来几十年的岁月中,我们会明明白白看到,这都是对己对朱安不负责任的选择。婚后,他不与朱安圆房,只保持着形式上的夫妻关系。没有爱,也没有恨,没有欢乐,也没有争吵,麻木地维系着形式上的婚姻。甚至,为了克制自己的情欲,不是借故离家出走,就是长久地睡在硬板床上,冬天不穿棉裤。表面上看,他是尽孝,实际是,他与母亲合谋埋葬了周家长子的爱情,也毁掉了一个旧式妇女的青春。他供养着的不只是母亲送给他的礼物,而是一生的剧痛!

他以文学的方式或许可以改变麻木的国民,却无法改变自己。这次没有爱情的婚姻的代价是,改变了一个未来伟大作家的性格:乖戾、挑剔、尖刻,一个都不宽恕!同时,也成就了一个伟大作家:敢于直面自己、直面人生、直面麻木的灵魂,保持着一个战斗者最优美的站立姿态!

二

婚后第四天,鲁迅就携弟弟周作人返回了日本。这次婚姻使鲁迅内心发生了许多变化,本来少言寡语现在愈加沉默了,本来忧郁的神情愈加忧郁了,唯一不变的是救国救民之志。此时他产生了以文艺为武器追随革命派的强烈渴望。他相信文学艺术能够救国,能够改变国人的精神,能够焕发祖国的新生。

第一步他要做的是,创办一个文艺杂志。他希望通过这个阵地,在文学艺术领域开创一个崭新的局面,为贫穷落后的祖国尽一点力量。鲁迅返回东京不久,身边已经聚集了一些志同道合的文友,而且有人答应出资办刊。于是他开始兴致勃勃地设计封面,选择插图,拟定刊物名字。最后他决定用但丁的一本诗集的名字《新生》作为刊物的名称。他希望《新生》能像但丁那样,大胆探索自己民族的灵魂,从而使古老的中华民族,能够获得新的生机,新的活力。

但是一切都不如鲁迅料想的那样顺利。

此时,资产阶级革命之火已成燎原之势,留学日本的青年大都醉心于革命政治活动,对于启迪心智的文学艺术很冷漠,无暇也无心关注文艺刊物,就连原来热情支持《新生》的人也各奔东西,不见人影了,比如,许寿裳、陈师曾、袁文薮、苏曼殊等人。特别是出资人袁文薮突然转到英国留学,对于《新生》给予了致命一击。只剩下鲁迅、周作人等几个人,不名一文,无法筹措到出刊资金,《新生》刚起步就夭折了。鲁迅初次感到了失败的滋味。但鲁迅并不泄气,他一面在其他留学生办的杂志上接连发表文章,抒发那些他原想借《新生》来抒发的意见，一面又与周作人与出版商接洽，将他们翻译的那批俄国和巴尔干作家的小说，定名为《域外小说集》，分上、下两册出版。通过努力，《域外小说集》是出版了，可书的销路很差，卖出去的还不足100本。哥俩守着剩余的一堆图书，欲哭无泪。

还好，鲁迅很快找到了兴奋点——恰在这时，尼采的哲学思想开始在日本广泛地传播，鲁迅很快被这种新鲜的、惊世骇俗的新哲学所打动。尼采、叔本华的学说如滔滔江水中的一叶扁舟，给鲁迅带来了新的希望。于是，他开始了如饥似渴的阅读与研究。不久鲁迅发表文学论文《摩罗诗力说》，鼓吹敢于勇猛反抗强暴的拜伦式的精神战士。《摩罗诗力说》是鲁迅弃医从文后所作的第一篇文学论文。在这篇文章中，他不仅呼吁精神战士，而且鼓吹文学救国。此时，鲁迅所表现出来的社会政治思想的中心点——把精神因素作为改变中国社会的杠杆，不仅是受了尼采的影响，还受到了他的老师章太炎的影响。章太炎当时鼓吹，改革中国社会的道路，在于激扬精神作为基点。他主张以精神、道德、宗教，而不是以物质、科学技术、进化来作为革命的推动力和社会改革的武器。这一点正与此时的鲁迅不谋而合。

不久，章太炎成了鲁迅的老师。章太炎创办的《民报》被禁之后，便开办章氏国学讲习会，鲁迅、许寿裳、周作人，很想去听讲，但因时间冲突，便通过章太炎的女婿龚未生与章太炎联系，请他用星期日午前时间在寓所——民报社另开一班，太炎先生欣然应允。于是，一个新班成立了，成员一共八人，除了鲁迅、许寿裳、钱家治和周作人之外，还有原来曾在大成中学听讲过的龚未生、钱玄同、朱希祖、朱宗莱等。太炎先生在不到半年的时间里，给他们讲了《说文解字》《尔雅义疏》，还讲了一些文学的知识。鲁迅本来就有旧学根底，经过大师的指点，又向前迈了一大步。鲁迅后来做学问的求实作风以及考据、校勘、整理文物的非凡功力，都与章太炎的影响分不开。但善于独立思考的鲁迅，绝不会木偶似的单纯听从老师教诲，他很注意阅读和吸收外国文学，对文学本质的认识已突破旧学固有的观念。比如，他认为章太炎先生把文学看得太广泛，有些文字，如《海赋》之类，就不一定是文学。于是，他开始开辟新阵地——译介外域文学书籍。借他人之声，发国民之蒙昧，他和弟弟周作人联手做这项译介工作，重点介绍被压迫民族的进步文学，特别是东欧和北欧弱小国家的小说，同时也注意介绍暴露沙俄统治下的黑暗现实的俄国文学作品。他觉得这种作品中跳动的声音，容易引起被压迫被奴役的中国人民的共鸣，也许能够起到一点疗治国民精神衰颓的作用。

但《新生》的流产和《域外小说集》的滞销，使他感到了留洋前景的暗淡。他在日本已经住了七年，最初的狂热日渐消减。思想上的矛盾开始显露出来，他开始怀疑和犹豫了。也就在这时，绍兴老家又一次向他传来了生计之忧，而与他一起来东京读书的弟弟周作人，不仅没有收入，偏偏爱上了一个日本姑娘羽太信子，并准备结婚，急需家中接济。无奈之下，鲁迅只能回国谋生，以养全家。

1909 年 8 月，鲁迅结束了七年的留洋求学生涯，离开东京回国，开始了漫漫的求索之路。从此，泱泱大国增添了一名文学斗士，多了一个文学传奇！

三

鲁迅回国最初几年，先是在杭州的浙江师范学堂当教员，后由许寿裳推荐，南京临时政府教育部长蔡元培邀请他当了一名部员。1912 年 5 月教育部北迁，他又被任命为北京政府教育部的佥事。这个职位，鲁迅整整做了 13 年。这 13 年中，鲁迅勤恳工作，勤俭持家，他还获得教育部的一枚奖章。但真正自己想做又做成的只有一件事，教育部审查中华书局送审的书刊时，他看到了周瘦鹃翻译的《欧美名家短篇小说丛刊》。鲁迅欣喜若狂，在黑暗里的中国，能够看到这种介绍被压迫民族和欧美进步作家的文学作品，是多么难得。于是，他给这本书写下了长长的评语，并呈请教育部适予奖励。

此外，这期间，鲁迅也经历了一生中最动荡、最混乱的时期，挨过了几千个日夜的寂寞时光。军阀混战，走马灯似的更换着政权自不待言，就连他这个教育部佥事兼社会教育司第一科科长（1915 年 9 月，又兼任通俗教育研究会小说股主任；1916 年 10 月，改任小说股审核干事），尽管主管文化、科学、美术，然而，照样是没有什么工作可做，也没有人想做好什么工作。一批渗透到北洋政府的教育部中来的前清旧学部的人员更是无事可做。或品茶抽烟，或对着堆积如山的案卷发呆，教育部都在百无聊赖中消磨一天的时光。怀有拳拳报国之志的鲁迅，心情沉郁地在日记中写道：“晨九时至下午四时半至视事，枯坐终日，极无聊赖。”

这还不是最令鲁迅惆怅满怀的，因为后面还有更令人可怕可憎的。随后不久，北京官场的气氛变得紧张起来，袁世凯一心当皇帝，又怕国人反对，于是四处派出鹰犬，跟踪、盯梢，甚至不断地捕人，以此威吓那些可能反袁的官员。老袁深知，文人不成事，却能坏事。因此，他特别警惕政府内部的文官，派出的鹰犬很多。而鲁迅偏偏又是随蔡元培北上的官员，就格外容易引起特务的注意。此时，教育部长蔡元培已被迫辞职，新任总长视鲁迅为蔡党，也正在寻找机会，将他赶出教育部。教育部的同僚们，为逃避袁党的猜疑，纷纷效仿古人，公开表现自己沉湎于某一种嗜好，或嫖或赌，或古玩书画。但鲁迅生性不喜好这些，只好选择一种较为省钱的事情——研究石刻拓本抄古碑。除去教育部办公，便是独对孤灯。造像、画像、拓本、墓志、壁画、金石、瓦当文字无不阅读研究，既能避祸，又能消磨难熬的漫漫长夜。

不仅毫无希望的政局和混乱驳杂的官场令鲁迅备感空虚和寂寞，还有一件事让他苦楚不堪，那就是与朱安的婚姻。当初在日本，自以为天广地大，一切都能够自由飞翔，所以不怎么在意与朱安的婚姻，甚至认为是为母亲娶的媳妇。可回到国内，残酷的现实，无奈的现状，无力的挣扎，粉碎了他的天真与梦想，他注定要为自己的草率付出代价，在精神和生理上忍受着双重的折磨。一个正当盛年、体格健全的男人，在长达十年的时间里，有妻子却一直过着禁欲的生活，是怎样一种非凡的意志，又经历着怎样的精神和生理的折磨。

我们可以把远景与近景拉在一起。首先是逃避。鲁迅回国后，先是住在杭州，后来回绍兴，也多半住在师范学堂的宿舍里，很少回家过夜。他在托许寿裳给他介绍工作的信中，特别写上“虽远无害”，就正是出于这种离家避居的愿望。在之后到南京教育部任职，也不肯将朱安接来同住，现居北京七年间，还都是一人独居，倘不是母亲几次来信，催促要接她们去北京，他恐怕还会一直这样逃避下去的。

再就是不修边幅，作践自己，试图以此对抗深深的悔。其实鲁迅是个非常注重仪表的人，这在归国结婚前夕的照片上可以得到印证：西装革履、风度翩翩、英姿勃勃。可是，婚后短短的一两年时间，他竟变得如此邋遢，精神茫然，面容瘦削，少理发，不修须，一件黑色棉布袍，从秋天穿到冬天。时常沉默寡言，脸上也没有笑容。大概是经过长时间孤独和性欲的克制，心理和生理上发生的变化所致。

郁达夫曾经引用他的一位学生的话说鲁迅："虽在冬天，也不穿棉裤，是压抑性欲的意思。"

鲁迅学过医，知道这样的禁欲生活对人的伤害，后来他曾这样写道："因为不得已而过着独身生活者，则无论男女，精神上常不免发生变化……生活既不合自然，心状也就大变，觉得世事都无味，人物都可憎。"

这也难怪，这些年，他辗转奔波，苦苦追求，却不断受挫，处处碰壁，在婚姻大事上又饮用了"慈母……误进的毒药"，一种对于社会和个人的深刻悲观，一种对于历史和未来的凄苦绝望，成了这一时期鲁迅最悲壮的写照。这境况，真可以算是上帝施加给人类心灵最难挨的苦刑了。鲁迅曾为自己刻过一方石章，曰"堂"；又给自己选了一个号，叫作"俟堂"，谐音"死堂"。内心之死，哀莫大于心死，后来他创作的传世名作《祥林嫂》，是否即是作家的自述状呢！

然而，等着抱孙子的母亲鲁睿总不见儿媳有动静，便开始四处求医问药。朱安实在不忍，虽难于启齿，还是告诉了母亲，她说大先生——自结婚以来，根本未与她同过房。这还了得，周老太太急了，儿媳朱安不小了，比鲁迅还年长三岁，算起来也三十大几了，再不要孩子，就来不及了。于是，最后一封信几乎半是哀求、半是命令的口吻要求儿子把她娘俩接到北京。周老太太用意很明显，夫妻需要厮守，朝夕相处才能产生感情，有了感情夫妻间那点事就顺理成章了。

不想面对、不敢面对的来到了面前。鲁迅必须要面对，于是，他买下了北京西直门内八道湾 11 号一处院子，为这个大家庭安顿住所。这是那种老式的三进院，外院是鲁迅自己住以及门房和堆放书籍杂物的仓房，中院是母亲和朱安住，里院一排正房，分给弟弟周作人、周建人两家分住。随后不久，与周作人因为误会而兄弟反目，成为鲁迅的伤心之地，这是后话，暂且不提。却说鲁迅整日面对这个目不识丁的小脚妻子，不知道怎样表达自己复杂的心境。他清楚，朱安是无辜的，她不应该承担责任；她也是不幸的，如果不是嫁给他鲁迅，也许早已子孙满堂，享受天伦之乐了。愧疚与自责，是对鲁迅的另外一种折磨。他曾经做过努力，试图和朱安建立某种情感的交流，这些年，遭遇的种种不如意，也想在家中寻求慰藉。可稍一接触，便会发现她的种种缺陷，那点原本就很微弱的交流热情，就很快消退下去了。他对母亲抱怨说："和她谈不来……谈话没味道，有时还要自作聪明。……有一次我告诉她，日本有一种东西很好吃，她说是的，她也吃过的。

其实这种东西，不但绍兴没有，就是全中国也没有，她怎么能吃到？这样，话就谈不下去了。谈话不是对手，没趣味，不如不谈……”尽管如此，他还是极力勉强自己，对朱安以礼相待，尊敬有余。当他听说，朱安娘家经济拮据，还是把省吃俭用仅存的一点钱寄去资助。

而朱安呢，到京后也竭其所能，尽量来迎合鲁迅，她知道鲁迅不喜欢她，但相信通过自己的努力，最终一定会打动大先生的。她自知与大先生的文化差距大，于是找来初小国文课本偷偷识字，不认识不懂的不敢问鲁迅，而是悄悄问婆婆。当母亲欣喜地告诉他的时候，鲁迅只有苦笑，而不予回答。后来周老太太无意中发现了儿子的石章，也听说了他给自己起的号，之后老太太也变得少言寡语了。

鲁迅心中再次燃起希望，是因为那个参加“二次革命”被迫流亡日本的安徽人创办的青年杂志《新青年》。他叫陈独秀，年龄与鲁迅相仿，性情却远比他开朗，革命目标明确，此次流亡回国后，不再像以前那样指望政治和军事斗争，而是转向思想启蒙，不仅要推翻袁世凯，而且要彻底铲除滋生军阀专制的文化和思想传统，砸碎一个旧世界，建立一个民主平等的新世界。

《新青年》1915 年 9 月 15 日创刊时叫《青年》，1916 年 9 月 1 日改名为《新青年》，杂志社也由上海移往北京。陈独秀在次年 2 月号的《新青年》上发表了《文学革命论》，这是一篇文学革命的发难文章，他提出三大主义，即“推倒雕琢的阿谀的贵族文学，建设平易的抒情的国民文学；推倒陈腐的铺张的古典文学，建设新鲜的立诚的写实文学；推倒迂晦的艰涩的山林文学，建设明了的通俗的社会文学”。

陈独秀将《新青年》办得生气勃勃，很快就引起了北京、四川甚至远在美国的志同道合者的响应，胡适、李大钊、高一涵、钱玄同等人先后参加了编辑部。此时，蔡元培出任北京大学校长，决心将这所官气极重的京师学府改造成新思想的大本营，便聘请陈独秀和胡适等为客座教授。到 1917 年和 1918 年，北京已经形成了一个以《新青年》和北京大学文科为中心的新文化运动中心，也由此拉开了新文化运动的序幕。

鲁迅对这场越刮越猛的新文化运动，开始却并不重视，甚至怀疑它的社会作用。多年以前，自己曾经呼喊过变革之声，现在别人又在呼喊了，有用吗？但出于好奇，他还是买了一本《新青年》，看完之后，却没有多大兴趣，就随手丢开了。而且，他对蔡元培改革以后的北京大学，也没什么好印象："大学学生二千，大抵暮气甚深，蔡先生来，略与改革，似亦无大效。"他在这一年除夕的日记上写着："夜独坐录碑，殊无换岁之感。"

尽管如此，他还是接受钱玄同和陈独秀的怂恿，开始向《新青年》投稿了。先是小说，再是诗，而后是杂文和长论 。1918 年 5 月 15 日，首次以"鲁迅"为笔名，在《新青年》上发表了文学史上第一篇白话小说《狂人日记》。鲁迅大胆揭露吃人的封建礼教，发出了"救救孩子"的有力呐喊，开启了一位作家新的生命里程！

四

不管鲁迅如何消极地看待新文化运动，但新文化运动的滚滚洪流，最终使他从自我禁闭的桎梏中走了出来。他毕竟还不到 40 岁，即使再悲观与彷徨，再失望与绝望，一旦有了新的契机，不会就此消磨余生，最终还是要融入这场持久的文化大潮中，为改革社会出力；他还是要呐喊，要疾呼，要战斗："假如一间铁屋子，是绝无窗户而万难破毁的，里面有许多熟睡的人们，不久都要闷死了，然而是从昏睡入死灭，并不感到就死的悲哀。现在你嚷起来，惊起了较为清醒的几个人，使这不幸的少数者来受无可挽回的苦楚，你倒以为对得起他们么？然而几个人既然起来，你不能说绝没有毁坏这铁屋的希望。"

他甚至一往情深地咏叹："在刀光火色衰微中，看出一种薄明的天色，便是新世纪的曙光！"他希望青年人"都摆脱冷气，只是向上走"。"新的应该欢天喜地的向前走去，这便是壮，旧的也应该欢天喜地的向前走去，这便是死：各各如此走去，便是进化的路"，"生命的路是进步的……什么都阻挡他不得。"

但是，他又常常自觉不自觉地扮演多重角色。后来他对许广平坦言："我所说的话，常与所想的不同，至于何以如此，则我已在《呐喊》的序上说过：不愿将自己的思想，传染给别人。何以不愿，则因为我的思想太黑暗，而自己终不能确知是否正确之故。"并在一篇公开发表文章中写道："几年以来，有人希望我动动笔的，只要意见不很相反，我的力量能够支撑，就总要勉力写几句东西……人生多苦辛，而人们有时候极容易得到安慰，又何必借一点笔墨，给多尝些孤独的悲哀呢？”

鲁迅以一种非常独特的方式，加入了新文化运动启蒙者的行列。他在“五四”前后四年时间创作了十几篇小说。如揭露中国历史“吃人”的本质的《狂人日记》；表现冷酷人世另一种“吃人”真实的《孔乙己》；凸现国民深入骨髓的愚昧的《药》；揭示徒有其名的中华民国的脆弱的《风波》；描绘旧式文人无可挽回的悲剧的《白光》；暴露病态国民灵魂的《阿Q正传》等。

鲁迅对辛亥革命前后中国社会情形进行了深刻的表现与挞伐，使启蒙与呐喊的声音更为悲壮。鲁迅也因此声名大噪，引起了全国特别是北京、上海等地文学界和读者的广泛关注。《狂人日记》甚至被选进小学的国文课本。从1920年开始，北京大学、北京高等师范学校等六七所学校相继聘他为讲师和教授，沈雁冰、郑振铎等人组织文学研究会，就尊他为重要的指导者；后来的“浅草社”“春光社”和“沉钟社”，更将他看成前辈和导师。他还与几位朋友创办《语丝》周刊，发起“未名社”和“莽原社”，以至被人视为文坛上的一派领袖。鲁迅成功了、成名了，他俨然以名教授的头衔出现在大学讲台上，以名作家的身份活跃在青年作家中间，被他们包围着、簇拥着，享受着钦慕和恭敬。每天晚上在北京西直门八道湾的周宅里都会传来由衷的赞叹与笑声。给这个多年来沉默的家庭注入了一线生机。按理说，这个大家庭会如他们的或儿子或兄长或丈夫，鲁迅一样满怀希望、满怀欣喜地迎接这到来的荣誉、地位、利益，事实不是这样。在即将到来的1923年这个炎炎夏日，周宅将要发生一场重大变故。这场变故，给名扬天下的作家鲁迅留下了彻骨的痛。

于是，北京一所女子师范学校的学子们本来希望听到大作家有关争取人生幸福的鼓励，却听到了这样的话：“人生最苦痛的是梦醒了无路可以走。做梦的人是幸福的；倘没有看出可走的路，最要紧的是不要去警醒他。”

鲁迅在这篇不长的演讲中，几次三番重复这样的意思，甚至还引用了俄国作家阿尔志跋绥夫的话，说是“万不可做将来的梦”。

鲁迅过于伤情的话语，令一个叫许广平的女学生，心中一颤：先生到底遭遇了何等悲情！

是啊，1923 年这个炎炎夏日，北京八道湾庭院深深的周宅到底发生了什么，一奶同胞兄弟突然间失和以至于反目。

鲁迅先生：

我昨天才知道——但过去的事不必再说了。我不是基督徒，却幸而尚能担受得起，也不想责谁——大家都在可怜的人间。我以前的蔷薇的梦原来都是虚幻，现在所见的或者才是真的人生。我想订正我的思想，重新入新的生活。以后请不要再到后边院子里来，没有别的话。愿你安心，自重。

如果不看信尾的署名，绝对不相信这是出自一奶同胞兄弟之间的通信。且不说信中内容，单看开头称谓，就会令人背起寒气，弟弟周作人称哥哥周树人为鲁迅先生。况且，这个院子是鲁迅 1919 年 8 月，花了一年的工资，包括稿费，为全家买下的。四年之后，1923 年 7 月 18 日，比他小四岁的弟弟周作人却在信中极其冷漠地对哥哥说“以后请不要再到后边院子里来”。

到底为了什么，一奶同胞兄弟形同陌路。前几天，也就是 7 月 3 日，兄弟二人还有说有笑地同去东安市场购物，但几天之后的 7 月 14 日，鲁迅在日记中就写下了这样的话：“是夜始改在自室吃饭，自具一肴，此可记也。”一直以来，一大家子都是聚在一起吃大锅饭，从这天起，鲁迅却突然分灶另餐。又过了几天，弟弟周作人又交给哥哥一封断交信。而鲁迅见到信保持缄默不语，不辩解又给这件事蒙上了神秘的面纱。1923 年 7 月 18 日那天周宅到底发生了什么事情，在与周氏兄弟熟悉的所有人的记述中都没有明确答案。比如，他们的好友张凤举和章川岛（章廷谦）对此事略知大概，但均语焉不详。许多年后，许寿裳在《亡友鲁迅印象记》中，谈及兄弟两人的冲突，也只对周作人的妻子羽太信子采取片面指责态度，说她“歇斯底里性格”，对鲁迅“外貌恭顺，内怀忮忌”，亦指责周作人“心地糊涂，轻听妇人之言，不加体察”。但对决裂的真实原因，许寿裳亦讳莫如深。郁达夫和川岛谈及此事，涉及了周作人、信子与鲁迅决裂的理由。郁达夫在《回忆鲁迅》一文中说：“周作人氏的那位日本夫人，甚至说鲁迅对她有失敬之处。”而许广平坚持认为兄弟失和是因为经济纠纷引起的。许广平的判断是鲁迅曾告诉过她:“我的钱是用黄包车拉进来的,但是人家是用汽车送出去的。”周作人的日本妻子羽太信子喜欢奢侈铺张、乱花钱,想必兄长鲁迅多有斥责,引起弟媳嫉恨。如果此言成立的话,兄弟二人分家另过就是了,何至于断交呢!后来也有研究家认为,羽太信子为了独吞八道湾的房产,挑拨离间而引发了这场兄弟之战。

一桩兄弟失和案,文坛吵吵嚷嚷半个多世纪,甚至还大有持续不断的趋势。但至今也没有探明究竟,一切都是推断猜测。行文至此,在下也跟着凑起热闹来了。那么,就先说说羽太信子与周氏兄弟的关系。1908 年 4 月,许寿裳找到了本乡区西片町十番地吕字七号的房子,原是著名作家夏目漱石居住之地,便拉鲁迅周作人一起去居住,还有另外两个留学生,共五人,称为“伍舍”。当时羽太信子是房东雇用的一个女佣,主要负责住客们的伙食等生活起居事宜。出身卑微的羽太信子长相不漂亮,只能算中等偏下,脸盘圆圆、身体较胖,但做事干脆利索。她先结识的鲁迅,鲁迅对这个贫穷姑娘没有恶感,或多或少还有些同情,有时与她一起出出进进。当年周老太太听信一个回国的留日学生说鲁迅与一个日本女人有私情的讹传,出处大概于此。鲁迅回国完婚后携弟作人赴日学习文艺,怀着青春梦想的穷姑娘羽太信子开始比较周氏兄弟二人的优劣,并最终选择了青春年少的周作人作为夫君。

鲁迅为了承担家庭重担,资助弟弟求学娶妻而回国谋生后,他们夫妇二人却在东京养成了爱慕虚荣、花钱大手大脚的习惯。后他们回到国内,居住在北京八道湾最初一段时间,不仅兄弟相处和睦,而且对兄长鲁迅还充满了感激之情。自然是感激兄长多年的慷慨资助和在京买下的良好住所,使他们一回来就能够有妥当的安顿。说实在话,鲁迅身为长子长兄的确很合格,对作人、建人两个弟弟也很好,很有做大哥的样子。不仅资助他们求学、帮助他们出书扬名、张罗安排他们的工作,就是买下的这个宅院的后院正房也留给了两个弟弟分住。

可是,这种感激并没有持久,榜样的力量也不是无穷的,乱花钱、图享受的不良习惯,就像羽太信子轻微的歇斯底里病症一样,时有发作。随着弟弟羽太重久、妹妹羽太芳子走进这个庭院,越发不可收拾了。要我说这俩货也真是不懂事,你是来投奔亲戚讨生活的,本分地做人做事不得了,却看到姐姐信子尽情享受,也极力效仿,看到姐姐当家,说话底气十足,也跟着言语生硬,不把他人放在眼里，甚至张口闭口“支那人”的称谓，这就太过了，太不像话了，太没家教了，这就为此后的家庭经济纠纷埋下了祸端。就连在这个庭院毫无地位、自卑短气、老实巴交的朱安也看不下去了。她偷偷对婆婆说，大先生不该把家交给老二家管理，这哪像过日子，简直是败日子。的确，睿智的鲁迅把家庭经济大权交给羽太信子，是一个错误的决定。鲁迅在教育部的薪金每月300元，还有稿费、讲课费等收入，周作人也差不多。这比当年一般职员的收入高出十多倍，却月月亏空，钱不够用。“在绍兴，是由我母亲当家，到北京后，就由周作人之妻当家。日本妇女素有温顺节俭的美称，却不料周作人碰到的却真是个例外。她并非出身富家，可是气派极阔，挥金如土。家中有管家齐坤，还有王鹤拓及烧饭司务、东洋车夫、打杂采购的男仆数人，还有李妈、小李妈等收拾房间、洗衣、看孩子等女仆二三人。更奇怪的是，她经常心血来潮，有时饭菜烧好，忽然想起要吃饺子，就把一桌饭菜退回厨房，厨房里赶紧另包饺子……”

鲁迅不仅把自己每月的全部收入交出，还把多年的积蓄赔了进去，有时还到处借贷，自己甚至弄得夜里写文章时没有钱买香烟和点心。此等情景，使鲁迅忍无可忍，势必会迁怒于这个日本女人，并打算收回经济管理权。

羽太信子预感到自己即将大权旁落，急忙弥补。如果是往好处弥补，好好做人、勤俭持家、善待他人，相信鲁迅不会硬是剥夺她的管理权。恰恰相反，她却在闺房里、枕头边搬弄是非。具体如何搬弄，无法考证。但从周作人写给鲁迅的信里，能够判断出端倪。也可从当年住在八道湾的章川岛（章廷谦）对鲁迅博物馆工作人员所述说里，看到这个日本女人的恶毒：“事情的起因可能是，周作人老婆造谣说鲁迅调戏她。周作人老婆对我还说过，鲁迅在他们的卧室窗下偷听。”

整人最有力、最有效的武器，往往是男女关系。这个日本女人似乎对中国这套带有病毒的文化很了解，她以此入手很快达到了把鲁迅赶出家门的目的。1924年6月11日的《鲁迅日记》中，曾记有这么一段：“下午往八道湾宅取书及什器，比进西厢，启孟及其妻突出骂詈殴打，又以电话招重久及张凤举、徐耀辰来，其妻向之述我罪状，多秽语，凡捏造未圆处，则启孟救正之，然终取书、器而出。”

鲁迅忍着屈辱，三缄其口，默默搬出了八道湾。他的心在绞痛着、撕裂着，几乎窒息了。这位在新文化舞台驰骋的猛将，感到生活的重负要把他的精神拖垮了。在这一年的 8 月,鲁迅迁居砖塔胡同 61 号,不久,向朋友借钱,在阜成门内西三条买下了一处房子。从此,多年相濡以沫的同胞兄弟,永远地分手了。

五

兄弟反目,鲁迅愤而出走,搬到砖塔胡同。搬家前,鲁迅问朱安是留在八道湾,还是回绍兴朱家,朱安回答:“八道湾我不能住,我独个人跟着叔婶侄儿侄女过,算什么?绍兴朱家我也不想去。你搬到砖塔胡同,横竖总要人替你烧饭、缝补、洗衣、扫地,这些事我可以做……”朱安神情黯然,言语自卑凄苦,似浪中一叶小舟,随风荡来漂去。朱安跟随丈夫鲁迅迁到砖塔胡同,依然分居一室。居住在砖塔胡同的这段日子里,是他们单独接触最多的时间,日常生活由朱安安排。鲁迅把足够的生活费用交给朱安,并且跟以往一样,给朱安的娘家寄钱。但是一切机会和努力能挽回的还是他们保持形式上的婚姻。更何况鲁迅根本就不想挽回什么。随着岁月的流逝,鲁迅对朱安已经是连发脾气的必要也没有了。为了减少见面,他甚至安排了两只箱子,一只放着待洗的衣服,一只是已洗干净的衣服。鲁迅换洗衣服,都通过这两个箱子来完成。同在一个屋檐下,日日见面,却日日无话。饭间对话,也无非问菜味咸淡如何,回答也简单到“是”或“不是”。十个月以后,即 1924 年 5 月,鲁迅借债买下了阜成门内西三条胡同 21 号的一所房子,携朱安一同搬进属于自己的新居,并从八道湾把母亲也接了过来:鲁迅需要母亲,朱安更需要婆婆。周老太太是连接这对名义夫妻的纽带,否则,实在太别扭了。这一年,朱安 47 岁。这个“在我的后园,可以看见墙外有两株树,一株是枣树,还有一株也是枣树”的四合院,就是朱安后半生全部的天地。

而鲁迅在这个四合院写下 了“在我的后园,可以看见墙外有两株树,一株是枣树,还有一株也是枣树”这段著名的句子的几个月之后,收到了女学生许广平的第一封信。时年,鲁迅 45 岁,许广平 27 岁,朱安 48 岁。

虽然这不是求爱信而是求访信,却使人过中年、有妻子而实际上过着独身生活、始终拖着沉重重负、从未享受到真正的爱情的鲁迅看到了一丝爱的曙光,他即将果敢而艰难地迈出爱的一步:“我先前偶一想到爱,总立刻自己惭愧,怕不配，因而也不敢爱某一个人，但看清了他们的言行思想的内幕，便使我自信，我决不是必须自己贬抑到那么样的人了，我可以爱！”

而许广平在爱情上要比她的老师成熟得多。因为许广平曾经真正地恋爱过，早在 1922 年，她考入北平女子高等师范学校不久，就认识了北大学生李小辉，旋即二人进入了狂热的恋爱之中。只是好景不长，爱情之花尚未结果，李小辉就不幸染病而亡。尽管“因为它曾经摧毁了一个处女纯洁的心”，但在北京女子师范的课堂上见到鲁迅之后，许广平还是从“伤逝”的阴影中跳了出来。鲁迅的学识与品德赢得了少女的芳心，她决定写信拜访这位令人尊敬的老师。发出这第一封信不要紧，此后就收不住了，仅 1925 年 3 月至 7 月，他们就相互通信达四十余封，再之后，他们写来写去就写成了一部书，叫《两地书》。信中没有花前月下的辞藻，没有缠绵悱恻的柔情，只是“我们的心换着心，为人类工作，携手偕行……”

内心的牢笼，需要坚持不懈地努力，才能破除。这命中注定是透着人生的苍凉与悲壮、带着生命的雄浑与凄美的一场旷世之恋：“十年携手共艰危，以沫相濡亦可哀。聊借画图怡倦眼，此中甘苦而相知。”

确定鲁迅与许广平的恋爱时间应该是 1925 年 10 月 20 日，这可以在许广平的抒情诗《风子是我的爱》中得到印证，诗中称鲁迅为风子：“风子同时也报我以轻柔而缓缓的紧握，并且我脉搏的跳荡，也正和风子呼呼的声音相对……当我是小孩子的风子，竟至于被我战胜了吗？从前它看我是小孩子的耻辱，如今洗刷了！……风子——既然承认我战胜了！……不自量也罢！不相当也罢！同类也罢！异类也罢！合法也罢！不合法也罢！这都于我们不相干，于你们无关系，总之，风子是我的爱！”

许广平是广东番禺人，比鲁迅年轻近二十岁。虽是南方人，身材却颇高，好像比鲁迅还要高一些。人也不漂亮。但是，她却是那群女学生中最有才华的一个，对社会运动，甚至对政治运动，都满怀热情。她敬仰鲁迅，理解鲁迅，因此，对爱情的追求也最为热烈。而鲁迅要慎重得多，心情也复杂得多。心中充满疑虑，甚至说是自卑。但这种自卑，并非“负罪”感所致，而是长久弥漫内心的悲剧意识。一方面是为结发妻子朱安，在婚姻上他已经草率过一次，一生都无法挽回。这次的爱与被爱就一定是正确的吗？另一方面，对这爱情的后果，鲁迅似乎看得很清楚，眼下的北京，无论学界还是官场，鲁迅周围都有一股敌对力量，而且大有蔓延的趋势。一旦他背弃自己的婚姻，另觅新爱，势必会授宿敌以攻击的口实。鲁迅从不惧怕宿敌，怕的是脆弱的爱情禁不住打击。也就是在这个犹豫徘徊的岔口，鲁迅写出了短篇小说《伤逝》。他赋予了涓生和子君一个绝望的爱情结局。

但鲁迅毕竟深爱许广平，他无法拒绝自己，也无法拒绝许广平，她更是爱得热烈，超凡脱俗，坚韧不屈，义无反顾。1925 年 10 月，她在鲁迅主编的《国民新报》副刊发表了《同行者》一文，公开表达了对鲁迅烈火一样炽热的爱，她说，她不畏惧“人间的冷漠，压迫”，“一心一意的向着爱的方向奔驰”。

当她感到心爱的人犹豫徘徊，充满忧虑时，许广平立即致信劝勉：“你的苦痛，是在为旧社会而牺牲了自己。旧社会留给你痛苦的遗产（指朱安），你一面反对这遗产，一面又不敢舍弃这遗产，恐怕一旦摆脱，在旧社会里就难以存身，于是只好甘心做一世农奴，死守这遗产。有时也想另谋生活，苦苦做工，但又怕这生活还要遭人打击，所以更无办法。……我们也是人，谁也没有逼我们独来吃苦的权利，我们也没有必须受苦的义务，得一日尽人事，求生活，即努力做去就是了。”

如果没有那次机会，也许他们的爱情依然限于柏拉图式的书信往来中，无法迈出实质性的一步。要我说鲁迅还真应该感谢当时的朋友与未来的宿敌林语堂先生，给了这对苦爱鸳鸯开始新生活的机遇。

1926 年初春，新任厦门大学国学系主任的林语堂，邀请鲁迅去厦门大学任教。那里远离北京，不但自然气候温暖，政治气候也比北京要温和，况且，每月还有 400 块钱的薪水，正是一个适合爱与被爱、开始新生活的地方。鲁迅欣然应允，约定 8 月离京赴厦。恰巧，这年 6 月，许广平也从女师大毕业，要回广州省亲谋职。于是，8 月 26 日，鲁许二人同车离京抵沪后，暂作分别。鲁迅去了厦门，许广平去了广州。

于是，在相距不甚远的两座城市，他们又开始了“两地书”。在厦门——广州通信里，除了依然是大量谈工作与学习等情况外，还增加了一些生活琐事。鲁迅时不时便汇报一下自己的饮食状况，比如，戒酒了，饭量增加了，停止吃青椒改吃胡椒、吃牛肉罐头不吃火腿、吃点心和香蕉不吃肉松、吃了从未吃过的南方水果阳桃、见了却不敢吃的桂花蝉和龙虱……巨细无遗，一一告知。许广平则教鲁迅用湿石膏粉在食物周围画圆圈来抵御蚂蚁，并奉劝他自爱少喝酒，细心解释阳桃为何，桂花蝉、龙虱为何，等等。如此琐细，俨然是一对久居分离的夫妻话语。

在厦门与广州的日子，鲁迅情感上，更加依赖许广平，而许广平也以鲁迅为心灵安慰，使她能够时常得到生活上的关爱。鲁迅在 1926 年 10 月 12 日和 10 月 15 日两次在信中询问许广平："我看你的职务太烦剧了，薪水又这么不可靠，衣服又须如此变化，你够用么……你收入这样少，够用么？我希望你通知我。"

许广平购得一块金星石，便刻了个印章给鲁迅寄过去。鲁迅复信说，如此珍贵的印章，得要从上海邮购上好的印泥。许广平便回复说："傻子！一个新印章，何必特地向上海买印泥去呢，真是多事。"一声"傻子"，暖透了一个年过中年男人的心。此后，许广平还不时温柔地命令鲁迅以后不准将信"半夜放在邮筒中……"沉浸在女性娇嗔的温柔乡里的鲁迅，也时不时撩拨一番："来听我讲义的学生，一共有二十三人（内女生二人）。"特地加一个括号注明"女生二人"。但很快，鲁迅便做出了解释："听课的学生倒多起来了，大概有许多是别科的。女生共五人。我决定目不斜视，直到离开了厦门。"

老夫子鲁迅啥意思，在爱情雨露滋润下快乐生活的许广平，自然心领神会，会心一笑。就在他们的爱情如火如荼、"旋转而升腾"的最佳时刻，又迎来了一个团聚的机会。广州中山大学接连来信，邀请鲁迅赴广州担任中山大学国文系的教授和主任。事实上，鲁迅早就想离开厦门大学了。厦大地处荒蛮之地，人民闭塞，条件简陋，教师多为浅陋之徒，职员校役褊狭懒散，而且，北京的那批学者宿敌——他称之为"现代评论派"，居然纷纷南下，特别是顾颉刚应聘到厦门大学，与他做了同事之后，鲁迅离开厦大的心情日甚。因为后面我们还要详细叙述鲁迅与顾颉刚的恩怨，故此，只说鲁迅此时的心情。他本来是想躲到厦门，远远地避开他们，现在竟然又像瘟疫一样跟了过来："一有感触，就坐在电灯下默默地想，越想越火冒，而无人浇一杯冷水，于是终于决定，'仰东硕杀'！"

"仰东硕杀"是绍兴土话，意思就是"操他妈的"！竟然逼得鲁迅骂出粗话，可想而知他急于离开厦门大学的迫切。先前那走投无路、屡屡碰壁的记忆，又一次闪现脑际。所以，接到中山大学的邀请，他没有任何理由继续留在厦门了。但就在他准备离去的最后一刻迟疑了。要知道此时广州爱情的琴弦已经拨响，美丽的花城已经飘来馨香，如何能阻挡爱的脚步？许广平对此深惑不解。鲁迅在给许广平的几次信中，解释了自己不去广州的原因。其一是："我的一个朋友或者将往汕头，则我虽至广州，又与在厦门何异？"鲁迅所说的"朋友"，是指许广平，她曾提到要去汕头。显然，这理由不够充分。其二才是鲁迅迟疑的深层原因，但又不便明说。那么，令鲁迅迟疑的深层原因是什么呢？

种种研究资料显示，是因为一个叫高长虹的诗人在《狂飙》周刊上发表了爱情诗《给——》所致。

高长虹曾是鲁迅最得意的学生之一。鲁迅非常欣赏他的文学才华，对他很关心，生活上也多有帮衬。高长虹对恩师更是崇拜信任、恭敬有加。但后来——大约1926年年初，或者更早一点，他们二人的关系先是疏远而后分道扬镳，最后竟成了论敌。高长虹在许多刊物上对恩师进行点名道姓的攻讦谩骂："我与鲁迅会面不只百次，然他所给我的印象，实以此一短促的时期为最清新，彼此时实在为真正的艺术家的面目。过此以往，则递降而至一不很高明而却奋勇的战士的面目，再递降而为一世故老人的面目，除世故外，几不知其他矣。""鲁迅遂戴其纸糊的权威者的假冠，入于身心交病之状况矣！"

鲁迅伤心至极，愤怒至极。很快做出反应，进行反攻。1926年12月29日，在"使我愤怒"的心情下写了历史小说《奔月》，把高长虹塑造成一个背后放冷箭的小人——逢蒙："逢蒙这个形象就含有高长虹的影子"，他忘恩负义，试图把他的老师羿"射死"，射技却并不高明，连羿装死也没有看出："你真是白来了一百多回。"《鲁迅日记》统计高长虹去过鲁迅家七十多次，高长虹说自己与鲁迅见面一百多次。

高长虹在对鲁迅大肆攻击后不久，在《狂飙》周刊上发表爱情诗《给——》两首，其中一首的全文如下："我在天涯行走，月儿向我点首，我是白日的儿子，月儿呵，请你住口。我在天涯行走，夜做了我的门徒，月儿我交给他了，我交给夜去消受。夜是阴冷黑暗，月儿逃出在白天，只剩着今日的形骸，失却了当年的风光。我在天涯行走，太阳是我的朋友，月儿我交给他了，带她向夜归去。夜是阴冷黑暗，他嫉妒那太阳，太阳丢开他走了，从此再未相见。我在天涯行走，月儿又向我点首，我是白日的儿子，月儿呵，请你住口。"

正待鲁迅准备动身赴广州上任的关键时刻，接到了韦素园的来信，见到了这首诗。同时，韦素园提醒他，高长虹对他的攻击中，隐藏着一场恋爱纠纷。高长虹在诗中以太阳自喻,把鲁迅喻为黑夜,许广平喻为月亮。鲁迅始则不信,继则疑虑,再则恍然大悟。联系高长虹的所作所为,明显是隐喻鲁、许、高三者之间的关系。

这位上海诗人高长虹与许广平同庚, 1898 年 3 月出生于山西盂县一个破落的书香门第,从小就养成一种反叛和孤僻的性格。但意外的是,具有反叛性格的高长虹,却顺从祖父的安排,与一个未见过面的乡下缠足女子结了婚,并生下了孩子。后来到北京谋求出路,创办了《狂飙》杂志,积极地从事“狂飙运动”,并结识了已经名满天下的作家鲁迅。1925 年 4 月,也就是鲁迅与许广平开始“两地书”通信不久,鲁迅买了酒,邀高长虹与向培良、荆有麟、章衣萍等几人到住所来喝酒,共商创办《莽原》之事。从此,他与鲁迅、许广平结下了不解之缘,并很快暗恋上了许广平。随着鲁迅与许广平的恋情日渐公开化,高长虹才发现自己不过是单相思。失落与痛楚,郁闷与惆怅搅扰得他寝食难安,夜不成眠,开始疏远和憎恨他的老师。特别是鲁迅和许广平同车南下,他更陷入了精神崩溃的边缘。高长虹疯魔似的公开攻击谩骂这个多次帮助自己的老师鲁迅。

而鲁迅对此一无所知。高长虹的突然攻击,令他莫名其妙,一时摸不着头脑。便置之不理,随着高长虹越骂越凶,才气愤不过,作文予以反击,但仍然不知高长虹因何对他如此恨之入骨,直到 1926 年 11 月底,高长虹在《狂飙》上发表一首题为《给——》的诗,再加上韦素园等熟知内情的朋友的提醒,鲁迅才豁然明白:“我这才明白高长虹原来在害‘单相思病’,以及川流不息到我这里来的原因,他并不是为‘莽原’,却在等月亮。但对我竟毫不表示一些敌对的态度,直待我到了厦门,才从背后骂得我一个莫名其妙,真是卑怯得可以。我是夜,则当然要有月亮了,还要作什么诗,也低能得很。”

以果敢不惧论敌著称的鲁迅,此刻陷入了深深的忧虑之中。面前刚刚浮现出逃离精神牢笼、重建新生活的那条清晰的金色大道,似乎又模糊起来。他对和许广平的爱情的疑虑也逐渐加重了:“我已经是这个年纪,又有这么多内心的伤痛,还能够容纳这样的爱情,还配得上争取这样的爱情吗?”“让她这样与我结合,她的牺牲是不是太大了?”“即便她现在甘心情愿,以后会不会后悔?”“她究竟爱我到了什么程度?”

于是,他怀着矛盾的心境与试探的心理致信许广平:“常迟疑于此后所走的路:(一)积几文钱,将来什么都不做,苦苦过活;(二)再不顾自己,为人们做一点事,将来饿肚也不妨,也一任别人唾骂;(三)再做一些事(被利用当然有时仍不免),倘同人排斥,为生存起见,我便不问什么都敢做,但不愿失了我的朋友。第二条我已行过两年多了,终于觉得太傻。前一条当先托庇于资本家,须熬。末一条则太险,也无把握(于生活)。所以实在难于下一决心,我也就想写信和我的朋友商议,给我一条光。"

看得出鲁迅在疑虑重重之际,仍然希望许广平和他携手共进,只是不知道这条路是否真能够走通。同时,他也向许广平表明,他并不准备彻底拆毁那旧式婚姻的囚室,仅仅是自己凿一个洞逃走。因此,他无法和她正式结婚,给她一个正式名分。实际就是说,现在与她同居条件还不具备,还需要准备些钱。当然,他最担心的还是和许广平的爱情本身。这里既有对许广平的疑虑,也有对自己的反省。

许广平是个敏感的人,立刻就察觉出了鲁迅的心思。她在复信中,急不择言,许多话都说得很直。一下子挑穿了鲁迅不愿意解除旧式婚姻的内心原因,又用热烈的口气激励他做出决断。甚至丝毫不隐瞒自己的焦急和不快:"你的苦了一生,就是一方为旧社会牺牲。换句话,即为一个人牺牲了你自己。而这牺牲虽似自愿,实不啻旧社会留给你的遗产。……因一点遗产而牵动到了管理人行动不得自由,这是在新的状况下所不许,这是就正当解决讲,如果觉得这批评也过火,自然是照平素在京谈话做去,在新的生活上,没有不能吃苦的。"

其实,其他原因都不是主要的,最大的顾虑是许广平的态度。因为老夫子在爱情上一直缺乏自信,他不敢确定许广平,"她究竟爱我到了什么程度?""即便她现在甘心情愿,以后会不会后悔?"许广平坦荡诚恳,甚至略带埋怨的回信,一下子消散了他的担心和犹豫。他立刻回信,语气非常,不再有前一封信中的含混,态度也很乐观:"我一生的失计,即在向来不为自己生活打算,一切听人安排……再后来,思想改变了,但还是多所顾忌,这些顾忌,大部分自然是为生活,几分也为地位,所谓地位者,就是指我历来的一点小小工作而言,怕因我的行动的巨变而失力量","我也决计不再敷衍了。……离开此地之后,我必须改变我的农奴生活……"

内心树立爱情自信和感情勇气的鲁迅,在同年 12 月 29 日复信给韦素园说:

“至于关于《给——》的传说……是他真疑心我破坏了他的梦,——其实我并没有注意到他做什么梦,何况破坏——因为景宋(许广平)在京时,确是常来我寓,并替我校对,抄写过不少稿子,这回又同车离京,到沪后,她回故乡,我来厦门,而长虹遂以为我带她到了厦门了。倘这推测是真的,则长虹大约在京时,对她有过各种计划,而不成功,因疑我从中作梗。其实是我虽然也许是‘黑夜’,但并没有吞没这‘月儿’。”

同一天鲁迅也致信许广平说:“用这样的手段,想来征服我,是不行的。我先前的不甚竞争,乃是退让,何尝是无力战斗。现既逼迫不完,我就偏又出来做些事,而且偏在广州,住得更近点,看他们躲在黑暗里的诸公,其奈我何?然而这也许是适逢其会的借口,其实是即使并无他们的闲话,我也还是要到广州的。”

之后,他更明确表示:“我对于名誉,地位,什么都不要,只要枭蛇鬼怪够了”,“枭蛇鬼怪”,就是指许广平。至此,在旧式婚姻的囚室里自我禁闭 20 年的鲁迅,总算逃出来了。然而,沉沉一线,苍茫大地的中国广州,将成为他另一块逃离之地。

六

1927 年 1 月,经过了激烈思想斗争的鲁迅终于抵达广州。在鲁迅看来,广州是他开始崭新生活的起点,也是他振作精神,焕发生命活力的丰饶之地。爱情唤醒了久已尘封的心灵,迫使他振作精神,振奋人生热情,竭力放纵那遭受长期压抑,差不多快要枯萎的生命欲望。可以想到,初到广州的鲁迅,身心是愉悦的,精神是放松的,思想是激进的。特别是热情的青年学子们在欢迎会上,热切希望鲁迅引领大家勇敢前进,进行一场轰轰烈烈的思想革命:“我们久处在这工商业化的广州,心灵真是感觉枯燥极了,烦恼极了!我们很希望鲁迅先生能多做些作品惠与我们,给我们以艺术精神上的安慰。同时,希望先生继续历年来所担负的‘思想革命’的工作,引导我们一齐到‘思想革命’的战线上去!进一步,更望他能以其夙所抱持的那种战斗奋进的精神和那种刚毅不挠的态度风示我们一辈子的青年,使人人都有和先生同一的精神同一的态度以及反抗一切的恶势力。”

于是鲁迅藏起他先前那个彻底的怀疑意识，开始热情地赞扬北伐，赞扬革命。他称赞广州是“革命策源地”，而现在已是“革命的后方”；他向中山大学的学生呼吁，要他们用“革命的精神”，“弥漫”自己的生活：“这精神则如日光，永永放射，无远弗到。”他自己更“愿意听听大炮的声音，仿佛觉得大炮的声音或者比文学的声音要好听得多似的”。“中国经历了许多战士的精神和血肉的培养，却的确长出了一点先前所没有的幸福的花朵来，也还有逐渐生长的希望。”他甚至慷慨激昂地号召大家：“广东实在太平静了，我们应该找刺激去！不要以为目的已达，任务已完，像民主革命成功时说的，可以过着很舒服的日子！”

广州，这座美丽的花城，鲜花、掌声，幸福、激动时时包围着久被压抑的鲁迅，尽管已经年近半百，却不断释放着青春活力。这年的旧历初三，与许广平等人白天接连游览越秀山、逛花市，晚上一起看电影，满脸欢愉、兴致勃勃、毫无倦意。特别是漫步越秀山，当踏上一个小土堆时，鲁迅还想表现一下自己健朗的身手，居然孩子似的从土堆上跳了下来。虽说碰伤了脚，却找回了淹没几十年的童真童趣，获得了爱人一个嘉许的眼神。

鲁迅满怀信心，充满希望，迎接一个新的黎明的到来。然而，一切的欢愉都是短暂的，一切的革命热情都是匆促的。才短短一个月的时间，他已经看出广州的诟病：广州是一个红皮白心的萝卜，广州的青年把革命游戏化，有大叫，却无思索，无悲哀，没有真正的革命和文学。鲁迅对广州的批评，无疑激怒了整日沉浸在狂热情绪中的激进青年，有人开始以“鲁迅先生往哪里躲”的标题，在报纸上批评他：“鲁迅先生！你莫尽自在大学教授室里编你的讲义。……如此社会，如此环境，你不负担起你的使命来，你将往哪里去躲！”“你不愿意从事文学革命；你又不去做武装者的革命；那么你处在今日的中国，更拿着一种什么革命的东西在领导着一班青年？”与此同时，广州的文学界也开始批评他“落伍”，认为在北伐的形势下，《阿Q正传》那样的作品已经没有资格再自称是革命的文学。鲁迅知道广州的青年误解了他，他读了报纸上那篇《鲁迅先生往哪里躲》的文章后，立即让许广平以她的名义，写了《鲁迅先生往那些地方躲》的解释文章，发表在同一张报纸上。但很快到来的现实，被鲁迅言中了。

鲁迅来广州三个月后，美丽的花城一下子变得黑暗得看不清路了。山雨欲来风满楼，1927年4月12日，上海发生了一件改变中国颜色的大事，史称

“4·12”政变。两天后，即 4 月 14 日一个漆黑的夜晚，广州警备司令钱大钧下令全城戒严，一夜之间，广州笼罩在“清党”的白色恐怖之中。国民党军队在“杀绝共产党”的口号下，进行了骇人听闻的大屠杀。当时军警满街搜捕，凡不是广东口音的，抓着就杀，甚至连问都不问，看着不像本地人就杀。有些人在街上想看看热闹，也被杀害了。这次政变使鲁迅对国民革命彻底失望了，他决定与国民党政权决裂，而选择独立的边缘的斗争生活。

1927 年 4 月 29 日，鲁迅辞去了中山大学一切职务。原因之一是中山大学内部出现了人事纠纷。鲁迅虽是教务长，学校的实权却操纵在教务委员会几个主要人物手中，如戴季陶、朱家骅等。他们都是国民党的要人，官场上的老字号，为防止鲁迅把中山大学办成北大那样的学校，开始排斥异己，甚至夺权。当然这还不是促使鲁迅辞职的主要原因，以他的不宽恕、不妥协的斗争性格，即使与他们交恶，也不可能愤而离开中大。主要原因是同样热衷权力的中大文科主任傅斯年，不顾鲁迅的激烈反对，硬是把厦大的顾颉刚请到了中大来当教授。鲁迅后来愤愤地写信告诉朋友：“我到此只三月，竟做了一个大傀儡。……当红鼻（指顾颉刚）到此时，我便走了；而傅［斯年］大写其信，给我，说他已有补救办法，即使鼻赴京买书，不在校……现在他们还在挽留我，当然无效，我是不走回头路的。”

鲁迅一致认为，这位胡适的门徒顾颉刚是现代评论派。他们的特点是投机、妥协，最初说北洋政府的好话，是国民革命的敌人，后来看到革命红火，又投奔南方革命。鲁迅从他们身上看到了国民革命成分的复杂、不纯粹，岂能与这些人为伍！他在日记里写道：“鼻来我走”，顾颉刚是红鼻子，鲁迅蔑称他“鼻”。中大聘“鼻”来任教，鲁迅自然会“我因为谨避‘学者’，搬出中山大学”。

此时鲁迅仅仅是辞职，还没想到离开广州。尽管“4·12”政变的血腥令鲁迅目瞪口呆，但他还是决定留在广州，以相对安全的方式针砭时弊。《魏晋风度及文章与药及酒之关系》的演讲就是例证：“借魏晋间的知识分子的遭遇和苦闷来对照他自己目前的遭遇和苦闷，正合着一句成语：‘借他人酒杯，浇自己块垒’。”

直到广州有一批青年竟沦为国民党的御用文人，即所谓“革命文学社”公开反对他，认为他不是革命作家，他的作品算不上革命的文学，鲁迅才彻底失望了。因为在 4 月 5 日国民党大举“清党”,从中山大学抓走几十个学生时,鲁迅还在由他召集的紧急会议上大声疾呼,营救学生:“五四运动时,学生被抓走,我们营救学生,甚至不惜发动全国工商界都罢工罢市。……我们都是五四运动时候的人,为什么现在这么多学生被抓走,我们又不营救了呢?”

可是,他积极营救的这些学生中,却有一些人背叛了革命,替国民党摇旗呐喊,甚至污蔑老师为非革命者,让鲁迅伤透了心。的确,早在 1925 年,鲁迅对革命曾公开表示过怀疑和否定:“革命以前,我是做奴隶;革命以后不多久,就受了奴隶的骗,变成他们的奴隶了。”但是,1927 年 1 月,来到广州以后,鲁迅的思想发生了变化,对国民革命开始有了好感,基本上赞同孙中山的革命理想,为北伐节节胜利感到由衷的高兴。可是,高举孙中山旗帜的国民党,突然间大肆搜捕昨天还是同盟者的共产党人,而且,伤及那么多无辜者,不仅出乎他的意料,也给刚刚燃起的革命热情重重泼了一瓢冷水。尤其令他震惊和痛苦的是那些被屠杀者中间,竟有那么多年轻学生投书告密,协捕抓人。在北京时,青年学生的冷漠和健忘,已经使他深受刺激,现在年轻学生投书告密,更给了他沉重的打击:“我至今为止,时时有一种乐观,以为压迫、杀戮青年的,大概是老人。……现在我知道不然了,杀戮青年的,似乎倒大概是青年,而且对于别个的不能再造的生命和青春,更无顾惜。”

1927 年 9 月 3 日,鲁迅致信李小峰,进一步总结了自己在广州短暂的生活认识:“访问的,研究的,谈文学的,侦探思想的,要作序,题签的,请演说的,闹得不亦乐乎。我尤其怕的是演说,因为它有指定的时候,不听拖延——事前事后,我常常对熟人叹息说,不料我竟到‘革命的策源地’来做洋八股了。”

广州这座美丽的花城,曾经给予了鲁迅很多美好的体验,比如,美食、爱人、高额收入、青年粉丝们的热情等,也见证了从革命策源地到反革命策源地的迅速转换,使他强烈地感受到这所谓“革命”的欺骗性和当今政治翻手为云、覆手为雨的两面性。他的精神受到伤害,热情受到嘲弄,广州开始令他厌烦了,逃离广州的愿望开始强烈了。1927 年 9 月 19 日,他致信北京政法大学学生翟永坤,袒露了自己的心境:“我漂泊了两省,幻梦醒了不少,现在是糊糊涂涂。”

梦醒了反而糊涂了。其实,他和广州的共产党人本没有多深的交往,只是在成仿吾等人搞的《中国文学家对于英国智识阶级及一般民众宣言》上签过名,又恰在“清党”后的第六天辞去中大教职,有些人就难免要推测,他这是在向政府表示抗议。甚至香港的一家报纸说他,因为“亲共”而躲避起来了。他在回复朋友来信询问时写道:“事太凑巧,当红鼻到粤之时,正清党发生之际,所以也许有人疑我之滚,和政治有关。实则我之‘鼻来我走’(与鼻不两立,大似梅毒菌,真是倒霉之至)之宣言……兄所闻之流言,或亦此类也欤。然而‘管他妈的’可也。”

既已辞职,在广州无事可做,只能做离开的打算。事实上,鲁迅离开广州还有一个重要原因,即他与许广平越来越炙热的爱情。他与许广平的关系由北京—厦门的书信往来,在广州已经半公开化了。有见证者回忆道:“鲁迅搬入大钟楼之初,许女士怎样替他布置卧室,挂窗帘,买东西一类的事,我早已看在眼内”,而有一次前去探望时,“室内只有他和许二人,许手中的小本线装书还未放下,起来招呼我。就相对坐谈书的情形看来,二人的超过师徒的感情,是不待想而知的。”显而易见,由恋而婚已经接近水到渠成,况且,自从他们一同离开北京南下起,北京、上海的论敌就认为他俩早已同居。文坛上围绕鲁迅的私生活,不断有讽刺之语。与其如此还不如及早为他们的爱情寻找一个合适的空间,把事情做成。但“红白相间”的广州的确不再适宜,因为鲁迅知道,许广平思想很激进,在白色恐怖的广州没有安全感。鲁迅选来选去,感觉最好的落脚点似乎只能是上海。虽说上海是国民党反革命政变的发源地,但是作为一个国际化大都市,上海许多国际势力的介入,反倒能够为生存提供一个安全屏障,同时,上海的出版事业发达,以知名作家身份莅临此地,完全可以靠稿费和版税体面地生存。还有一点是,居住在上海,他还可以较好地安置许广平,使其在名分上有所亏欠的,可得以补偿一些。

以上种种原因,迫使鲁迅不得不离开广州了。就在决定启程前夕,鲁迅收到了在北京的学生台静农的一封信,信中提到在北大任教的瑞典人斯文·赫定想请刘半农帮助,提名鲁迅作为诺贝尔文学奖的候选人。斯文·赫定是诺贝尔奖的评委,他想为中国作家争取一个名额。当时有人积极为梁启超活动,半农以为不妥,他觉得鲁迅才是理想的候选人。但又深知鲁迅软硬不吃,怕碰钉子,便嘱台静农出面函商,如果鲁迅同意,则立即着手进行参加评选的准备,如将参评的作品翻译成英文,准备推荐材料等。接信后,鲁迅一方面自己认为自己不配,另一方面正忙着离开广州另谋出路，也没这个心思。于是，当即复信拒绝，语气不容商量。

静农兄：

请你转致半农先生，我感谢他的好意，为我，为中国。但我很抱歉，我不愿意如此。

诺贝尔赏金，梁启超自然不配，我也不配，要拿这钱，还欠努力。世界上比我好的作家何限，他们得不到。你看我译的那本《小约翰》，我哪里做得出来，然而这作者就没有得到。

我眼前所见的依然黑暗，有些疲倦，有些颓唐，此后能否创作，尚在不可知之数。倘这事成功而从此不再动笔，对不起人；倘再写，也许变了翰林文字，一无可观了。还是照旧的没有名誉而穷之为好罢。

几天以后，即1927年9月27日，鲁迅与许广平情侣相携，一同登船离开了广州。他们先乘太古公司的“山东”轮渡抵达香港，然后做短暂停留，并经过几天海上颠簸，于10月3日来到上海。开始了他们将近十年的、真正意义上的夫妻生活。正如曹聚仁所说，鲁迅在上海将近十年的生活，始终是有惊无险、大波大澜。看来，鲁迅是选对了地方。

七

鲁迅、许广平以夫妻的名义抵沪后，在先于他们来到上海的三弟周建人的帮助下，住进了虹口东横浜路景云里23号。在这里，鲁迅除了翻译《艺术论》《文化与批评》等书外，还广泛开展社会革命活动，并成为“中国左翼作家联盟”和“中国自由运动大同盟”的大本营，遭到国民党的秘密通缉。1930年5月在内山完造帮助下，鲁迅一家从景云里移居到北四川路194号，时称拉摩斯公寓。鲁迅在拉摩斯公寓两次掩护瞿秋白，帮助成仿吾、邹鲁风等共产党人。1931年2月7日，“左联”青年作家柔石、胡也频、殷夫、冯铿、李伟森被国民党当局秘密处死后，鲁迅在此写下了《为了忘却的纪念》一文。由于国民党加紧了反革命文化围剿，迫使鲁迅再次搬家。1933年4月11日，内山完造以内山书店职员的名义再次帮助鲁迅搬进了施高塔路大陆新村9号，成为鲁迅在上海最后的寓所。因鲁迅居住地，具有半租界性质，便以“租界”两字的一半命名自己的书斋为“且介亭”。在此所著杂文命名为“且介亭杂文”，这是后话了。

却说北京的结发妻子朱安，得知鲁迅与许广平在上海同居后，表现得激动又失望。她对曾一度和她同院居住过的俞芳说：“过去大先生待我不好，我想好好服侍他，一切顺着他，将来总会好的。”可现在大先生弃她而去，跟一个年轻女学生同居了，恐怕她今生今世没有机会了，也没有将来的期盼了：“我好比是一只蜗牛，从墙底一点一点往上爬，爬得虽慢，总有一天会爬到墙顶的。可是现在我没有办法了，我没有力气爬了。我待他再好，也是无用。”

的确，正如朱安所说，尽管她没有机会与期盼了，但远在上海的鲁迅、许广平依然关心着她的生活，按月给她寄去生活费。

其实，越来越老、越来越无力的朱安，对鲁迅与许广平并无怨恨之意，但内心的痛苦随之加深了，感情的孤独随之加重了。比如，有一次她向婆婆述说自己做了一个梦，梦见大先生领着一个孩子来了，她说做梦时很生气，几乎要喊出来了。而一直当作朱安精神依靠的周老太太，却对朱安的生气不以为然。因为此时的周老太太思想似乎也发生了转变，大概是朱安久无子嗣的缘故，当她得知大儿子和许广平同居，表现出前所未有的高兴。她盼望大儿子真给她领回一个大孙子在自己跟前走来走去。而她二儿子则不然，对哥哥鲁迅的行为，咬牙切齿，大加讨伐。

舒芜在《周作人对鲁迅的影射攻击》一文中，曾列数了周作人对鲁迅的诸多讽刺。比如，周作人在《中年》《志摩纪念》《周作人书信·序言》《论妒妇》《责任》《蒿庵闲话》等多篇文章中，不指名地挖苦鲁迅多妻、纳妾、色情等。他认为，爱是不能给他人带来痛苦的，否则，便是非道德之举。鲁迅此举，多源于欲，而非爱。此事拯救的是鲁迅，牺牲了的是朱安。所以他在许多文章里，痛骂中国的多妻主义。把鲁迅、周建人的再婚看成“弃妻”。直到晚年，周作人还在控诉自己的两个兄弟，均抛下前妻不管，都是由他来照料的。甚至他的妻子羽太信子也在朱安和鲁睿面前，大讲鲁迅、许广平的坏话，说他们同居之事，是多妻的行为。

鲁迅和许广平同居的日子里，还收到过一个自称是崇拜鲁迅的青年的来信，名为告诫，实为发泄不满："鲁迅先生：昨与××××诸人同席，二人宣传先生讨姨太太，弃北京之正妻而与女学生发生关系……此事关系先生令名及私德……于先生大有不利，望先生作函警戒之……"

所以说，鲁迅和许广平同居之后，虽有甜蜜，心里却也不轻松。依然是左盼右顾，如履薄冰，偷偷摸摸。最初，他把许广平的卧室设在三楼，自己则住二楼，对外只说她给自己当助手，做校对，除了对极少数亲近朋友，一概不说实情。即便去杭州度蜜月，他先要杭州的朋友预订一间有三张床的房间。到了杭州，许钦文等人接他们到旅馆，住进那间有三张床的房间后，鲁迅叫住许钦文，嘱咐他白天出去做事，晚上一定要住到这里来。并且指定许钦文睡在中间那张床上，将自己和许广平隔开。

此时，鲁迅似乎忘了自己在广州鼓励许广平到中山大学给他当助教时的慷慨激昂："不必连助教都怕做，对语都避忌，倘如此，可真成了流言的囚人了。"而现在自己却实实在在做了流言的囚人！许广平也是如此，直到1929年5月，她怀了五个月的身孕之后，才敢将实情告诉家人。也是从这时候起，鲁迅才陆续通报给远方的朋友，口气却模棱两可，语焉不详。譬如，他给未名社的一位朋友写信，说他是听了那些气人的流言才索性"到广东，将这些事对密斯许说了，便请她住在一所房子里——但自然也还有别的人。前年来沪，我也劝她同来了，现就住在上海。帮我做点校对之类的事……"

尽管有些可怜可悲，甚至让人感觉有些猥琐，但上海毕竟改变了鲁迅的一些精神与生活的颜色。与北京—厦门—广州相比，鲁迅大不一样了：脸上气色好了，不像以前那么沉郁而带着苍白色。人也胖了些，衣着也比以前整洁了许多。这一切应该完全归功于爱妻许广平：一个有着爱情的甜蜜温馨的家，一个与他朝夕相处，情深义重的真挚的伴侣；一个与他患难与共、风雨同舟的坚贞的战友体贴他，衷心地热爱他，而且有抱负、有识见、敢于献出自己全部智慧和才学来帮助他的伟大女性，使一个沉郁已久的男人焕发了青春。

的确是这样。他们同居不久，许广平曾希望独立，于是委托许寿裳设法在教育界给她谋个职业。但当丈夫鲁迅不愿意她离开自己的身边时，许广平主动放弃了。鲁迅当时是这样说的："这样，我的生活又要改变了，又要恢复到以前一个人干的生活中去！"

面对丈夫深沉含蓄的话语，她感到心爱的人是多么珍爱现在这来之不易的生活，多么需要自己给他的工作以精神上的力量。于是，她决定放弃自己的独立，不再出去工作，而做一个贤妻良母，时时陪伴着他，为他分忧，替他分担繁重的工作。此后，许广平除了学习日文之外，其他时间，全部献给了鲁迅。为了让鲁迅腾出更多的时间写作，她把家里柴米油盐的一切琐事都承担起来。除了要替他购买书籍，查找材料，校正文章之外，还要替他织毛衣，做棉鞋，缝衣裳，连换件衣服，也是她拿到面前，帮他换好。鲁迅曾发烧地对人显摆说："我现在换衣服也不晓得向什么地方拿了。"

身边有了许广平，鲁迅似乎年轻了许多。现在是衣着有人料理，头发和胡须有人关心，在长久地禁欲之后，他终于体会到了爱情的温暖和女性的温存，被痛苦浸泡许久的心灵，开始变得清澈与纯净，一丝丝甜蜜逐渐弥漫开来。到上海不久，他和许广平同去杭州游玩，虽然正值七月，暑热逼人，他们却兴致勃勃，毫不倦怠。去虎跑品茶，到西湖泛舟，快活得像一个小孩子。陪同游玩的许钦文和章廷谦都说，他们从十几年前做鲁迅学生的时候起，还从未见他表现出如此浓的游兴。他们慨叹，女性的温柔改变了一个年过中年的男人的心境。的确如此，家道不幸和人生苦难的种种刺激，使鲁迅长久对自然风景兴趣索然。客居东京那么多年，也只去上野公园看过一次樱花，到仙台附近著名的风景区松岛玩过一次。回国以后，在杭州那么美的地方工作一年，也只去西湖游过一次，朋友都连声称赞"平湖秋夜"和"三潭映月"，他却不以为然："不过平平"而已。难怪他写《论雷峰塔的倒掉》，居然把雷峰塔和保俶塔弄错了位置。以后到北京，住的时间更长，游玩却更少。即使去西安，主人安排他们游览名胜古迹，他最感兴趣的地方却是古董铺。为此，他解释说："我对于自然美，自恨并无敏感，所以即使恭逢良辰美景，也不甚感动。"

而今，许广平的爱情融化了鲁迅心中的坚冰，蛰伏在心灵深处的童真与情趣，终于在他身上复苏了。正如那些赞美爱情的句子，娇艳欲滴：

"爱情是美丽无比的，莞尔一笑是开启你的心扉的，柔媚笑容是融化你的忧虑的，一个轻抚是仿佛来自天堂的，慈爱的气息是青春荡漾的纯真的声音。"

一个人若是不能和自己真心喜爱的人在一起，那么就算将世上所有的荣耀和财富都给了他，等到夜深梦回，无法成眠时，他也同样会流泪。

世上又有什么力量,能比爱情的力量更可怕呢?

女人的理解和温柔,对男人来说,有时远比利剑更有效。在人类所有的一切行为中,还有什么比“感情”这两个字更重要的?

许广平说:“我自己之于他,与其说是夫妇的关系,倒不如说不自觉地还时刻保持着一种师生之谊。这说法,我以为是妥切的。”她曾经天真地问鲁迅:“我为什么总觉得你还是我的先生,你有没有这种感觉?”鲁迅听了,总是惬意地笑笑,答非所问地说:“你这傻孩子。”

小鬼许广平俨然成了鲁迅亲密的战友与出色的助手:帮他解惑,给他力量,精心料理他的起居饮食。为了鲁迅的写作,她千方百计查资料,找参考书籍,为鲁迅抄稿。鲁迅重要的谈话,她注意记录与整理,以便编辑成书。对鲁迅的文稿,她精心保管,哪怕是弃置的零章片页,也要保存下来。鲁迅每一种译著出版,她总是跟他共同校对。同时,她又是鲁迅的第一个读者与批评者。

在上海,他们的生活过得紧张而有趣。鲁迅差不多每天晚上的十一点以后,待许广平进入了梦乡,才伏案疾书,直至天明。许广平清楚丈夫的写作与休息规律,因此,早早起床,料理早点,好让鲁迅饭后休息。这一切做完之后,许广平的工作开始了,或抄写,或校对稿件。他们就像一个岗位上的两个人,一个值白班,一个值夜班,配合默契。

许广平从鲁迅的文章中感受到了一个民族的泣血呐喊和战斗精神。她感到骄傲,鲁迅不仅仅属于她,而是属于这个多灾多难国家与民族;而鲁迅从许广平身上体味到了爱的深沉与诚挚,感受到了爱与温柔的无穷力量。什么封建礼教,什么流言蜚语,什么人身攻击,都统统见鬼去吧,按他的话说,去他妈的!此时,鲁迅鼓足了勇气,以书信的方式,坚定地向许广平表示:“看现在的情形,我们的前途似乎毫无障碍,但即使有,我也决计要同小刺猬(对许广平的昵称)跨过它而前进的,绝不畏缩。”

1929年5月至6月,《两地书》的24封信中,鲁迅几乎都是称许广平为“H. M. D”、“H. D”、“D. H”、“D. H. M”,全加上了“D”——“亲爱的”。此时,他们已同居二年,距他们初次通信则已经是四年多了。因此,我说他没有任何理由再优柔寡断,也没有任何条件再缩头缩尾了。因为,许广平已为他周家怀上了孩子,即将临盆。难道还要指着大腹便便的同居妻子,假惺惺地告诉来访的朋友说，这是我的助手，为了工作方便，我们只是暂住在一起！相信任何人都不会这样虚伪，何况新文化运动的主将鲁迅。鲁迅看到妻子日渐隆起的腹部，被即将来临的喜悦和幸福包围了，弥漫在字里行间。有心的读者肯定会从这期间的文字中读出平和与温馨！

1929 年 9 月 26 日上午，许广平感到阵阵腹痛，预示着一个小生命就要来到人间，年近五十的鲁迅初做人父，兴奋的心情不言而喻。他顾不上自己劳累过度、透支过大、低烧不退的身体，把许广平送到了医院妇产病房。经过二十七八小时的阵痛，于 27 日清晨，他们的爱情果实——孩子终于呱呱坠地。就在一小时前，鲁迅的心还悬着。当时许广平难产，医生征求他的意见：留小孩还是留大人？自然是留大人，他丝毫不会犹豫。现在，看到母子平安，鲁迅欣慰而又诙谐地说："是男的，怪不得这样可恶。"

因为出生在上海，是个婴儿，因此鲁迅给孩子取名叫海婴。每当客人散去，鲁迅总静静地坐下来，审视着孩子的脸，由衷地说："真像我。"但马上又补充，"我没有他漂亮。"可以想见，鲁迅此刻幸福与自豪的表情。从这个活泼的爱子身上，他得到了精神上的莫大安慰，也看到了未来的希望。朋友们说他，一点也不掩盖自己浓厚的恋子之情。他与给国内与国外的友人的通信里，一次又一次地报告着这个孩子成长与顽皮的信息，特别是在与日本友人增田涉的通信中，海婴几乎成了主要的话题。1932 年，他为自己的恋子之情作诗辩白："无情未必真豪杰，怜子如何不丈夫，请看兴风呼啸者，回眸时看小于菟。"

海婴的出生，不仅仅是照亮了鲁迅许广平的生活，就连远在北京的朱安、周老太太也是丝毫不掩饰自己的喜色。几年前，朱安惊闻鲁许二人上海同居，还做了个非常伤心生气的梦，梦见大先生领着一个孩子回来了。几年后，当梦境变为现实，大先生果然有了孩子，朱安却为自己"无后之错"感到了一丝解脱。还想着，自己死后，有海婴给她烧纸，送庚饭，送寒衣，阎王不会认为她是孤魂野鬼，罚她下地狱，让她挨饿受冻……

到此，朱安基本谅解了大先生既要追求爱情，又要保全婚姻的做法。她甚至迫切地想早日见到这个孩子，动员婆婆给鲁迅去信，邀请他们夫妇携子一同返京。并特地嘱咐，要注明，这也是她朱安的意思。

周老太太面对这个坐了一辈子无夫无子的冷宫、境遇悲苦可怜的长儿媳，一种无以言说的滋味弥漫了身心：愧疚还是悲情？一生囿于旧婚姻囹圄的女人啊，谁人之过！

八

世上恐怕从来没有像鲁迅与朱安这样孤苦的婚姻了。终其一生，鲁迅对朱安尊重有余却形同陌路。而朱安生前反复对人讲："周先生对我不坏，彼此间没有争吵。"

这个曾经是婆婆送给鲁迅的礼物，承受了一辈子冷遇与痛苦、最后成为丈夫遗物的女人，因为一生没有争吵，而放言鲁迅对她不错。究竟是一种谅解，还是无可奈何，抑或是世间没有解不开的宿怨？犹如鲁迅的论敌，特别是隶属"党国"政治阵营中的文人，如胡适、梁实秋者，多年以后也开始客观、公允地看待鲁迅了。

梁实秋在《关于鲁迅》一文中说："……鲁迅一生坎坷，到处碰壁，所以很自然的有一股怨恨之气，横亘胸中，一吐为快。怨恨的对象是谁呢？礼教，制度，传统，政府，全成了他泄愤的对象。他是绍兴人，也许先天的有一点'刀笔吏'的素质……鲁迅的作品，我已说过，比较精彩的是他的杂感。但是其中有多少篇能成为具有永久价值的讽刺文学，也还是有问题的……五四以来，新文艺的作者很多，而真有成就的并不多，像鲁迅这样的也还不多见。"

陈西滢则说："我不能因为我不尊敬鲁迅先生的人格，就不说他的小说好，我也不能因为佩服他的小说，就称赞他其余的文章。"

吴宓也曾叹言："可叹者，是今人只见周骂人，尚未见到人骂周，因而多谓周先生偏激、刻薄，这对周先生是有失公允的。"

与鲁迅笔墨战其半生的论敌们的最后坦言，除了表明自己不失一个文人"虚怀若谷"的君子风度之外，还有对鲁迅的谅解和认同。鲁迅也在1934年12月6日致萧军、萧红的信中，谈了自己的感叹："中国是古国，历史长了，花样也多，情形复杂，做人也特别难……譬如对于我的许多谣言，其实大部分是所谓'文学家'造的，有什么仇呢，至多不过是文章上的冲突，有些是一向毫无关系，他不过造着好玩，去年他们还称我为‘汉奸’，说我替日本政府做侦探，我骂他时，他们又说我器量小。”

20世纪二三十年代，中国文坛“骂”风之盛，可以说是空前绝后、绝无仅有的，几乎形成了一种“骂文化”氛围。鲁迅包括其论敌的文艺才华，被口舌之战、笔墨之战耗去了许多，浪费了许多。他们本来可以有更可观的成就，可惜被潮流卷来卷去，轰动一时，成为文坛盛景，却损伤了文学。譬如，鲁迅在旷日持久的论战中，几乎写不成小说了，本来想在有生之年写部长篇，终不能成篇，留下遗憾。留下的是厚厚一沓火药味十足、鏖战激烈的文字。

1996年中国文联出版公司出版了一本书，叫作《一个都不宽恕》。“一个都不宽恕”出自鲁迅遗嘱式的杂文《死》。鲁迅在留下七条遗嘱之后接着写道：“此外自然还有，现在忘记了。只还记得在发热时，又曾想到欧洲人临死时，往往有一种仪式，是请别人宽恕，自己也宽恕了别人。我的怨敌可谓多矣，倘有新式的人问起我来，怎么回答呢？我想了一想，决定的是：让他们怨恨去，我也一个都不宽恕。”

《一个都不宽恕》作为历史文献，详备地记录了鲁迅与论敌们的论争。“学衡”派“甲寅”派自不必说了，因为 在鲁迅眼中，“学衡”派、“甲寅”派的人物“不足称为敌手，也无所谓战斗”。下面本文所要叙述的是鲁迅认为足以称敌手“有所谓”战斗的人与事。

似乎应当先从一个女人说起。这个女人恰好与鲁迅的结发妻子朱安及论敌们相反，在鲁迅生前，她既非论敌，也不是国民党徒，而自称是鲁迅的学生，对鲁迅崇拜有加，恭敬有余，可在鲁迅尸骨未寒之际，突然变脸，大肆讨伐，而且此后终其半生的精力谩骂、攻击这个曾经令她尊敬的师长，可谓口诛笔伐，毫不留情。这到底是怎样的一个女人，这个女人到底怎么啦，鲁迅到底怎么她啦？

这个女人叫苏雪林，祖籍安徽太平，1899年生于浙江瑞安。曾经去法留学、受过良好的教育，当过大学教授，1928年在东吴大学任教时，出版散文集《绿天》，1930年又任教于安徽大学。相继出版长篇小说《棘心》、学术研究著作《辽金元文学》《唐诗概论》。同时，苏雪林还在各种报纸杂志上发表了大量作品，被誉为“五大才女”之一，甚至被人称为文坛的“常青树”，是一位颇具实力的女作家。

苏雪林婚姻不幸，婚后不久离异，长期独居。认识鲁迅后，一直谦称自己为学生。记录婚后生活的散文集《绿天》出版后，当即签名赠送鲁迅："鲁迅先生教正学生苏雪林谨赠"。后面署名时间是 1928 年 7 月 4 日。

此赠言不可谓不恭敬，特别是在 1934 年，苏雪林在《国闻周报》上发表《〈阿 Q 正传〉及鲁迅创作的艺术》一文，对鲁迅的《阿 Q 正传》等小说创作更是给予很高的评价。该文认为："鲁迅是中国最早、最成功的乡土文艺家，能与世界名著分庭抗礼。" 还说："谁都知道鲁迅是新文学界的老资格，过去十年内曾执过文坛牛耳……" 苏雪林认为："鲁迅的小说创作并不多，《呐喊》和《彷徨》是他五四时代到于今的收获。两本，仅仅的两本，但已经使他在将来的中国文学史上占到永久的地位了。"

由此可见，此时的苏雪林，对鲁迅先生不仅尊重，而且还有几分崇拜和恭维。

但是，1936 年 10 月 19 日鲁迅先生去世后，苏雪林的态度突然转变。她不仅极力致信阻止蔡元培主持鲁迅丧葬仪式，随后还写文章攻击："鲁迅病态心理将于青年心灵发生不良之影响也。"

"鲁迅矛盾之人格不足为国人法也。"

"鲁迅的性格是怎样呢？大家公认是阴贼、刻薄、气量褊狭、多疑善妒、复仇心坚韧强烈，领袖欲旺盛。"

"鲁迅盘踞文坛十年，其所陷溺之人心与其所损伤之元气，即再过十年，亦难挽回恢复焉。" 她甚至还使用了 "鲁祸" 这个字眼，骂鲁迅 "阴险，多疑，善妒"，"是一个刻毒残酷的刀笔吏，阴险无比，人格卑污又无耻的小人"，"不近人情，睚眦必报"。攻击鲁迅的杂文 "文笔尖酸刻薄，无与伦比"，"含血喷人，无所不用其极"。

言辞之阴毒、刻薄，不仅鲁迅生前的论敌们不及，就是被她骂为刻毒残酷刀笔吏的鲁迅，恐怕也汗颜自己不如人家女作家敢骂人："人家无意得罪他老人家，他可以恨你一辈子。恭维呢，也不行，'是人家公设的巧计'，'用精神的枷锁来束缚你的言动的'。'不但恩惠，连吊慰都不愿受，老实说吧，我总疑心是假。' 人家恭维你，是想利用你，或者想钻进来。"

" 我以为世上癖好阿谀的人，鲁迅可算第一。"

“鲁迅这个人在世的时候,便将自己造成一种偶像,死后他的党羽和左派文人更极力替他装金,恨不得教全国人民都香花供养。鲁迅本是个虚无主义者,他的左倾,并非出于诚意,无非借此沽名钓利罢了。但左派却偏恭维他是什么‘民族战士’‘革命导师’,将他一生事迹,吹得天花乱坠,读了真使人胸中格格作恶。”

“左派利用鲁迅为偶像,恣意宣传,将为党国之大患也。”

……

这个后来成为国民党徒、自称是职业“反鲁”的女作家苏雪林,1949年退居台湾后仍念念不忘鲁迅。甚至1966年11月,在鲁迅逝世三十周年之际,将近70岁的苏雪林,还为台湾《传记文学》撰写了一篇两万七千字的长文《鲁迅传论》(后收入《我论鲁迅》一书)。声称自己再也不能坐视台湾“近年‘捧鲁’有渐成风气之势”不管了。但最后她对自己反鲁之举又做了诠释:“我的那几篇反鲁文字,原来从鲁迅学来,正所谓‘以其人之道,还治其人之身’。鲁迅一辈子运用他那支尖酸刻薄的刀笔,叫别人吃他苦头,我现在也叫这位绍兴师爷吃吃我的苦头,不算不公道吧?”

这话看似无懈可击,实则不地道,有点小女人泄愤的气味。鲁迅活着的时候,你苏雪林干吗去了,是不敢笔墨对峙,还是心存幻想,期望从这个名满天下的绍兴师爷身上捞点油水?

的确,鲁迅在世时,苏雪林没那个胆量是真的,没那个资格也是真的——文坛上那么多“大哥大”“大姐大”,岂能轮得上她这个寡居的小媳妇发言!

即使鲁迅死后,她撒泼似的谩骂,还试图寻找合伙人和支持者。她首先想到与鲁迅素来不睦、观点迥异、多年笔战的宿敌胡适。胡适算是她的老师和“本党战友”,鲁迅曾多次骂他“高等华人”“金元博士”“帝国主义军师”等,现在她替他出气,胡老师肯定会鼎力支持,不料,迂腐的胡老师却批评她态度偏激:“我很同情于你的愤慨,但我以为不必攻击其私人行为。鲁迅狺狺攻击我们,其实何损于我们一丝一毫?我们尽可能撇开一切小节不谈,专讨论他的思想究竟有些什么,究竟经过几度变迁,究竟他们信仰的是什么,有些什么是有价值的,有些什么是无价值的。如此批评,一定可以发生效果。”

“凡论一人,总须持平。爱而知其恶,恶而知其美,方是持平。鲁迅自有他的长处。如他早年文学作品，如他的小说史研究，皆是上等工作。……说鲁迅之小说史是抄袭盐谷温的 ……真是万分的冤枉。袭盐谷温一案，我们应当为鲁迅洗刷明白。”

雪林大概在心里呸了一口胡老师，甚至还暗自骂道，什么狗屁文学大师，简直是好了伤疤忘了疼！但她还是不死心，不惜挑开胡老师的“旧疤”，揭露“可恶”的鲁迅：“他盘踞左翼文坛时候，痛骂‘正人君子’不算，连与他毫无恩怨，只因同‘正人君子’接近的胡适之先生也遭了大殃。他骂胡先生为‘高等华人’‘金元博士’‘伪学者’‘皇权的保卫者’，在抗日怒潮正高涨时，他又乘势骂胡先生为‘汉奸’‘卖国贼’……血气方刚的青年们，听了鲁迅这种话，胡先生生命岂不是危乎殆哉了吗？”

苏雪林在反鲁的亢奋中，极尽所能，团结一切可以团结的力量。比如，共产党麾下的左翼作家茅盾、田汉、郑振铎、丁玲、胡风等人，他们是营垒内部的反鲁势力，有可能会因此借力打力，“站出来同我说话”，谁知“左派重要文人并无一人出面，只叫了一群喽啰把我千般怒斥，万端辱骂，足足闹了个把月……”

苏雪林在反鲁的道路上越走越远，几乎无法遏制，几近疯狂。之后，苏雪林还搬出了一些陈年老账——陈源（陈西滢）曾在《现代评论》上撰文，批评当时北京女子师范大学发生的一场风潮后，招致鲁迅等人的驳斥。苏雪林在文章中说：“替女高师校长杨荫榆说公道话，陈源教授多说了几句，鲁迅骂他足足骂了半年。”后来发表在 1926 年 1 月 30 日的《晨报副刊》上，陈源写徐志摩发泄对鲁迅不满的这封信，到了苏雪林嘴里却是：“陈源教授这篇文章可说是反鲁迅的第一炮，是中国新文学史一篇最重要的文献。”

苏雪林也自知有些牵强，于是就把陈源的《西滢闲话》找出来，断章取义，旨在告诉大家陈源教授对鲁迅的态度很明确：“鲁迅先生一下笔就想构陷人家的罪状。他不是减，就是加，不是断章取义，便捏造些事实。他是中国思想界的权威者，轻易得罪不得的……”

苏雪林还有一个同盟者——钱杏邨，即阿英，是一位左翼文艺评论家。理由是，钱杏邨在 1928 年 5 月的《太阳》杂志上发表了批评鲁迅的文章《死去了的阿 Q 时代》：“不但不会超越时代，而且没有抓住时代；不但没有抓住时代，而且不会追随时代……他没有法跟上时代……根据所谓自由主义的文学规例所写成的文学创作，不是一种伟大的创造有永久性的，而是滥废的、无意义的、依附于资产阶级的滥废的文学！”

于是，雪林又断言这是“围剿鲁迅的文章成为系统，最有力量的文字”。

钱杏邨这篇文章发表时，鲁迅正在《莽原》《萌芽》《语丝》等杂志上集中精力批判“新月派”，没有时间理会钱杏邨。于是，雪林又抓住了把柄：“秉性凶恶狠毒的鲁迅为什么竟会变得这样温良起来呢？原来鲁迅是一个老于世故的人……一心要登上文艺学术界的宝座……至于目前的这帮人呢，那可并不容易对付，他们中间同你一样的‘无赖’‘泼皮’也并不缺乏，现在还算同你客气，真正闹翻了，他们使出来的招数，恐怕你就接不下。你固然曾吸收过来若干青年，而这些青年正抱着和他们一般的宗旨，一样的目标，他们跟着你是想你带他们进入‘理想的天国’，并不想伴随着你走向‘阴森森的坟墓’。倘使你仍然唱着那种并不兑现的革命调子，他们是会因失望而背叛你以去……失去了‘群众’，鲁迅即长出三头六臂，神通也就有限。”

言外之意是，连同一营垒的战友都这样批评你鲁迅，何况反对者。于是，苏雪林更为振振有词了：“左翼作家联盟一成立，鲁迅立即加盟，立刻被拥上‘金交椅’成为左翼文坛的领袖！”苏雪林说，鲁迅当上左翼文坛盟主后，左派对他的围剿不仅从此偃旗息鼓，而且还奉他为“精神偶像”。鲁迅也从此“肉身成道”，从发明“猎狐式的包围”，到打击“第三种人”，而变成万千青年虔诚崇拜的对象。

当然，苏雪林翻腾出来的旧账还有许多，比如，像潘光旦缺了一条腿，鲁迅便在《理水》里称之为“拄杖先生”；顾颉刚头颅有点异样，他又称之为“鸟头先生”；在广州顾颉刚与鲁迅闹了点意见，鲁迅以刀笔对他“毒讽”，顾氏声言要起诉他，鲁迅一听“起诉”这两字，几乎笑歪了嘴巴；北新书局版税问题，鲁迅却闹到了法庭上，在报端闹得沸沸扬扬：“遂有某文人计算鲁迅的版税，年达万元。在当时的物价，万元是何等大的吓人数字？鲁迅打这场官司，并未从北新多支版税，反而泄露了自己的秘密，实为失策。因为他从此不能再对人诉穷了，不能再对人说‘我吃的是草，挤出来的是乳’了。”

显然，倾注半生精力反鲁，意在替鲁迅画一张文字像：“但照我所勾勒的几根线条，鲁迅的嘴脸是怎样，想读者们已明白一个大概了！”

读者明白大概了吗？至少，在下还是不甚明了。尽管鲁迅一生积怨较多，树敌也较多，但都是“男敌”“男怨”。以我之陋见，鲁迅一生只撰文骂过一个女人——杨荫榆。鲁迅先后写出《寡妇主义》《忽然想到（七至九）》《“碰壁”之后》《并非闲话》《我的“籍”与“系”》《补白》《答KS君》《咬文嚼字（三）》《纪念刘和珍君》等文章，尖锐批评杨荫榆在女师大推行的是“寡妇主义”教育，是迫害学生的校长等。鲁迅更多的是关心爱护女人，特别是女作家，不可能树“女敌”、积“女怨”过多，苏雪林大概是一个极端特例。学界对现代文学史上的这段扑朔迷离的公案争论了半个世纪：有人觉得是苏雪林好政变的天性使然；也有人认为，她与鲁迅有些感情纠葛，想成为鲁迅的红颜知己而不得；还有把此归结为1928年7月7日，上海北新书局的老板李小峰在悦宾楼午宴上，招待曾在他书局出过书的作者，也请了在该书局出过书的苏雪林。她来得稍晚，当李小峰一一向苏雪林介绍林语堂、章廷谦、许钦文和郁达夫王映霞夫妇时，他们都站起来跟苏雪林握手打招呼。唯独鲁迅，既没有与她握手，也没有起身，甚至连坐姿都没有改变，只是毫无表情地微微点了一下头，令曾经怀着崇敬之情赠书给鲁迅的苏雪林，顿为尴尬和羞辱。苏雪林在其后的文章《关于我的荣与辱》中回忆道：“有一回上海北新书局老板李小峰先生为联欢起见，宴请曾在他的书店出书的文人，鲁迅与林语堂先生齐出席，我亦敬陪末座。我对鲁迅固极冷淡，他对我也昂头天外，不屑理睬……”

如若真是这样，你苏雪林也太小女人气了。难道就因为一位知名作家的不屑理睬，就要怀恨终生，不惜浪费自己清丽的文字，扯起反鲁大旗，以张牙舞爪的面目出现吗？如果雪林能够按照自己在1937年《奔涛》半月刊第一卷第三期上撰文所说的，勒住内心“那匹失缰的野马”，也许会是另一番天地：“胡先生信里所有我批评鲁迅的话，系由我致蔡孑民先生信稿中引出，批评鲁迅而牵涉鲁迅的私人格，我亦知其不当……我对胡先生表示钦佩，并愿青年以此为范。”

如果雪林能够接受恩师胡适先生的批评，并效仿文学前辈们对鲁迅客观公允的君子风度，不再以其人之道还治其人之身，不必叫这位绍兴师爷吃点苦头，说不定“五四”以来的文化生态和政治语境，会相对好一点。尽管苏雪林也曾这样问过自己：“有人说你在批评鲁迅，何不用正面文字，从大处落墨，将鲁迅的文艺创作，学术著述，及他的思想提出来讨论讨论，像胡适之先生对你所建议者，嬉笑怒骂，只是徒呈论锋，实不足取。”但是，她还是无法做到，似乎她的有生之年就是为“挖鲁迅的祖坟”而准备的。其实,说到底,雪林只是继承了“五四”时期文人的“共同基因”,而缺乏“五四”时期文人的胸怀与风度。她一改文风,变得不纯净,甚至恶毒,也许真是一只魔鬼闯进了她的房门,从此变得阴暗了。

在下本来不想在本文再提及鲁迅的宿敌们,如果抛开那些令人不快的笔墨之战,从单纯的文学意义上讲,那些已故的文学大师的形象早已深入在下的内心了。但是,既然提到了苏雪林,既然苏雪林翻出了旧账,并且反复拿文学前辈们说事,就有必要涉及一下文学大师们的论战,以便和雪林进行对比,也是试图说明,文学非政治与军事,也非竞技场,没有冠军,也没有英雄与斗士,只有大师!

九

如果说苏雪林的“反鲁”序幕是以 1936 年 11 月 12 日发表的那篇文章《与蔡孑民论鲁迅》拉开的,那么,之后所作《与胡适先生论当前文化动态》则是以文学前辈为金字招牌攻击鲁迅的开端。

也许,苏雪林并不知道胡适、鲁迅的关系。尽管二人后来道路异趋,心性各异,甚至笔战不止,但彼此内心始终是惺惺相惜、欣赏尊重的。这个比胡适大十多岁、成名却晚得多的学者型作家鲁迅,是胡适唯一一个亲到大门口迎接的客人。自从在《新青年》时代密切合作起,长达六七年的时间,胡适与鲁迅的来往较多。彼此互访,在一起吃过饭,互赠资料和自己的作品,进行写作和学术上的交流。仅《鲁迅日记》记载,鲁迅寄胡适信十数次,得胡适信十封。

这期间,鲁迅与胡适在反对文言文,提倡白话文;反对旧道德旧礼教,提倡科学与民主等方面,思想观点与主张比较一致,都对文学的改造社会功能笃信不已。还有一个共同点是,两人的背后都有一个为自己守候一生的女人,鲁迅的发妻朱安,胡适的夫人韦司莲。此外,他们在文学、学术实践上几乎步调一致,密切配合,互相呼应,可谓一个帅,一个将。胡适首先发难,鲁迅紧紧跟上,并做进一步的阐发;或是两人同时从不同的角度和侧面,对某一问题做深入的论述。

当胡适孤军奋战、决心以实验主义的方法来尝试白话作诗时,鲁迅给予极大的支持和配合。鲁迅说:“我其实是不喜欢做新诗的——但也不喜欢做古诗——只因为那时诗坛寂寞,所以打打边鼓,凑些热闹;待到称为诗人的一出现,就洗手不作了。”鲁迅作新诗实在是为了给胡适助威,并回击对新诗持怀疑态度的人。

当胡适遭到学衡派与甲寅派的围攻时,鲁迅挺身而出,撰写《估学衡》与《答 KS 君》等文,以回击胡先（马肃）、章士钊等。

在学术研究方面,鲁、胡二人也曾过从甚密,相互切磋。鲁迅写作《中国小说史略》过程中,多次征求胡适的意见;而胡适在写作《中国章回小说考证》时,也多次向鲁迅请教。鲁迅发表了《狂人日记》以后,胡适便给予高度的赞赏与评价,称誉鲁迅是白话文学运动的健将:“这一年多（1921 年以后）的小说月报已成了一个提倡‘创作’的小说的重要机关,内中也曾有几篇很好的创作。但成绩最大的却是托名‘鲁迅’的。他的短篇小说从四年前的《狂人日记》到最近的《阿 Q 正传》,虽然不多,差不多没有不好的。”

胡适在日记中毫不掩饰对周氏兄弟的喜爱:“他们的天才都很高。豫才兼有赏鉴力与创作力,而启明的赏鉴力虽佳,创作较少。”对于鲁迅前期杂文,特别是在《新青年》发表的《随感录》,胡适对其中的一些篇章,表示了极大的赞赏。

然而,从 1925 年以后,二人交往日疏,直至相互批评,其中鲁批胡的文字为多。同时,胡适的名字也在《鲁迅日记》中消失了。他们分道扬镳的原因,现今比较一致的说法是,1925 年之后,鲁迅开始由官场退向民间,而胡适则由书斋走向议政之路。一个充当了社会与政府的批评者,另一位成了现存政权的诤友。过去胡适曾主张“不谈政治”少谈“主义”,后来却公开出来大谈特谈政治,引起了鲁迅的不满和反感。最终直接惹恼鲁迅的是,1926 年发生在北京的女师大的学生风潮。在学生风潮之后,出现了两个截然相反的派别:一种以鲁迅为代表的支持学生反对章（士钊）、杨（荫榆）派,一种以陈源为代表指责学生袒护章、杨派。并由此引发了鲁迅和陈源的长时间论战。尽管胡适没有直接参与鲁迅与陈源的论争,但鲁迅认为,他发表的《爱国运动与求学》无疑是在为章士钊开脱,因此,在与陈源的论战中,鲁迅也曾多次不点名地讥讽胡适。显然,这时候鲁、胡二人还没有撕破脸、公开批评。真正绝交的导火索是 1926 年 5 月 24 日,胡适给鲁迅、周作人和陈源同时写的那封长信。

身在天津的胡适，出于好意给正在北京酣战的陈西滢、鲁迅、周作人写了一封“劝和信”。因“女师大学潮”而起，京华三学者各逞意气，混斗一团，不仅“越到了后来，你们的论战离题越远”，而且，“当日各本良心之主张就渐渐变成了对骂的笔战”。胡适劝告说：“你们三位都是我很敬爱的朋友，所以我感觉你们三位这八九个月的深仇也似的笔战是朋友中最可惋惜的事”，“无论如何，我总觉得骂人是一件不好的事，不管你骂胜了还是骂败了；在个人方面没有得失，在社会上却有极大的恶果。……谁是谁非，我们姑且不论，但是最可惜的，是一般看报纸的青年，在不知不觉间已经染上污泥。如果他们将来变本加厉的骂起来，这个社会还可以居住吗？”

鲁迅接信后，生气了，开始不理他了。1926年注定是曲终人散的年份。随后，胡适出国；而鲁迅也在同年八月离京，开始一年的南北辗转，最终落户上海。但到了1927年，鲁迅在《无声的中国》一文中，仍然对胡适的功绩给予实事求是的历史评价：“要恢复这多年无声的中国，是不容易的……首先来尝试这工作的是‘五四运动’前一年，胡适之先生所提倡的‘文学革命’。‘革命’这两个字，在这里不知道可害怕，有些地方是一听到就害怕的。但这和文学两字连起来的‘革命’，却没有法国革命的‘革命’那么可怕，不过是革新，改换一个字，就很平和了，我们就称为‘文学革新’罢……然而，单是文学革新是不够的，因为腐败思想，能用古文作，也能用白话作。所以后来就有人提倡思想革新……”

胡适则在1928年写的《白话文学史》的自序中说：“在小说的史料方面，我自己也颇有一点点贡献。但最大的成绩自然是鲁迅的《中国小说史略》；这是一部开山的创作，搜集甚勤，取材甚精，断制也甚谨严，可以替我们研究文学史的人节省无数精力。”

但这一切并没有达到胡、鲁重归于好的目的，相反，笔战却越演越烈。从30年代初，鲁迅开始以“正人君子”之名影射、挖苦胡适。1931年，因胡适奉召面见蒋介石，鲁迅立即发表了《知难行难》，点名挖苦在1922年见宣统、今又见蒋介石的胡适：“中国向来的老例，做皇帝做牢靠和做倒霉的时候，总要和文人学士扳一下子相好。做牢靠的时候是‘偃武修文’，粉饰粉饰；做倒霉的时候是又以为他们真有‘治国平天下’的大道……当‘宣统皇帝’逊位逊到坐得无聊的时候，我们的胡适之博士曾经尽过这样的任务。见过以后，也奇怪，人们不知怎的先向；他们怎样的称呼，博士曰：'他叫我先生，我叫他皇上。'"

这篇文章被视为鲁迅严厉批评胡适的典范，但是1933年前，胡、鲁之间还没有发生激烈的正面冲突。鲁迅写文章还是有意无意地尽量避开胡适，或拿捏着分寸旁敲侧击。二人真正的冲突，来自日本侵占了我国东三省之后，在工人学生罢工请愿的声浪中，鲁迅听到了胡适为日本侵略者献计献策的异端邪说：1933年3月22日，《申报·北平通讯》刊登了一则消息，称胡适博士发表谈话说："（日本）只有一个方法可以征服中国，即悬崖勒马，彻底停止侵略中国，反过来征服中国民族的心。"

鲁迅未加核实，不辨真伪，却按捺不住义愤，在四天后的26日，以"何家干"的笔名发表了《出卖灵魂的秘诀》一文："胡适博士不愧为日本帝国主义的军师。但是，从中国小百姓方面说来，这却是出卖灵魂的唯一秘诀。"

此后鲁迅便不再拿捏分寸，不顾胡适颜面，由温和的讥讽、挖苦，转而谩骂其卖国言论。尽管，1933年3月初，日军侵占热河后，胡适立即写了《全国震惊之后》，强烈谴责热河守军的溃退。同时，又写了《日本人应该醒醒了》，宣示"即使日本的暴力进一步发展，即使日本人占领了华北，甚至深入长江流域，中华民族也是不会屈服的"。并在同年受傅作义所托，为长城抗战死难将士公墓作碑文等一系列抗战举动，鲁、胡之间的裂隙却无法愈合了。

面对鲁迅的谩骂和攻击，胡适从来不与他进行笔战，也从未表现出对其人格的不恭。胡适认为，骂人者"反损骂者自己的人格"，所以胡适保持不骂："我受了十余年的骂，从来不怨恨骂我的人。有时他们骂得不中肯，我反替他们着急。有时他们骂的过火了，反损骂者自己的人格，我更替他们不安。如果骂我而使骂者有益，便是我间接于他有恩了，我自然很情愿挨骂。"

胡适这样说，也这样做。直到鲁迅逝世以后，胡适也没有趁火打劫、落井下石、口诛笔伐一位已经不能开口讲话的故人，相反，他完全是以一种友善甚至"故友"的姿态来对待和维护逝去的鲁迅。比如，前面所说的苏雪林等，拉拢他一同反鲁，他却警告人家要冷静，要客观公允地看待鲁迅。之后，当他得知许广平和"鲁迅全集编辑委员会"员工们，为编辑出版《鲁迅全集》遇到资金困难后，胡适痛快地答应帮忙，积极奔走。有当时许寿裳写给许广平的信为证："与商务馆商印全集事，马幼渔兄（马裕藻）已与胡适之面洽，胡适表示愿意帮忙。唯问及其中有无版权曾经售出事，马一时不便作肯定语，裳告马决无此事，想马已转告胡矣。商务回音，俟后再告。”

《鲁迅全集》之所以能够顺利出版，应该说胡适起了很重要的作用。1943年元旦，《鲁迅三十年集》出版后，他当即花20美元买下了厚厚的30大本，而且仔细阅读没有读过的文章。可见，即使他被鲁迅挖苦、攻击，甚至谩骂了十年，还是对鲁迅的作品推崇备至的。难怪，1958年5月，他在台北作《中国文艺复兴运动》的主题演讲时，仍然说，在“新青年”时代，鲁迅“是个健将，是个大将”！

尽管胡适是一个复杂的人物，在政治上，“他有时候想下水，但又怕湿了衣裳”，但仍不失一位文学大师的胸怀与风度。从这个意义上，非但苏雪林不能相比，就是与鲁迅公开论战的梁实秋、顾颉刚们，也无法相较。

十

所以说，鲁迅一生最痛恨的人自然不是胡适。不管怎么说，人家胡适博士的确没有中伤诋毁过鲁迅。

也不大可能是陈源陈西滢教授。尽管1926年，因为女师大学潮二人观点相左，公开论战了一阵子，并在同年，陈源还在报刊上散布说，鲁迅的《中国小说史略》抄袭了日本盐谷温《支那文学概论讲话》。但在鲁迅心中还不是最可恨的人。因为，鲁迅后来知道了说他抄袭的始作俑者，是被他骂作“红鼻”的顾颉刚。陈教授不过公开发表了顾颉刚的看法。

顾颉刚的女儿顾潮也曾在《历劫终教志不灰：我的父亲顾颉刚》中证实：“鲁迅作《中国小说史略》，以日本盐谷温《支那文学概论讲话》为参考书，有的内容是根据此书大意所作，然而并未加以注明。当时有人认为此种做法有抄袭之嫌，父亲亦持此观点，并与陈源谈及，1926年年初陈氏便在报刊上将此事公布出去。”

顾颉刚后来在自传中感慨地说：“我一生中第一次碰到的大钉子是鲁迅与

我过不去。”

那么，这个毕业于北京大学、著作等身的我国现代著名历史学家、民俗学家顾颉刚教授，是如何碰了鲁迅这颗“钉子”的？

1926年，顾颉刚与鲁迅先后成为厦门大学教授，成了同室办公、同桌用餐的同事之后，二人对在北京的不愉快只字未提，相互之间还是很客气，甚至还有些交好的意思。顾颉刚所编《辨伪丛刊》之一的宋濂《诸子辨》出版后，即赠鲁迅一册。之后，胡适来信希望顾颉刚为《封神榜》作序，“只因到厦门后参考书太少，鲁迅先生已为我函日本友人，嘱将内阁书库所藏明本之序文抄出……”

先是顾颉刚赠书给鲁迅，也许有讨好鲁迅或和解的意思，而鲁迅也似乎忘记了他在一年前的恶语中伤，居然为他“函日本友人，嘱将内阁书库所藏明本之序文抄出”。

看起来似乎是二人就此交好了，后面不会发生故事了。但这一切只是维持了表面的平静，书生气浓的顾颉刚，刚刚站稳脚跟，就迫不及待地向时任厦大文科主任的林语堂推荐或朋友或同乡前来任教。自然，这还不是主要的，问题的关键是顾颉刚忽视了此前鲁迅与现代评论派之间的芥蒂。而他所推荐的潘家洵、陈乃乾、容肇祖等人，跟他一样，几乎都是现代派领袖胡适的信徒。这还不惹恼了鲁迅，成为诱发鲁、顾又一次矛盾的导火索？从接连写给许广平的信中，可以看出鲁迅逐步升级的恼怒：“在国学院里的，顾颉刚是胡适之的信徒，另外有两三个，好像都是顾荐的，和他大同小异，而更浅薄……”“看厦大的国学院，越看越不行了。顾颉刚是自称只佩服胡适陈源两个人的，而潘家洵、陈万里、黄坚三人，似皆他所荐引……”

“这人是陈源之流，我是早知道的，现在一调查，则他所安排的羽翼，竟有七人之多，先前所谓不问外事，专一看书的舆论，乃是全都为其所骗。他已在开始排斥我，说我是‘名士派’，可笑。”

“……顾颉刚之流已在国学院大占势力，周览（鲠生）又要到这里来做法律系主任了，从此现代评论色彩，将弥漫厦大。”

“惟顾颉刚是日日夜夜布置安插私人。”

在致许广平的信中，鲁迅至少有六七次提到顾颉刚在厦大“布置安插私人”，可见此事对他的触动之大。在鲁迅看来，顾在北大时曾师从胡适，毕业后一度为胡适的《红楼梦考证》搜集过资料，胡适对顾也很关照，胡顾师生关系密切，同为现代评论派的无疑。他认为这是顾颉刚有意在厦大扩大现代评论派的势力。而这时候，川岛（章廷谦）来到厦大，又增加了鲁迅对顾颉刚的反感。川岛与鲁迅同为语丝派，而且感情甚笃。开始鲁迅并不赞成他来厦大，顾最初也反对，曾劝林语堂不要聘他。但当后来听说林语堂执意要聘他，顾又写信通知了他；在川岛到厦大当天，顾立即派人给他送来一大碗红烧牛肉和一碗炒菜花。如此一来，进一步扩大了他与鲁迅之间的裂痕。鲁迅便认定，顾是一个口是心非的人。

鲁迅决定离开厦大，远避顾颉刚。鲁迅的辞职，在厦大引起了一次不小的地震：学生发起的留鲁运动，差点酿成学潮。为了转嫁矛盾，厦大校长林文庆向媒体故意说成鲁迅离开是因为胡适派的排挤，无疑为他们日后矛盾的升级，起到了推波助澜的作用。《民钟日报》也紧跟着凑热闹："于是校方就宣布说，鲁迅之来厦门，原是来捣乱的，不是为了来教书。"而胡适派的顾颉刚们则认为，鲁迅离开厦大，"是因为'月亮'在广东，厦大的生活太苦，所以要去的"。"月亮"即当年高长虹所指的许广平。

鲁迅感到，校方与现代评论派的人（主要指顾颉刚）已经站在同一条战线上了，他在致许广平的信中说："'现代评论'派势力，在这里我看要膨胀起来，当局者的性质，也与此辈结合。"因此更不值得留恋，1927 年 1 月 16 日，鲁迅带领厦大几个追随自己的学生，离开厦门前往广州。

本以为离开厦大事情就结束了，谁知，时隔不久顾颉刚也应聘来到广州中山大学任教，二人又成了同事。

1927 年 4 月 18 日，时任中山大学文科学长（后改文学院长）兼国文史学两系主任的傅斯年告诉鲁迅说，顾颉刚已经到达中大。鲁迅听了立刻勃然大怒道：他来，我就走。态度异常坚决。随后，鲁迅便躲在屋里写辞职报告，不再为学生上课，为此学生罢课三天，以支持鲁迅。不久在孙伏园编的武汉《中央日报副刊》上登出一封鲁迅致孙的信，信中说："我万想不到那个攻击民党使兼士愤愤的顾颉刚竟到中大来了！中山大学是国民党的大学，会得延请了顾颉刚，真是'天下老鸦一般黑'，所以我只得退了出来。"

1927 年 5 月 12 日，《中央日报》副刊第 49 号刊登了孙伏园《鲁迅先生脱离广东中大》的文章，上面有鲁迅学生谢玉生给孙伏园的信，其中说："迅师此次辞职的原因，就是因顾颉刚忽然本月十八日由厦来中大担任教授的缘故。原来迅师所以要去职者，即是表示与顾不合作的意思。原顾去岁在厦大造作谣言，诬蔑迅师……"

为了缓解矛盾，中大校方决定派顾到外地给学校购书，暂避一时，但还是没能留住鲁迅。1927 年 5 月 15 日，鲁迅致章廷谦（川岛）信中说："傅斯年我初见，先前竟想不到是这样人。当红鼻到此时，我便走了；而傅大写其信给我，说他已有补救法，即使鼻赴京买书，不在校；且宣传于别人。我仍不理，即出校。"

由此可见，鲁迅对顾的反感和嫌恶，已经很深，到了难以容忍的地步。此后，鲁迅写给友人的信中几乎不再使用顾颉刚的名字，而是轻蔑地称他为"鼻"或"红鼻"："现已知买书是他们的预定计划，实是鼻们的一批大生意，因为数至五万元。"

甚至，在 1927 年 5 月 30 日致章廷谦的信中，开始带有明显的人身攻击之嫌："中大又聘容肇祖之兄容庚为教授，也是口吃的。广东中大，似乎专爱用口吃的人。"

俗话说，打人别打脸，揭人别揭短。顾颉刚口吃，看到报纸刊出的这封信自然大怒，于是立即致信鲁迅，表示"要在法庭上辩一个黑白"，通过法律解决彼此争端："鲁迅先生：颉刚不知以何事开罪于先生，使先生对于颉刚竟作如此强烈之攻击……诚恐此中是非，非笔墨口舌所可明了，拟于九月中回粤后提起诉讼，听候法律解决……务请先生及谢先生暂勿离粤，以俟开审，不胜感盼。"

鲁迅回信说："来函谨悉，甚至于吓得绝倒矣。先生在杭盖已闻仆于信八月须离广州之讯，于是顿生妙计，命以难题。如命，则仆尚须提空囊赁屋买米，作穷打算，恭候偏何来迟，提起诉讼。不如命，则先生可指我为畏罪而逃也……《中央日报副刊》未见；谢君处恕不代达，此种小傀儡，可不做则不做而已，无他秘计也。"

事实上，随着鲁迅离开广州，官司也就不了了之，但两人的恩怨并没有至此结束。在 1934 年 7 月 6 日致郑振铎的信中，鲁迅对顾颉刚仍然耿耿于怀："此公遍身谋略，凡与接触者，定必麻烦……""嘴亦本来不吃，其呐呐者，即因虽谈话时，亦在运用阴谋之故。在厦大时，即逢迎校长以驱除异己，异己既尽，而此公亦为校长所鄙,遂至广州……”

1935年11月鲁迅创作小说《理水》时,仍不忘对顾颉刚进行暗讽。小说中的鸟头先生、口吃、红鼻等,显然是影射顾颉刚。后来鲁迅觉得这样做有些过分,承认自己《故事新编》中的一些小说不免失之油滑。顾颉刚也不甘示弱,随后买来鲁迅所有著作一一读罢,在日记中写道:鲁迅“乃活现一尖酸刻薄、说冷话而不负责之人”。“鲁迅有三个主义:(1)架子,(2)金钱,(3)党派。”顾颉刚甚至借用鲁迅当初骂杨荫榆的“准寡妇”一词,称鲁迅早年有“准鳏夫”心理,并对二人之间的矛盾进行了总结:“鲁迅对于我排挤如此,推其原因,约有数端……总之,他不许别人好,要他之间在各方面都是第一人,永远享有自己的骄傲与他人的崇拜。……我性长于研究,他性长于创作,各适其适,不相遇问而已,何必妒我忌我……”

胡适也认为鲁、顾二人的矛盾纠纷源于“抄袭之说”。鲁迅去世后,他在写给苏雪林的信中说:“通伯先生当日误信一个小人张凤举之言,说鲁迅之小说史是抄袭盐谷温的,就使鲁迅终身不忘此仇恨!”

事实真的如此简单吗?要知道,鲁迅一生论敌可谓多矣,宿怨可谓多矣,真如当事人一家之言所说的那样简单吗?在下以为,至少是不够全面的。鲁迅素来不认同那种“勿念旧恶”的主张:“损着别人的牙眼,却反对报复,主张宽容的人,万勿和他接近。”而更喜欢“拳来拳对,刀来刀挡”——人被压迫,且退让到无可退避之地的时候,反抗和斗争就成为唯一的选择。

从那篇针对梁实秋的《“硬译”与“文学的阶级性”》文章,可以更明确地看出,鲁迅也不仅是在个人恩怨里骂来骂去,争来斗去,至少不完全是不宽容、气量小所致,还有革命与阶级的呐喊:“无产者文学是为了以自己们之力,来解放本阶级并及一切阶级而斗争的一翼,所要的是全般,不是一角的地位。”

鲁迅加入“左联”之后的第一仗——用阶级的话说,此文是鲁迅加入“左联”后向反动营垒发出的一篇战斗檄文。论战的焦点是:文学是否有阶级性;对黑暗现状采取憎恶嘲骂态度是否不符合“批评的态度”。

这场由梁实秋率先挑起、从1927年一直延续到1936年鲁迅去世、长达八年的论战,产生了四十多万言一百多篇文字,内容涉及教育、文学、翻译、批评、政论等诸多方面,包含人性、阶级性、普罗文学、翻译理念、文艺政策等诸多论题。虽然鲁迅一以贯之地保持了“拳来拳对，刀来刀挡”的“骂”的风格，但我们也看到了他的另一副面孔。

十一

这场高潮迭起的梁、鲁论争，开始的基调是严肃的，无论是在论述方式还是论述姿态上，都留有余地和商榷空间。但梁实秋与鲁迅的出身和所受的教育均不同。梁实秋的祖父曾官居四品，父亲在首都警界任职，用现在的话说，算是“官二代”。这个“官二代”可谓少年得志，一路顺畅，21岁留美进入哈佛读研，师从美国著名人文学者白璧德，并获得哈佛英文系哲学博士学位。梁实秋是白璧德新人文主义的忠实信徒，受其影响较深，文风明显带有精英主义的贵族气息。比如，那篇号称拉开梁、鲁论战序幕的《卢梭论女子教育》，鲁迅针对梁实秋攻击斥责卢梭的言论，写下了《卢梭与胃口》进行反驳：“做过《民约论》的卢梭，自从他还未死掉的时候起，便受人们的责备和迫害，直到现在，责备终于没有完。”之后，他又写了《文学和出汗》《拟豫言》等文章，以杂文笔法嘲弄梁实秋的人性论。但在梁实秋发表《文学是有阶级性的吗？》这篇文章之前，彼此双方还能克制在学术探讨的范围内：“普罗列塔利亚（无产阶级）是国家里只会生孩子的阶级！”“好的作品永远是少数人的专利品，大多数永远是蠢的永远是与文学无缘的。”

梁实秋认为，资产是文明的基础，那么反对资产阶级便是反对文明。一个无产者假如他是有出息的，只消辛辛苦苦、诚诚实实地工作一生，多少必定可以得到相当的资产，这才是正当的生活手段。总之，无产者只能当奴才，慢慢地爬，绝不应当革命。他认为，无产者本来也没有阶级观念的，只是几个过于富有同情心而又“态度偏激的领袖”，把阶级观念传授给他们，他们才不安于低劣的地位。文学艺术也不应表现这种阶级的观念，而应当表现最基本的人性。他说：“无产阶级的生活的苦痛固然值得描写，但是这苦痛如其真是深刻的必定不是属于一阶级的。”“人生现象有许多方面都是超阶级的。例如，恋爱(我说是恋爱的本身，不是恋爱的方式）的表现，可有阶级的分别吗？例如，歌咏山水花草的美丽，可有阶级的分别吗？没有。”“人们的人性并没有两样，他们都感到生老病死的无常，他们都有爱的要求，他们都有怜悯与恐怖的情绪，他们都有伦常的观念，他们都企求身心的愉快。文学就是表现这最基本的人性的艺术。”

1929年9月，同时发表在《新月》上的《文学是有阶级性的吗？》和《论鲁迅先生的“硬译”》这两篇文章中，明显流露出的傲慢、不屑与强烈的阶级偏见，使他在论战姿态上失去了分寸。对此，鲁迅在《语丝》上刊发《“硬译”与“文学的阶级性”》一文，予以还击。到此为止，鲁迅虽然保持了一贯的犀利、尖刻与反讽，但还是控制在文人间的争论上。

而此时一个叫冯乃超的左翼作家半路杀出，成为鲁梁二人从“论战”急转直下成为“论骂”的转折点。冯乃超是左翼文学理论家，1930年参加筹建中国左翼作家联盟，被推举为《理论纲领》的起草人。在此之前，也曾激烈地反对过鲁迅，后成为左翼的革命同盟。冯乃超对梁实秋的“贵族阶级”气息十分愤慨，当即在《拓荒者》上发表一篇火药味十足的文章《阶级社会的艺术》，对梁实秋的观点进行针锋相对的批驳。冯把梁实秋称为资本家的走狗：“无产阶级既然从其斗争经验中已经意识到自己阶级的存在，更进一步意识其历史的使命。然而，梁实秋却来说教……对于这样的说教人，我们要送‘资本家的走狗’这样的称号。”

看到这篇文章后，梁实秋写了《“资本家的走狗”》一文进行辩解和反驳：“《拓荒者》说我是资本家的走狗，是哪一个资本家，还是所有的资本家？我还不知道我的主子是谁，我若知道，我一定要带着几份杂志去到主子面前表功，或者还许得到几个金镑或卢布的赏赉呢……”话说得虽俏皮，但绵里藏针，而且深含余意：“至于如何可以做走狗，如何可以到资本家的账房去领金镑，如何可以到××党去领卢布，这一套本领，我可怎么能知道呢？”

老梁有点离题了，把握不住自己了，大大超出了文艺论争的范畴。特别是之后，如《答鲁迅先生》的文章中，不仅开始了“论骂”，而到了人身攻击的地步：“革命我是不敢乱来的，在电灯杆子上写‘武装保护苏联’我是不干的，到报馆门前敲碎一两块值五六百元的大块玻璃我也是不干的，现时我只能看看书写写文章。”

梁实秋影射左翼作家“领卢布”，在电灯杆子上写“武装保护苏联”，比人身攻击走得还远，由文艺论争上升到了政治斗争，性质变了，无异于宣布了自己的政治立场和政治属性。

按照鲁迅的性格，很快会勃然大怒，立即还击。但这一次，他却不慌不忙。他读到梁实秋的《"资本家的走狗"》这篇回击文章时，恰巧冯雪峰来他家商量《萌芽月刊》的有关编务事宜，他就打趣说："有趣！还没有怎样打中他的命脉就这么叫了起来，可见是一只没有什么用的走狗！……乃超还是嫩了一些。……我来写它一点。"

于是，鲁迅写了《"丧家的""资本家的乏走狗"》一文在《萌芽月刊》发表："凡走狗，虽或为一个资本家所豢养，其实是属于所有的资本家的，所以它遇见所有的阔人都驯良，遇见所有的穷人都狂吠。不知道谁是它的主子，正是它遇见所有阔人都驯良的原因，也就是属于所有的资本家的证据。即使无人豢养，饿得精瘦，变成野狗了，但还是遇见所有的阔人都驯良，遇见所有的穷人都狂吠的，不过这时它就愈不明白谁是主子了。

"……那么，为将自己的论敌指为'拥护苏联'或'××党'，自然也就髦得合时，或者还许会得到主子的'一点恩惠'了……所以从'文艺批评'方面看来，就还得在'走狗'之上，加上一个形容字：'乏'。"

这篇文章使梁、鲁论战迅速达到高潮。从此，梁实秋就与"丧家的""资本家的乏走狗"紧密联系在一起了。

其实鲁迅清楚，这种互相扣帽子、打棍子的做法，不是良性的论争方式，对彼此都没有好处。文艺批评不能政治化，更不能把国民党政府也牵涉进来。因此他在用词上还是给梁实秋留有余地："但倘说梁先生意在要得'恩惠'或'金镑'，是冤枉的，绝没有这回事，不过想借此助一臂之力，以济其'文艺批评'之穷罢了。"

恐怕，梁、鲁谁也不会想到，这种不同文艺思想的争论的最终结果，随着论争的深入，不仅范围在逐步扩大，而且性质也在悄然发生演变，最后被赋予了强烈的政治色彩，从而变得愈加复杂难辨。同时，鲁、梁二人的个人感情也都受到了难以愈合的创伤。

1949年，梁实秋离开大陆之前，对原暨南大学副校长王越说："当年鲁迅要打的'丧家狗'、'资本家的走狗'指的就是我，新中国成立了，怎么样对待我，实在心中无底。我还是先到香港看看再说。”

有高潮，也定会有落幕。梁实秋晚年终于回归了一位学者的本来面目，极力反对台湾当局把鲁迅作品列为禁书。他认为鲁迅的弱点是偏激，但他的《中国小说史略》是有价值的：“他的文字，简练而刻毒，作为零星的讽刺来看，是有其价值的。但是你……不能单是谩骂，谩骂腐败的对象，谩骂别人的改良的主张，谩骂一切，而自己不提出正面的主张。

“……随后他声明，有一种主义他并没有骂过。我再追问他，那一种主义是什么主义？是不是共产主义？他不回答了。……他从不批评共产主义，这也是不假的，他敞开着这样一个后门。所以后来共产党要利用他来领导左翼作家同盟时，一拍即合。事实上，鲁迅对于‘左倾’分子的批评是很严厉的，等到后来得到共产党的青睐而成为左翼领导人的时候，才停止对他们的攻击……”

梁实秋在台湾题为《关于鲁迅》的演讲中提到，鲁迅“从不批评共产主义，而对‘左倾’分子的批评是很严厉的”，尽管有一些复杂的感情在里面，但还是说出了实情，点中了要害。与创造社的论争，应该说是鲁迅思想走向成熟的开端！

十二

最早向鲁迅发难的是创造社的主将郭沫若、成仿吾和冯乃超等人。他们在受到苏联及日本革命理论的影响以后，便以文坛新潮自居，觉得只有他们这些具有了先进观点的青年，才能担负起历史的使命，而旧的文化人士已经落伍了，有必要对他们进行一次彻底的清算。清算对象的首选自然是鲁迅。1928 年 1 月，冯乃超率先向鲁迅发难，在《文化批判》上发表《艺术与社会生活》一文，打响了创造社“讨伐”鲁迅的第一枪：

“鲁迅这位老先生……常从幽暗的酒家的楼头，醉眼陶然的眺望窗外的人生，世人称许他的好处，只是圆熟的手法一点，然而，他不常追怀过去的昔日，追悼没落的封建情绪，结局他反映的只是社会变革期中的落伍者的悲哀，无聊的跟他弟弟说几句人道主义的美丽的说话。”

1928年3月1日，钱杏邨也在《太阳月刊》发表了《死去了的阿Q时代》遥相呼应："鲁迅的创作，我们老实地说，没有时代的意味，不是能代表现代的，他的大部分创作的时代是早已过去了的，而且遥远了。""鲁迅所看到的人生只是如此，所以展开《野草》一书便觉得冷气逼人，阴森森如入古道，不是苦闷的人生，就是灰暗的命运；不是残忍的杀戮，就是社会的敌意；不是希望的死亡，就是人生的毁灭；不是精神的杀戮，就是梦的崇拜；不是诅咒人类应该同归于尽，就是说明人类的恶鬼与野兽化……一切一切，都是引着青年走向死灭的道路……"

成仿吾紧随其后，不甘示弱。1928年5月1日，他在《创造月刊》上化名石厚生发表了《毕竟是"醉眼陶然"罢了》一文讥讽鲁迅是中国的堂吉诃德："我们中国的堂吉诃德，不仅害了神经错乱与夸大妄想诸症，而且同时还在'醉眼陶然'；不仅见了风车要疑为神鬼，而且同时自己跌坐在虚构的神殿之上，在装作鬼神而沉入了恍惚的境地。"

冯乃超率先打响"讨伐"鲁迅的第一枪还嫌不过瘾，又《"朦胧"以后——三论鲁迅》："鲁迅以革命自负，而竟仇视革命作家，纯用冷讥热嘲的口语来逞着豪兴，没有理论的根据，我们真不知道他所走的那一条路。鲁迅的这种思想不但错误，而且非常的模糊，常常令人难以猜测。""鲁迅……一种含血喷人的精神，也真令人有'行之百事而不悖'的感想。"之后，又写下了《死去了的鲁迅》："我们真不知道被读者称为大作家的鲁迅的政治思想是这样的骇人！他完全变成个落伍者，没有阶级的认识，也没有革命的情绪。"

别有意味的是，一位署名"黑木"的人，竟以漫画、素描式的笔法，勾画出《鲁迅骂人的策略》："鲁迅之笔，以尖酸刻薄而出名，其骂人也，亦有其一定之'孙子兵法'，兹为介绍如下：

"骂西滢时代：做随感录骂，在小说里面骂，在给旁人写的序文里面骂，回答旁人的信内骂。化名做文章来骂。

"骂高长虹时代：做随感录骂，拼凑别人写好的文章来骂，在给旁人的信上骂，做考证介绍文时骂，写小说骂，引用古人的典故来骂，在自己作品的序文里面也骂。

"今也，骂革命文学家时代：写随感录骂，用假名字写随感录骂，集对方的人的文句来骂，在旁人作品的按语上骂，给旁人的回信上骂，借旁人的来函骂，叫弟弟们化名来帮着骂，在启事里面骂。

“黔驴技，止于此，新的出，再介绍。”

叶灵凤则在杂志上画了一幅讽刺鲁迅的漫画，标题是《鲁迅先生》，文字说明是：“阴阳脸的老人，挂着他已往的战迹，躲在酒缸的后面，挥着他‘艺术的武器’，在抵御着纷然而来的外侮。”

1928年最初的几个月里，这帮革命热情高涨、精神亢奋的知识青年，真可谓集中发排，连环出击，枪枪命中。但他们谁也没有一个化名叫杜荃的人，更具锋芒，字字见血。他在《创造月刊》发表的《文艺战线上的封建余孽》一文，几乎宣判了鲁迅在中国文坛上的“死刑”。他把鲁迅看成是连资产阶级意识形态也不曾把握的封建遗老，把鲁迅定性为文艺战线上的封建余孽：“他是资本主义以前的一个封建余孽。”“鲁迅是二重的反革命的人物。”“他是一位不得志的法西斯蒂。”

这个化名叫杜荃的人，后来文献证实，他即是郭沫若。鲁迅早在1921年就说过，他“很瞧不起沫若这些人”。但郭沫若尚未跳出来攻击他之前，鲁迅没打算与创造社成员们论战。尽管这种“左倾”、幼稚的主观臆断，让鲁迅心里不舒服，而且创造社本来与他谈好要吸收他为社员，在事先不与他通气的情况下，突然改变计划，转而攻击他，令他十分不满，但也只是偶尔骂创造社一伙是“才子+流氓”，但在更多的情况下，还是坚持了理性批判的精神的：“前年创造社和太阳社向我进攻的时候，那力量实在单薄，到后来连我都觉得有点无聊，没有意思反攻了，因为我后来看出了敌军在演‘空城计’。那时候我的敌军是专事于吹擂，不务于招兵练将的；攻击我的文章当然很多，然而一看就知道都是化名，骂来骂去都是同样的几句话。我那时就等待有一个能操马克思主义批评的枪法的人来狙击我的，然而他终于没有出现。”

郭沫若的出现，特别是对鲁迅“封建余孽、二重反革命、法西斯蒂”的定性，最终惹怒了老夫子。单枪匹马，一路冲杀下来的鲁迅，披挂上阵，四面迎敌：奚落与反奚落，攻击与反攻击，骂与反骂，谁人能与之匹敌。他骂郭沫若有“一副‘创造’脸”；他骂成仿吾“摆着一种极‘左倾’的凶恶的面孔，好似革命一到，一切非革命者就都得死，令人对革命只抱着恐怖”；他骂创造社：“倘若不和实际的社会斗争接触，单关在玻璃窗内做文章，研究问题，那是无论怎样的激烈，‘左’，都是容易办到的；然而一碰到实际，便即刻要撞碎了。”

但此时，鲁迅毕竟对马克思主义的革命理论还是完全陌生的，只能凭借直觉来理解和判断创造社的“革命”挑战。当然，论战中也不全是攻击与谩骂，有时也俏皮一下。比如，一位化名“弱水”的年轻人（后来证实，是潘汉年的哥哥潘梓年），对鲁迅出口不恭：“‘老头子’的确不行了吧”，鲁迅便在《我的态度气量和年纪》回应道：“弱水这一位‘小头子’。”“小头子”应对“老头子”，看似俏皮，实则寸锋不让，这是鲁迅一贯的风格。尽管鲁迅自己说，青年给他十枪，他也只还他一箭，但他一箭封喉。郭沫若后来慨叹道，与鲁迅的一场论战，创造社“几乎弄得不可收拾”。

但事物的发展也总有好的一面，这场革命阵营中的论争，逼着论争双方深入学习马克思主义理论，武装头脑，以便更有力地反击对手。事实上，这场论争已拉开中国革命文学阵营更成熟地掌握马克思主义的序幕，掀起了马克思主义艺术理论在中国传播的第一个高潮。

在此期间，鲁迅不仅大量购置和阅读了有关马克思主义和无产阶级革命、无产阶级文化的书籍，而且还翻译了苏联的《文艺政策》、卢那察尔斯基的《艺术论》、《文艺与批评》，普列汉诺夫的《艺术论》、普列汉诺夫的《车尔尼雪夫斯基的文艺观》等。

鲁迅后来在《三闲集·序言》中说：“我有一件事要感谢创造社的，是他们‘挤’我看了几种科学底文艺论，明白了先前的文学史家们说了一大堆，还是纠缠不清的疑问。”

成仿吾也在攻击鲁迅的文章《毕竟是“醉眼陶然”罢了》中，证实了鲁迅当时正在购读马列书籍：“传闻他近来颇购读社会科学书籍，但即刻又有一点不小的问题：他是真要做一个社会科学的忠实的学徒么？还是只涂彩色，粉饰自己的没落呢？”

这场新文学者与旧文学者、现实主义作家与幼稚的马列主义理论派的论争，随着一个人的出现戛然而止。此人叫潘汉年，时任支委书记的潘汉年根据中共江苏省委宣传部长李富春和中共中央宣传部长李立三的指示，召集两社（创造社与太阳社）开会，检讨了原先的小集团主义、没有掌握科学的批评方法、放松了对真正敌人的注意等缺点。并决定立即停止围攻，并向鲁迅赔礼道歉。

潘汉年率先发文，表示要“普罗文学运动”，并做自我批评。之后，潘汉年、冯乃超等两次到鲁迅家里探望并道歉，同时，还与鲁迅商量成立“左联”有关事宜。

毕竟是同一阵营的革命战友，鲁迅对待攻击过他的创造社成员，与以往的论敌不一样，非但没有“睚眦必报”、穷追不舍、不断清算，而是平和平易、毫无芥蒂，愉快地接受了“左联”盟主的委任状，并与冯乃超、成仿吾等一道并肩作战，投身于左翼斗争的洪流中，才有了以上我们所说的，无产阶级文学与资产阶级文学的激烈交锋，才有了最终以“梁实秋之流”溃不成军、惨败而归而落幕。

谁说鲁迅心中只有恨，没有爱——套用曾经被鲁迅骂过的傅东华的话说：“谁要说鲁迅先生的精神成分里只有‘恨’而没有爱，我就和他拼命！谁要把鲁迅先生的哲学解释成唯恨哲学，我就永远痛恨那个人！”

十三

的确，鲁迅一生挖苦、讽刺，甚至骂过的人很多。我可以开列一长串名单：胡适、周作人、林语堂、林纾、钱玄同、废名、杨荫榆、陈西滢、章士钊、徐志摩、林文庆、高长虹、顾颉刚 、成仿吾 、郭沫若、叶灵凤、潘汉年、张资平 、梁实秋、傅东华、沈从文、施蛰存、朱光潜、蔡元培、戴季陶、傅斯年、梁漱溟、潘梓年、冯乃超、钱杏邨、蒋光慈、胡汉民、刘半农、戴望舒、林徽因、章太炎、叶圣陶、茅盾等，甚至军阀吴佩孚、段祺瑞、张学良、吴稚晖等。

但鲁迅对挖苦、讽刺或骂过的人是有分类、区别对待的。一个都不宽恕，表明的是“憎”。憎恨血腥、镇压、侮辱、出卖、谄媚、言而无信、笑里藏刀、狡诈阴险，甚至卖国求荣等，但对争论范围以外争论对象的是非功过，很少提及。正所谓肝病医肝，胃病医胃，就事论事，不及其余。鲁迅仅仅是作家，是战士，而不是盖棺定论的“刀笔吏”。因此，他几乎没有一棍子打死、不留余地的。“憎”的反义词是“爱”。

曾经攻击过鲁迅，后与之成为最好的朋友之一的冯雪峰，在接触鲁迅之前说他：“非常热忱，但又冷得可怕，既愿为青年斩除荆棘，但对一切人好像都怀有疑虑和敌意，是个矛盾的人，很难接近。”

但冯雪峰通过柔石“很容易接近”了鲁迅之后，才发现自己只说对了一半：鲁迅外冷内热，愿为青年斩除荆棘，是毫无疑问的，但说鲁迅对一切人好像都怀有疑虑和敌意，却是不确切的。比如说，与鲁迅同为文学社成员的傅东华，1933年，因在《文学》月刊上撰文攻击鲁迅，遭到反驳，以至于鲁迅愤而离开文学社，并从此拒绝向《文学》投稿。然而两年后，傅东华的儿子患重病，生命垂危。当他硬着头皮向与日本医院院长熟悉的鲁迅求助时，鲁迅不但爽快地答应帮忙，而且“在烈日灼晒之下亲自步行到医院接洽一切，并且亲自陪同院中医生远道到我家来先行诊视。进院之后，他老先生又亲自到院中去探问过数次，并且时时给以医药上和看护上必要的指导”。此时，已经55岁的鲁迅，不计前嫌、不顾病魔缠身的身体，在烈日灼晒下，往返于医院和病人家里数次，从而使冯雪峰很快否定了自己曾说过的，鲁迅“对一切人好像都怀有疑虑和敌意”的论断。但事后，鲁迅拒绝傅东华的感谢和宴请，也表明他一贯的个性原则：对人可以宽容，思想上的分歧绝不让步。难怪傅东华后来说，谁说鲁迅心中没有爱，他就跟谁拼命！

这是因为，鲁迅一生经历了太多无法忘却的死亡，才使他的爱与悲悯埋藏得很深很深；一生目睹了许许多多鲜活生命的逝去，才使他的爱总以“憎”的方式表达出来，无怪乎有时令人感觉冷得可怕！

先说他至亲至近的人。7岁时，鲁迅目睹了不满周岁的妹妹因天花而夭折；13岁时，看到了小姑产后发热去世；16岁时，父亲病故，从此家道中落；17岁时，6岁的弟弟因肺炎而亡；家族中还有许多的人或因病早逝，或受虐早亡，或抽大烟、赌博败家而毙命，或精神失常而自杀……也许鲁迅从逝去的亲人身上看到了现实的可憎，感到了生命的脆弱与可怜。但从徐锡麟、秋瑾、王金发等众多反清志士的被杀，到刘和珍、毕磊等青年学子的被害，再到柔石等五位左翼文学青年壮烈牺牲，最后到视为知己的共产党领袖瞿秋白的遇害，使鲁迅感到了生命的悲壮与瑰丽。

鲁迅直面的是一次又一次的悲痛，经历的是现实人生淋漓的鲜血。

“令人心悲之事自然也不少，但也悲不了许多。”这是瞿秋白牺牲后，他在给许多朋友的信中常说的一句话。这句看似无可奈何、平静淡然的话语，实则是浸入骨髓的悲痛与忍受长久的精神折磨之后的一种平静。他怎能忘那个视如家人、当自己孩子看待的文学青年柔石,怎能忘那个视为知己、当作战友和同志的革命领袖瞿秋白。与他们交往的日日夜夜、点点滴滴,如同影像一般不断闪回在一位即将不久于人世的作家脑海里。他似乎看到了他们微笑着走来,他似乎听到了他们亲切的问候:鲁迅先生……

柔石最初是北京大学的旁听生,由于经济困难,于1926年春离京返浙,在杭州当代课老师。1927年4月,国民党实行“清党”后,被迫返回故乡宁海。1928年年初,在宁海中共党组织和进步教师的支持下,出任宁海县教育局局长。同年5月,宁海暴动失败后,被迫出走上海。不文一名的柔石,经朋友介绍,结识了心仪已久的鲁迅。鲁迅与柔石一见如故,他很喜欢这个率真淳朴的小伙子,柔石对这位文学前辈和导师更是信赖有加。初次相见,就向鲁迅倾诉了自己在北大进修聆听先生授课时的敬仰之情和对文学的热爱之情。并当即拿出自己创作的小说《旧时代之死》请鲁迅指教。鲁迅看到柔石等文学青年居无定所,就把自己的同弄空房租下来,让他们居住,并叫他们一同搭伙用膳。同时,鲁迅还支持他们,共同创立了“朝花社”,出版《朝花周刊》《朝花旬刊》及《艺苑朝花》等进步刊物。

冯雪峰说:“我那时感觉到,鲁迅把柔石简直当作家人似的,就是偶尔看电影、游公园,或参观画展、出席会议,也总是邀柔石一同参加。”的确如此,随着交往的深入,鲁迅与柔石已超出了师生之情、同事之情、战友之情,俨然成了一家人。柔石也常到鲁迅房中,征询有些什么要代办的事,或帮助处理一些诸如寄信、寄书、汇款、取款,以及给青年作者退稿或赠书等杂务。有关二人间的交往,在《鲁迅日记》里提及近百次。以致后来鲁迅深情地说,柔石是他在上海“一个唯一的不但敢于随便谈笑,而且还敢于托办点私事的人”。“他和我一同走路的时候……简直是扶住我,因为怕我被汽车或电车撞死;我这面也为他近视而又要照顾别人担心。”

这简直是儿子与父亲的感情。鲁迅深知柔石这孩子太纯真,如清澈的泉水,一眼就能看到池底。在如此黑暗的社会里,作为父亲有责任有义务告诉他社会的另一面——残酷的现实。鲁迅告诉他,在这个社会里,人会怎样地骗人,怎样地卖友,怎样地吮血,柔石听了竟惊疑地望着鲁迅,难以置信地说:“会这样吗？——不至于此吧！”

鲁迅说：“人应该学一只象。第一，皮要厚，流点血，刺激一下子，也不要紧。第二，我们坚韧地慢慢地走去。”

是的，柔石正坚韧地慢慢地走去，走向成熟、走向坚定。

1931 年 1 月 17 日，柔石、冯铿、殷夫等一同被捕后，受尽折磨，宁死不说出鲁迅的住址。同时，还拖着重达 18 斤的“半步镣”，设法通过送饭的狱卒，带出一封信，要鲁迅注意安全。鲁迅听闻柔石牺牲，彻夜不寐，悲愤地写下了《为了忘却的纪念》，文中那首诗也成为绝唱：“惯于长夜过春时，挈妇将雏鬓有丝。梦里依稀慈母泪，城头变幻大王旗。忍看朋辈成新鬼，怒向刀丛觅小诗。吟罢低眉无写处，月光如水照缁衣。”

创造社许多攻击过鲁迅的人，都是通过柔石的引见和斡旋才得以见到鲁迅，并消除隔阂、取得谅解，为筹备“左联”铺平道路的。比如，冯乃超、矛盾、冯雪峰等。特别是冯雪峰，在结识鲁迅之后，他成了沟通共产党与鲁迅之间的桥梁。经他的介绍和联系，鲁迅会见了不少著名的共产党人。使鲁迅进一步了解了共产党，也使共产党进一步了解了鲁迅。

鲁迅会见、接待过的人有红军将领陈赓、为瞿秋白转移住处的陈云、从根据地来上海试图与党中央联系的成仿吾等，还有一些普通党员一时失去组织联系，写信向鲁迅求助接通关系。鲁迅没有加入共产党，却成了党的秘密联络员，鲁迅的住所也成了共产党人为躲避国民党特务追踪的“避难所”，他非但没有领取“××党的卢布”，反而资助这些落难的共产党人，瞿秋白就是其中之一。

如果说鲁迅与柔石的相知相交情同父子，那么与瞿秋白则是风雨同舟、生死相托的战友。

瞿秋白在上海养病期间，也正是国民党对中央苏区实行军事“围剿”，国统区内也弥漫着腥风血雨的时期。共产党人随时都有被抓捕，甚至被杀害的危险。在这种险恶环境中，鲁迅却置身家性命于不顾，将自己的家作为瞿秋白夫妇的庇护所。本身实践了鲁迅所主张的“真的知识阶级是不顾利害的，如想到种种利害，就是假的，冒充的知识阶级”。

在上海养病期间，以瞿秋白的政治身份，无法谋得固定的职业，他和杨之华的生活，全凭中央每月发给的十六七元钱来维持。这点钱，在当时的上海属于最低工资收入，勉强能糊口而已，实难调养虚弱的病体。

但鲁迅知道瞿秋白不愿意接受馈赠，便有意帮助他。瞿秋白精通俄文，于是让他翻译俄国文学作品，赚点稿酬来补贴拮据的生活。

时在书局工作的阿英后来回忆了当时的情景："那时的秋白生活很苦，他赶忙译了高尔基的四个短篇：《坟场》《莫尔多姑娘》《笑话》《不平常的故事》，想印一本书，换一点稿费。时值合众书局初创，需要买稿，便由我把他的原稿和鲁迅《二心集》的原稿拿去。书店只认得盈利的，不几天，先把《二心集》的稿费付了，秋白的稿子却拖着不解决。"

鲁迅知道后很生气，他告诉阿英，秋白的稿子必须买下，"否则他的《二心集》要拿走"。后来，几经交涉，总算抽买了其中一篇《不平常的故事》，稿酬千字三元。

瞿秋白是国民党通缉的共产党要犯，他的名字是不能见诸书报刊的，只得借助鲁迅的影响，以笔名发表文章。瞿秋白写的《王道诗话》《苦闷的答复》《曲的解放》等多篇杂文，都是由鲁迅请人抄过，用鲁迅的笔名，投寄给《申报·自由谈》等处发表。

结交了鲁迅这样值得信赖的挚友，瞿秋白不仅一次次安然脱险，而且也渡过了经济上的难关。他们在短暂的交往中，坦诚相待、彼此欣赏，相互擎携，并肩作战，建立了深厚的战斗友谊，留下了"人生得一知己足矣"的佳话。

鲁迅在与"新月派""民族主义文学""第三种人"的论战中，瞿秋白和鲁迅互相呼应、步调一致。如鲁迅写了《"民族主义文学"的任务和运命》，瞿秋白便写了《狗样的英雄》；鲁迅写了《论"第三种人"》和《又论"第三种人"》等文章，紧接着瞿秋白写下了《文艺的自由和文学家的不自由》。

为全面、准确地介绍、评价鲁迅这位文化巨匠的精神魅力，瞿秋白白天阅读鲁迅的作品，晚上编辑和写作。终于完成了《鲁迅杂感选集》的编辑和这篇长达 1.7 万字的《〈鲁迅杂感选集〉序言》："鲁迅在最近 15 年来，断断续续地写过许多论文和杂感，尤其是杂感来得多。于是有人给他起了一个绰号，叫作'杂感专家'。'专'在'杂'里者，显然含有鄙视的意思。可是，正因为一些蚊子苍蝇讨厌他的杂感，这种文体就证明了自己的战斗意义。……我们不过为着文艺战线的新的任务，特别指出杂感的价值和鲁迅在思想斗争史上的重要地位，我们应当向他学习，我们应当同着他前进。”

时隔不久，瞿秋白又因为安全问题搬到鲁迅家避难。看到瞿秋白清癯苍白的脸，鲁迅心中不是滋味。不用问，肯定是又遇到了经济困难，缺乏调养所致。于是，他便把刚刚拿到的《鲁迅杂感选集》版税240元，付给瞿秋白200元编辑费。后来，鲁迅在致曹靖华信中说：“我的选集，实系出于它兄之手，序也是他作，因为那时他寓沪缺钱用，弄出来卖几个钱的。”

“它兄”是瞿秋白的笔名。为了躲避敌人的围剿，瞿秋白在上海使用过许多笔名，甚至还使用过女性化的笔名。有一次，他使用笔名“犬耕”发表文章，鲁迅不解其意，便问他：“此寓意为何？”面对肝胆相照的朋友，瞿秋白毫不隐瞒，实话实说：“我不是政治动物，搞政治，无力量可济。耕田本是用牛的，狗耕田当然就耕不好了。我就是那权当充数的耕田的‘犬’。”鲁迅听后沉思了一下叮嘱道：“你对我说可以，不要再对别人说了，可能影响不好。”

随即，鲁迅又向瞿秋白请教：“共产党将来坐了天下，像我这样的，会如何对待？”

鲁迅的言外之意是，你瞿秋白都当了共产党的总书记了，非但把你赶下台，还三番五次地批判你，何况我这个爱挑毛病的文人鲁迅！我还反击甚至骂过你们不少的共产党人呢！郭沫若、茅盾、成仿吾、冯乃超等，你们一旦成功，会放过我吗？

瞿秋白知道鲁迅忧虑所在，便斩钉截铁地告诉他：“先生对革命的贡献，共产党人永远会铭记！事实上，我们早把先生引以为同志了！”

后来鲁迅在致托洛茨基的信中，正式表明了自己的革命立场：“那切切实实，足踏在地上，为着现在中国人的生存而流血奋斗者，我得引为同志，是自以为光荣的。”

1934年新年伊始，瞿秋白奉命赴江西瑞金。临行前，他向鲁迅辞行。这天晚上，他们彻夜长谈，一直到第二天晚上，瞿秋白才回家。瞿秋白满面笑容地告诉杨之华：“要见的都见到了，要说的话也说了。大先生和许广平身体都好，小海婴也很可爱。”

鲁迅却深为瞿秋白的安全和健康担忧。他对留在上海的杨之华说：“像秋白那样的身体，怎么可久居在那里呢？如果他留在上海，对于全国文化上的贡献一定不少。像他那样的人不可多得，他是一个少说话多做事的青年。”

鲁迅从报上读到红军长征的消息后，对瞿秋白的健康状况，更为牵挂，他写信向曹靖华询问：“它嫂平安，维它兄仆仆道途，不知身体如何耳。”“它”“维它”均为瞿秋白的常用笔名。

其实，瞿秋白并没有获准参加长征，而被留在江西。1935 年 2 月 24 日，红军长征后，瞿秋白在向香港转移途中的福建长汀县被捕。1935 年 6 月 18 日，壮烈牺牲，年仅 36 岁。鲁迅听到消息后，悲愤交加：“中国人先在自己把好人杀完，秋即其一。”

瞿秋白牺牲后，鲁迅花钱把秋白的书稿从书局赎出，便与茅盾、郑振铎等相商，筹划为瞿秋白出本书。此时，鲁迅也已是体弱多病、形销骨立。但他硬是抱病忍痛，殚精竭虑，编、校瞿秋白的译文总集《海上述林》（上、下二册）。鲁迅对瞿秋白的爱惜，倾注在这本集子里，甚至不惜工本，拿到国外印刷，出皮脊麻布面金顶的纪念本。《海上述林》以“诸夏怀霜社”名义出版。“诸夏”即是中国，“霜”为秋白的原名，“诸夏怀霜”寓意为中国人民永远怀念瞿秋白。他认为这是对挚友最好的纪念：“倘其生存，见之当亦高兴，而今竟已归土，哀哉。”

一年后，鲁迅病逝。一代文豪永远离开了自己战斗过的舞台。

冯雪峰和宋庆龄、蔡元培等商议，立即组织治丧委员会。人们看到治丧委员会名单里多了一个熟悉又陌生的名字：毛泽东。这是在冯雪峰提议下，经宋庆龄等同意加进去的。但冯雪峰忽略了一个人：朱安。

鲁迅病逝的消息传到北京，朱安很想南下参加鲁迅的葬礼，终因鲁迅的母亲周老太太年已八旬，身体不好，无人照顾而未成行。于是，便把鲁迅离京前的书房辟为灵堂，朱安为鲁迅守灵。

鲁迅逝世后，这个顽强的女人朱安又坚守了将近 11 年。1947 年 6 月 29 日，朱安终因熬不过病魔，孤独地离开了这个爱恨交加的世界。去世前一天，鲁迅的学生宋琳（紫佩）去看望朱安。她泪流满面地对宋琳说，请转告许广平，希望死后葬在大先生旁边；另外，再给她供一点水饭，念一点经。她想念大先生，也想念许广平和海婴。

朱安是个明白人，也是有些骨气的女人。鲁迅去世后，她和周老太太的生活，尽管许广平负担，周作人接济，终因社会动荡，物价飞涨，朱安的生活还是十分清苦，每天的食物主要是小米面窝头、菜汤和几样自制的腌菜。很多时候，就连这样的生活也不能保障，在万般无奈的情况下，她只好“卖书还债，维持生命”。朱安生活困难的消息传到社会上后，各界人士纷纷捐资，但朱安始终一分钱也没有拿。

1944 年，唐弢等人为保存鲁迅遗物，劝阻朱安出售鲁迅藏书时，白发苍苍、敝衣霜容、生活困苦的朱安情自难抑，禁不住声泪俱下：“你们总是说鲁迅遗物，要保存，要保存！我也是鲁迅遗物，你们也得保存保存我呀！”

这也许是她一生中，唯一也是最后的一声呐喊：我也是鲁迅遗物，你们也得保存保存我呀！

鲁迅身处半是清代，半是民国风云激荡的时代，以深邃的洞察力昭示了以儒道释为主体构建起来的中国传统文化的本质，以犀利的文字雕砌了一座现代文学史上的喜马拉雅。他固执、偏激，甚至一个都不宽恕。但他又热忱、体恤，甚至把心掏出来给人看；他的骨头是最硬的，在敌人面前没有丝毫奴颜和媚骨，是文化战线上的民族魂。但他的心又是最软的，在朋友面前没有半点傲气和轻蔑，是最可信赖的良师益友；他总是身处两极，爱憎分明；他一以贯之的精神是“横眉冷对千夫指，俯首甘为孺子牛”。

寒鸦为谁鸣唱

——与卡夫卡一起拥抱孤独

弗兰兹·卡夫卡（1883~1924），奥地利小说家。出身于犹太商人家庭，18岁入布拉格大学学习文学和法律，1904年开始写作。主要作品有长篇小说《美国》《审判》《城堡》，短篇小说《变形记》《地洞》《饥饿艺术家》等。卡夫卡是欧洲著名的现代主义、表现主义作家。他生活在奥匈帝国行将崩溃的时代，又深受尼采、柏格森哲学影响，对政治事件也一直抱旁观态度，故其作品大都用变形荒诞的形象和象征直觉的手法，表现被充满敌意的社会环境所包围的孤立、绝望的个人，在当代西方文学中占有重要的地位。

一起拥抱孤独

1924 年 6 月 3 日，我的生命极限到了，也就是说在这个世界上虚度 41 年光阴，我所希望而又恐惧的结局行将实现。我很坦然。因为，我终于可以告别疾病和失眠的折磨，好好睡一觉了。

这些年来，因肺病导致不停地咳嗽，因忧郁导致不断地失眠，因咳嗽和失眠使我变得愈加忧郁。难怪我死后，人们在记录我的文字里总忘不了说，卡夫卡是一个落落寡合的人。甚至与我从未谋面的传记家还猜测：弗兰兹·卡夫卡身材瘦小、面容憔悴，整日郁郁寡欢。

事实上，我虽算不上魁梧彪悍，身高也可达一米八二。我的所有遗照都可以清晰地看出我的容貌，也算相貌英俊，仪表堂堂，一双灰色的大眼睛深邃而有魅力，颇能虏获女性芳心。在我短暂一生堪称频繁的艳遇中可说明这一点。特别是在我患病期间，几乎每次去疗养院病休，都会同一位红颜知己发生始而急促热烈、终又不了了之的恋情。在下面的行文中我会一一袒露心扉。现在，在我弥留之际，我请求好朋友马克斯·布罗德为我朗读一直没有完成的小说《城堡》第十一章。因为早在两年前，即 1922 年春天，我曾经为布罗德朗诵过这个章节。然后，这年春天余下的日子和整个夏天，我都在继续写作这部小说，到 1922 年秋天又把它搁置一旁，直到现在，我行将离世之际，我也没有完成这部作品，更谈不上润色修改了。马克斯·布罗德是个感情脆弱的人，还没有朗读完就已经泣不成声了。我安慰他：马克斯·布罗德，我亲爱的朋友，不要难过！一部未竟之作，不值得流泪。只请求你按照我的遗嘱办妥，这对我是最大的纪念和安慰！

早在一年前我就立好了遗嘱，委托马克斯·布罗德为遗嘱执行人，并请求他在我离开这个世界之后，看也不用看就将我的全部手稿包括书信、日记统统付之一炬。因为，这些手稿在我生前只是作为陪伴我寂寞旅程的伙伴，并没有给我带来半点声誉。现在我的写作生命结束了，理当继续陪伴我走进天堂。

然而，布罗德没有按照我的遗嘱去做。在我死后的许多日子里，布罗德疯了似的搜集和整理我的书稿，然后四处奔波寻找出版社。很沮丧，布罗德一定很沮丧，奔波多日却没有一家出版社愿意出版我的作品。布罗德还是不死心，继续四处游说出版界名人，试图引起他们的兴趣。一位出版家（请允许我不提他的名字）写信告诉马克斯·布罗德：很可惜，我还从来没有听到过卡夫卡这个名字。建议你找一家小出版社，也许能如愿！

时隔几年之后，打开每一期德国的、法国的、英国的、美国的、意大利的，甚至中国的报纸杂志，差不多都会碰到卡夫卡这个名字。卡夫卡突然被聚焦在了新闻出版图书界耀眼的聚光灯下，迅速走红了。

这时候，这位出版家主动找上门来，恳求布罗德把卡夫卡所有遗作出版权卖给他们出版社。布罗德说：亲爱的先生，您的请求使我很难办到，我不可能把弗兰兹·卡夫卡先生的遗作版权全部交给一家出版社！出版家拿出当年布罗德游说他时的招数，再三恳求，并保证一流的装帧设计，最快的速度，最高的版税，最有力的广告宣传。或许是考虑到这家出版社在出版界的权威，或许是出版家的许诺产生了效应。布罗德答应把《审判》出版权交给他，而不是令他唏嘘慨叹的《城堡》。

那么，接下来的叙述就从《审判》开始吧。

菲莉斯与《审判》

以前，我曾把婚姻看得至高无上。我在给父亲的信中曾表达了如下观点：结婚、建立家庭、接受所有降生的孩子，在这不安全的世界上保护他们，甚至给予些许引导，这些我确信是一个人所能达到的极致。

然而，我一生——对有些人来讲实际是半生却三次订婚，三次解除婚约，一见钟情无数，即使在我弥留之际，还准备给一位姑娘写求爱信。但我清楚，姑娘也许还收不到信，甚至等不到信发出，我的生命就结束了。幸好只向布罗德说了想法，而没有动笔，否则，又要伤害一位单纯善良的姑娘。两天之后，大家为我准备了葬礼。

我与生俱来就是一个在细雨中呼喊的人，但我也不知道自己的呼喊到底是不是发出了声音，是不是呼喊出了实质性内容，包括爱情、家庭和写作。我一路上努力叫喊，支离破碎，杂乱无章，但我分明听到了自己叫喊的声音，可别人没有听到，也没有注意我的叫喊。

唉！我对自己说，弗兰兹·卡夫卡！你与人群无关。人群将你抛弃，你也抛弃了人群。你与他们，包括父亲、朋友和女友都无法沟通。你们在一起，就像是在潮水的冲击下发生接触、摩擦、挤压与碰撞的两块石头。在人群与自己之间，始终有一道屏障，可你不是穿越屏障，而是带着屏障行走，你始终生活在别处，就像《变形记》里那个变成甲虫的格里高尔，更像《审判》里那个无缘无故遭受审判的约瑟夫·K。

约瑟夫·K！

约瑟夫·K！

我就是约瑟夫·K！

约瑟夫·K频繁出现在我的生活中，我的作品里。《城堡》《审判》等都是约瑟夫·K。现实与非现实的梦境融为一体：1922年1月27日，我去斯平德尔莫法尔之前，曾用自己的名字在当地一家旅馆预订了房间，但到达旅馆后却发现登记簿上留的名字竟是“约瑟夫·K”。

约瑟夫·K。我喜欢这个名字，就像我喜欢恋人，却不能恋爱一样。这样说，菲莉斯能够理解我吗？能够原谅我吗？如果我过一段时间死了，或者丧失了生活能力，那我会说，是我自己撕碎了自己，这个世界——菲莉斯无疑是这个世界的代表——跟我在不停地冲突，撕碎我的身躯。然而，现在我真的死了，我才真正意识到，菲莉斯身上所拥有的，正是我所缺少而渴望的东西。这让我不得不时常怀念起1912年8月13日那个见证爱情的历史性时刻。

也许是巧合。正是1912年8月13日这天，我去看望我的朋友布罗德。当时在邮政部人事部门谋职的布罗德，与我谋职的公司是同一方向。两人经常碰面并开始相互来往。其时布罗德在文学上已小有成就，我经常找他探讨文学问题，每年都相约外出度假旅游，最终成了好朋友。

在布罗德家中，一位年轻姑娘坐在桌子旁边正漫不经心地翻阅杂志。姑娘脸颊骨骼宽大，神态毫无表情。光着脖子。披一件外衣。几乎令人失望的鼻子。棕色的头发多少有些直有些硬，没有魅力。脸颊和下颌结实。我欠身坐下时仔细看了她最初的一眼，坐定后我已有了一个不可动摇的判断：菲莉斯将会走进我的生活。

事实确实如此，我们很快就互相通信了。后来随着互通信件的频繁，感情的堤坝也随之决口了：我最初称菲莉斯"仁慈的小姐"，很快被"亲爱的菲莉斯小姐""最亲爱的菲莉斯小姐"取而代之，随后又被简化为"最亲爱的"。我自己的署名也越来越简单，到最后完全消失了。我们的通信频繁程度，几乎可以创天下之最了。一天两封，有时甚至一天三封，外加电报、加急信。到1914年我们订婚时，我写给菲莉斯的情书数量已近400封。我疯了。肯定是疯了！我就像一个饥饿的孩子扑向一种生命般痛苦而美好的渴望："……最亲爱的，最亲爱的！世界是如此美好，人不必害怕，不必焦虑。你的信到达了……""最亲爱的，最亲爱的！我要把这个词重复一遍又一遍……""……我不需要说什么……允许我这一次，而且只在想象中，吻你可爱的嘴唇。""最亲爱的，请别折磨我！别！到今天还没有信……""最亲爱的，最亲爱的，现在是夜里一点三十分。但愿这封凌晨之信不会冒犯你……"

菲莉斯·鲍尔，一半犹太血统的德国人，柏林一家保险公司代理人的女儿。务实、平易、干练，为帮助母亲支撑家庭，她中学毕业后便弃学谋职。她属于那种积极而单纯的性格类型：快乐、健康、自信。喜欢漂亮衣服，喜欢旅行，但为了家庭又乐于奉献。她对文学具有一般中产阶级的品位。后来，我专程赴柏林首次见到菲莉斯的家人，突然被一种莫名的、惶恐的压抑感所笼罩：菲莉斯家族在体质上和心理上都禀有坚强的素质，豁达、豪放、强壮有力、有优越感。在他们面前，身高一米八二的我觉得自己矮小卑微、脆弱无力。我猜想，初次拜访一定给他们留下了十分丑陋的印象。

在与菲莉斯此后的交往中，乃至订婚之后，我强烈地感觉到，菲莉斯是不可摧毁的。她是普鲁士—犹太人的混合种，这是一种强大的、必胜的混合。尽管她比我小四岁，菲莉斯却显得像母亲般独立而沉稳，而偎依在她身边的我就像一个孩子。这一切，都将会导致我精神上的落差，甚至变异。冥冥之中预示着我跟菲莉斯的关系将面临一个凶多吉少的结局。

"最亲爱的，我的生活在根本上无论现在或过去，历来都是由写作的尝试所构成，而多半是失败的尝试。我的力量小得可怜，所以我在各方面萎缩，到处都得有所舍弃，旨在保持勉强够用的力量来服务于看来是我主要目标的事业。……有一次我给自己具体地开列了一份清单，列出我为写作牺牲了些什么，和为写作我被夺走了什么。

"像我这么瘦，而我是我认识的人中最瘦的（这是能表明一些问题的，因为我已经常出入疗养院），同样，我身上的一切都是用于写作的，丝毫没有多余的东西。如果存在一种更高的力量，它想要利用我，或正在利用着我，那么我将作为一种至少明显地被加工过的工具捏在它的手中；如果没有这么一种力量，那么我就什么都不是，会突然间被抛弃在一片可怕的空旷之中。

"……尽管我以前一直以为，正是在写作的时候，我根本不会想到您；但最近我却惊讶地发现，您同我的写作竟然有着亲如手足的关系。在我写下的一小段文章中，除了别的内容以外，显示出与您和您的来信有如下关系：……这些段落是我特别喜爱的，我把您放在里边，而您却没有感觉到，您也不必反抗……我的生活方式仅仅是为写作设置的，如果它发生变化，无非是为了尽可能更适合于写作而已。因为时间是短暂的，力量是弱小的，办公室是灾祸，住处是那么喧闹……

"你那封信吓坏了我，你在那封信中谈到我的一封信，你说它让你感到陌生和疏远……"

如果说，当初火辣的信件使我们的感情迅速升温，那么现在，这些信件，确实让菲莉斯感到了陌生和疏远。她开始冷落我、疏远我、不给我任何音信。我每日都在痛苦和渴望中度过，我每日都在被双重感情折磨着：懊悔、埋怨，甚至恼怒。也许时间会忘记一切，后来我逐渐平静了，平静之后我决定放弃，决定全身心地投入写作，把在那段时间耽误的统统弥补过来。然而，另一位女子出现了。

她叫格莱特,菲莉斯的好朋友。她最初是帮助调解我与菲莉斯的紧张关系,可后来我们却发生了超乎友情的关系——我不想过多叙述格莱特以及我们这一切是如何发生的,我更不愿认为格莱特弥补了我的一段感情空白。

格莱特是个好人,温柔体贴、细心贤良,我不忍心伤害她。可我伤害了菲莉斯和她的家族。她的家庭震怒程度是可想而知的。菲莉斯、菲莉斯的妹妹,还有格莱特等人专门组成了一个特别“法庭”,对我——弗兰兹·卡夫卡先生进行审判。格莱特还出示了强有力的证据:我写给她的情书。这次审判的结果是,我与未婚妻菲莉斯解除婚约。这是我们第一次解除了婚约,接下来我们还会再次订婚,再次解除婚约。

那是后话了,此时深深的自责,沉重的罪孽感、恐怖感和无力感,加重了我的失眠和咳嗽。咳、咳、咳,咳到我的肺、我的身心,咳出了我殷红的鲜血。我望着雪白手帕上鲜红的血,却灵感如江河般奔腾。我要写作!我要写一部不朽名作,书名就叫《审判》!然而,最终我也没有完成《审判》。于是,在临终之前,我特意嘱我的好朋友布罗德,烧掉它——《审判》,让它伴随我升入天堂吧!

写作是祈祷的一种形式

如果非要我为自己总结,那么,我的创作成绩其实都是孤独的成果。我的一生都是不断地在孤独中孕育、孵化着我的饥饿的艺术。写作是只为自己而为,是随着自身生命的结束而可以同时放弃的全部。写作过程是与生命的过程中同样原本孤独的存在。我恨一切与文学无关的东西,写作就是我的生活,文字是我存在的方式,就像我总是试图通过结婚来拓展和提高自己的存在一样。这些年来,陆续创作出来的深深浅浅的文字,已经刻下了我真实、稚嫩、敏感的心灵甚或歇斯底里的苦痛。在我短暂的写作生命中,大致经历三次创作高潮,而两次都是菲莉斯带给我的。菲莉斯是我写作生命的神、现实生活的魔,她摧毁了我,塑造了我,是我的两极。

我们第一次在布罗德家里相识之后,就在我经过充分的考虑写下和发出第一封致菲莉斯情书后的第二天,即 1912 年 9 月 22 日深夜,我在父母家中那间屋子从晚上10点到次日凌晨6点，一直埋首在写字台前，创作一部名字叫《判决》的小说。我完全沉浸于极度的紧张和欢乐中，故事在眼前展开，就像我在水中缓慢前行。一夜间，我几次躺倒，苦苦思索着我要表达的一切……这才叫写作——全然开启整个身心。当窗前黑暗的夜空渐渐变蓝，家中早起的侍女走过前厅时，我正在一阵强烈的射精的快感中写下最后一个句子。

《判决》应该是我第一篇比较成功的短篇小说，我在遗嘱中还把它列为自己认可的极少几篇作品的首篇。1913年，《判决》首先发表在布罗德主持的年刊《阿卡迪亚》上，并带着这样一句献词："献给菲莉斯·B小姐 。"

这部小说从我身上诞生出来，就像一次真正的分娩，覆盖着污秽和黏液，只有我拥有能触及那躯体的手，以及实现这欲望的力量。这篇小说的主题是父子冲突。而冲突得以展开的基础，却正好是父子之间最强大的共同联系。最终结果是儿子失去了一切，只有徒然面对父亲，而这位父亲却在盛怒之下判决儿子投河自尽。这之后，我又写出了《变形记》等短篇小说。而在我的日记里则充满了小说开头、片段和轮廓。一切似乎都处于发酵状态，等待进入小说、虚构文学领域。由于格莱特的出现，健康强壮的菲莉斯和她的家庭迅速宣布了对我的"审判"，推动了我第二次创作高潮提前来临。

第二次创作高潮自然是以《审判》为代表的小说创作。这是一次祈祷式的写作旅程。我对菲莉斯家庭所造成的伤害——那是一种无限的内疚，它强化着我内心深处的罪感。也许我想在《审判》中表明，无论小说中那位神父所说的是否正确，无论法是否约定俗成，在它之外还存在着某种本质的东西，那就是与生俱来、不由分说的原罪。《审判》不仅以伤筋动骨的审判、判决和罪感让我深受触动，而且也以较大的工作量以及突击性的工作进度耗尽了我的精力，它同时也宣告了我的第二次创作高潮的结束。

在此后的日子里，除了在日记中写了小说《村子里的诱惑》片段外，我沉默了一年半之久，几乎没有写出任何作品。

我与菲莉斯是在解除婚约半年后，即1915年1月才再次会面的。这次会面我们都发现对方没有什么改变，我们都暗中认定对方不可动摇、无法改变，也毫无怜悯之心。我要过一种理想的生活，它专为写作而设计，对此我不会让步。可她对我这一无声的要求不予理睬，她想要的是一般的东西。她想要舒适的住房；

她感兴趣的是工厂的经营，丰盛的饭菜；她想要一间有暖气的房间，晚上11点就上床睡觉……这次重逢，我内心深处完全被失望和失落笼罩了。我对曾经所爱的女人的感觉，除了初恋时那些炙热信件之外，现在有的只是无限的钦佩、恭顺、同情、绝望。而菲莉斯却感慨万千，她的双眼盈满天真而激动的泪水，她喃喃呼唤着我的名字："弗兰兹·卡夫卡，我们待在一起多棒啊！"

从这次会面开始，我看菲莉斯的眼光表现出一种本质的改变。我不再仰视或者在自卑和恐惧中走向反叛，而是理性地重新审视一切。虽然后来我们恢复了通信。但是，通信的频率大大降低了。当初热恋时可以达到一天三封四封，现在好几天、两三个星期，甚至逾月才有一封。那段日子，我的情绪常常很低落，一直以来折磨着我的噪声似乎也格外不堪忍受，令我完全打消了继续写作的念头。我只有通过阅读斯特林堡来解脱自己。在沮丧、病痛和神经衰弱中，32岁生日匆匆而逝。10月，我的短篇小说《司炉》（长篇小说《美国》的第一章）得到一笔很有声誉的德国文学奖金。但是，那在很大程度上是一项以"奖掖文学新秀"为手段的商业宣传活动，这使我的自尊心又受到一些损伤。倒是在11月间，《变形记》的正式出版，给了我些许安慰。下一个创作高潮估计要等到下一年、在我的33岁生日来临之际。这期间我与菲莉斯的关系将会发生重大转折。主要是摆在我面前的是单调乏味的办公室和每况愈下的工作，使我总是六神无主，不知所措。我最坚强的支柱，是以奇特的方式思念菲莉斯。

1916年7月3日，我与菲莉斯又一次在马林巴特小城会面了。我们在那里度了十个昼夜。虽然，在旅馆里的第三天我就开始叹息共同生活的艰难，忍受不了与菲莉斯，甚至任何一个人一起生活。但是，再之后的日夜里，经过灵与肉的剧烈冲撞之后，我突然发现，过去我只是通过信件了解菲莉斯，真正了解她本人，就是这两天。菲莉斯那充满了柔情蜜意的目光，她那女性深层自然开启的时候，是多么美妙。我不禁为自己的这一发现，感到惊讶和兴奋：短短的十昼夜的相聚，改变了一切。一周之后，我们共同致信菲莉斯的母亲，告之我们已经重新订婚。与菲莉斯分别后，我立即写信告诉好朋友布罗德：我与菲莉斯有了一些转机，我们准备在战争（第一次世界大战）结束后就结婚。十天的同居生活，我的自信心和创作能力似乎也在逐渐恢复。

到这年9月，《判决》也公开出版了。11月我又应邀赴慕尼黑高尔兹书店朗读作品。我朗读了短篇小说《在流放地》。菲莉斯也从柏林赶来，到场听我朗读。尽管在慕尼黑，我们两人又发生了一次小小的冲突，互相指责对方自私。还是于1917年7月10日第二次正式订婚。

在1917年燥热的夏天，在世界大战的背景下，我在为自己可笑的婚事而忙碌的时候，医院却诊断出我患了肺结核，而此时我正被一种强烈的创作欲望驱使着，寝食难安。我分明预感到自己又一次创作高潮就要来临了。此时，我要做的是，必须为自己准备一间独立安静的写作住所。

自从与菲莉斯在马林巴特同居十日以后，我一直在为寻找较为理想的结婚住所而努力。不过，到这时还没有结果。在我33岁生日来临之际——也就是我的第三次创作高潮来临之际，只好借住在我最小的妹妹奥特拉家潜心写作。奥特拉最近交上一位非犹太人的男朋友，为避免家庭的反对和干扰偷偷租下一间小屋。奥特拉得知我又有了创作的打算后，立即无私地向我提供了这间屋子。我独自一人在这里静静地读书写作。

这期间，我写出了《桥》《猎人格拉胡斯》《骑桶者》《豺狗和阿拉伯人》《新律师》《乡村医生》《在胡同里》《在马戏团顶层楼座》《视察矿区》《邻村》《弑亲者》《邻人》《中国长城建造时》《往事一页》《敲了庄园的大门》《十一个儿子》《杂种》《致科学院的报告》《有家眷人的心事》以及剧本《守墓人》的片段等大量短篇作品。而且，还重读了歌德的许多著作。早在1912年第一次创作高潮，并写出第一篇满意的作品《判决》之前，我就开始醉心于歌德持久性的艺术，甚至整个一个星期都沉浸在歌德的氛围里。歌德对人性和命运的洞察使我受到更为持续而深沉的冲击。在那些日子里，我还对中国文学艺术产生了浓厚的兴趣，尤其是中国诗歌。我阅读了德国作家汉斯·海尔曼编译的《中国的抒情诗选——从公元前十二世纪至今》，其中李白、杜甫、苏东坡、杨万里等人的诗歌给我留下了深刻印象。中国清代诗人袁枚是我最喜爱的诗人之一，而孔子的《论语》和《中庸》、老子的《道德经》、庄子的《南华经》以及《列子》等都列入了我最钟爱的书籍目录。中国文学艺术对我巨大的吸引力和深远的影响，完全从我新近创作的如《中国长城》《皇帝的圣旨》等作品中看出端倪。

后来，我在日记中曾写过这样一句话：写作是祈祷的形式。

而在寻找挣钱的职业时，我却要求这个职位不得与文学有任何联系。以文学作为挣钱的职业在我心目中是剥夺文学创作的尊严。我视文学为生命，不容玷污。而我却因为身体的原因，即将走近文学写作的尾声。

这年8月10日凌晨5点左右，在为婚事刚刚租下的房间内，我开始咯血了。当时，我似乎还在睡梦之中，被一阵剧烈的咳嗽咳醒了。我站了起来——就像一切使人们激动的新鲜事那样……当然有些惊恐，我走到窗前，探出身去，然后走向盥洗台，在房间里来回走动，坐在床上——不停地咯血。但我没有伤心，因为我慢慢悟出一个道理来：在长达三四年几乎连续失眠之后，我将第一次可以好好睡一觉了，当然前提是不再吐血。早晨侍女来了。那是位好心的、几乎具有献身精神又特别实在的姑娘，看到血之后说道：博士先生，您的日子不会长了。

我的日子不会太长了。但我不知道究竟还有多长！

我在信中告诉布罗德：最亲爱的马克斯，我现在在这儿，除此之外（写作）一无所知，一无所能。我的小船没有舵，只能随着吹向死亡最底层的风行驶。

疾病是世界的隐喻

我不得不中断写作，由妹妹奥特拉陪同前往波希米亚北部小村庄楚劳养病。奥特拉在楚劳经营着姐夫的一个小庄园，环境气候比较适宜我修养。奥特拉是我这个世界上唯一有着真正感情的亲人，也是我在反对父亲的问题上的同盟者。在妹妹的精心护理下，我在楚劳度过了一生最幸福的8个月。

后来菲莉斯来看望我，我已无更多的话可说。现在这个样子，我还能说些什么呢！我曾是个冷血动物，毫无感情。冤枉了她，让她受了酷刑，而且，我还亲自使用刑具。菲莉斯走后，我以巨大的勇气和冷峻、尖利、决断甚至深深潜藏的悲哀心情，致信菲莉斯。应该说，这是为期五年的恋爱中倒数第二封信：

"如你所知，在我内部有两个彼此斗争的对手。好的那个属于你，对于这一点，过去几天我比任何时候都更为确信。五年来，不管是通过话语还是沉默，或者通过两者的结合，你始终得以了解这场斗争的历程，大多数时候，这让你遭受痛苦……

"……两个对手在我的内部斗争，或者说，他们之间的斗争构成了我（除一点小小的、苦恼不堪的残余外)。他们一个好,一个坏。他们不时调换角色,使本已混乱的斗争更加混乱。然而,尽管受到一些挫折,直到最近仍然存在着可能,使我想象会发生最不可能的事情:……在这些年间变得可怜和倒霉的我,会最终获得拥有你的权利。现在事情突然显示出:失血太多了。想要赢得你的好的一方(现在看来对我们是好的一方),失血过多,反过来帮助了他的敌人。……在内心深处,我并不相信这病是肺结核,至少,在基本上说来它不是肺结核,而宁可说是我崩溃的迹象。我原以为斗争会持续得长一些,可它不能了。血并非咯自我的肺,而是咯自斗争的一方所导致的一道致命暗伤。……请别问我为何要筑起一道防线。别这样让我出丑。哪怕问一个字,我就会重新拜倒在你脚下。……我的所谓肺结核……是一件武器,与早先使用过的无数其他武器(从生理上的无能到我的工作到我的吝啬)相比,它似乎更方便、更根本。

"现在,我要告诉你一个秘密,这秘密此刻连我自己也不相信(虽然那远方的黑暗可能会让我相信,那黑暗正降落在我身上,伴随着我想要工作和思想的每一个愿望降落在我身上),但它会变成现实:我好不了啦。原因很简单,那不是肺结核……而是一种武器,只要我还活着,它就会继续表现为一种压倒一切的必然性。但它和我都将死去。"

我在楚劳,最初除了阅读大量自传和书信集外,完全放弃了写作。但是,我开始较为深入地研究克尔恺郭尔。我在给朋友奥斯卡·鲍姆的信中写道:克尔恺郭尔是一颗明星,但是,他所在的那个地方,我是够不着的。

这年圣诞节,我又回到了布拉格。菲莉斯从柏林特意赶来明确表示要与我永远在一起。我同样明确表示不接受这一牺牲,不想再增加对她的罪责,更不会考虑结婚的问题。

维系不到半年的第二次婚约,在这年的圣诞节又流产了。也就是说,我与菲莉斯一场为期五年的爱情关系到此彻底了结。从车站送走菲莉斯后,我忍不住失声痛哭。第二天,我写信告诉给妹妹奥特拉:"昨天下午我哭了,把我成年以后所有的哭泣加在一起,也没有昨天下午这么多。"

此时,我正握着生命的痛处,伤口已成为我人生和艺术的一个寓言。在我的文字中不断出现伤口的意象和隐喻:这是一条地地道道的创伤渠道。在渠道内,每一阵疼痛都在来回游动……我像一个遍体鳞伤的人,只要不磕不碰,我就能在百般痛苦中苟延残喘下去。这场风波似乎对我说:你的头像正在溃烂的伤口。我蒙受着如此巨大的疼痛,这是因为伤口已经有好久了,积重难返啊!当然这里还存在着创伤,其象征只是肺部创伤。肺部的伤口——肺结核只是一个象征,菲莉斯却是它的炎症,辩护是它的深处,那么医生的建议(光线、空气、太阳、安静)也就是象征了。我反复对自己说:正视这个象征吧。血并非咯自我的肺,而是咯自一道致命暗伤。

通向爱的道路总是要穿过污秽,舍此不能到达目的地。

随着菲莉斯的离去,1918 年 1 月 6 日,我又返回楚劳。在那里,我继续阅读不同的作家作品,包括圣奥古斯丁、托尔斯泰、赫尔岑等,并进一步深入研究克尔恺郭尔。随着与菲莉斯关系的彻底结束,我似乎更懂了克尔恺郭尔。我在日记里写道:我大概是在克尔恺郭尔那里迷了路……婚姻是他的主要问题……这是我在《非此即彼》《恐惧和战栗》中读到的。……在性情上,我同他有些相似……克尔恺郭尔是和我同住一屋的邻居,他变成了一颗闪亮的明星。对此,我不仅有赞叹之意,而且也有一丝淡淡的同情……他不算一个消极悲观的人,在《恐惧和战栗》那本书里,不知有多少积极的东西……克尔恺郭尔是难于理解的,与我联系起来看就容易理解了:结婚将后悔,不结婚也将后悔。

这一时期,我开始在"八开本笔记"上写系列箴言。后来被布罗德冠以《对罪愆、苦难、希望和真正的道路的观察》加以发表。这些箴言产生于我对自身处境及其背景的沉思,也是我首次以超越性而非文学性的术语探讨人生问题。同时,《城堡》的雏形也渐渐在我腹中形成了。

15 个月后,菲莉斯与柏林一位富裕的商人结婚。这一切都是布罗德告诉我的。我为菲莉斯祝福的同时,也暗暗松了一口气。菲莉斯婚后生了一子一女。

后来我与布罗德交谈中谈到,我基本上对女性没有过深厚的感情,只有两次例外。一次——也是最深的一次是菲莉斯,接下来的一次大概应该谈到密伦娜了。

当然,在谈论密伦娜之前,我不可能省略另一个角色,否则我与密伦娜的悲剧性爱情要逊色得多。

在楚劳八个月的全新生活,表面上看起来我已经恢复了元气,一切似乎都好了起来。随着夏天走向尾声,世界大战的噩梦也快结束了。然而,战场上的屠杀却被另一种无形的屠杀——被称为当代黑死病的西班牙流感取而代之,并迅速蔓延开来。在短短的时间内,仅在布拉格感染人数就高达总人口的三分之一。我身体本来就格外脆弱,而且患肺结核自然难免。流感不仅摧毁了我正在逐渐恢复的机体平衡,而且引发了可怕的急性双侧肺炎,使生命受到威胁。我有三个星期之久不得不躺在床上,高烧、盗汗、呼吸困难,不一而足。母亲整日哭泣,我尽力安慰她。我的病情一直隐瞒着父亲,当他看到儿子疾魔缠身,一反平日的严厉,蹑手蹑脚地走进房间,在门口站住,伸长脖子看我躺在床上,关心地举手打招呼。看到这一切我止不住幸福地哭起来。

当时,妹妹奥特拉正在农校学习,只好由母亲陪伴我前往布拉格以东的小城镇什累申休养。我在什累申休养期间,认识了因故在那里逗留的布拉格人尤丽叶·沃里泽克小姐。

尤丽叶28岁,捷克犹太人,未婚夫在第一次世界大战中丧生。我对尤丽叶的印象是:她不是犹太人,也不是非犹太人,不是德意志人,也不是非德意志人,喜欢看电影,听轻歌剧和喜剧,喜欢涂脂抹粉和戴面纱,掌握有非常丰富的、大量的、粗野的俚语行话,从整体来说,很无知,乐而不悲。她在心灵上是勇敢的,诚实、忘我,身材漂亮,但是无声无息。我们每次相会,就要不停地笑上好几天。在吃饭的时候,在散步的时候,当我们面对面地坐在一起的时候,我们都要笑一通。总起来说,我们的笑声是不舒畅的,因为我们没有充足的理由这样纵情欢笑,这莫名其妙的笑声是折磨人的、令人羞惭的。这笑声使我们更加疏远。我和尤丽叶刚认识时,一到夜里就辗转反侧,彻夜不眠。菲莉斯的伤口还没有痊愈,我最初高度约束自己,尽量与尤丽叶保持距离,减少见面的机会。

1919年3月,尤丽叶在布拉格一座犹太教堂里找到一份打杂的工作。正好我的休养期也快到了,于是我们先后返回布拉格。回布拉格后,我就再也无法保持对自己的约束,按捺不住给尤丽叶写信。不久,我们两人就像被谁驱赶着似的迅速走到了一起,并萌发了结婚的念头。于是,在与菲莉斯解除婚约一年半之后,在与尤丽叶相识半年之后,在我的又一个生日之际,我与尤丽叶订婚了。

然而遭到了家人的断然反对,父亲言辞极其刻薄地嘲讽我:多半她穿了一件什么迷人的衬衫,布拉格的犹太女人就会来这一套,你当然就一见钟情,立刻决心要和她结婚。而且越快越好,一个星期以内就要结婚,甚至明天,最好是今天。我不明白你，你是个成年人了，你是在都市里，可你却什么能耐也没有，只会随便找个女人马上同她结婚。难道除此以外就没有别的办法了？

母亲似乎也不大乐意，但她在父子间保持了缄默。我却在这一次居然铁了心，继续为结婚而努力。我们找到一套房子，并发表了结婚预告。然而，就在临结婚之前两天，却发现那套房子已经被租出去了。我预感到，与尤丽叶的婚约即将面临流产。这也许是我的宿命，生来就没有结婚的条件和权利。

当天夜里，我在日记中阐述道：你的情况是，紧张过度，完完全全地为文学所吸引了，肺功能已经虚弱不堪，整天在办公室搞那些抄抄写写的事，累得喘不过气来。你还要在这种情况下结婚。而且，你还大言不惭地承认，自己必须结婚。你心怀这个目的，却还有胆量，要求自己心安理得地进入梦乡。第二天，你的头像正在溃烂的伤口，疼得要命，但你还惝恍迷离地到处乱跑。难道，你还想凭着白天的这种精神状态，连累一个完全依赖你、献身于你、对你忠心耿耿的姑娘，让她伤心吗？

这年 10 月，我的短篇小说集《乡村医生》和《在流放地》出版了。每当我有作品问世，总要送给父亲一本。而这次，父亲却用一句“把它放在床头柜上吧”轻描淡写的话把我打发了。本来父亲对婚姻的粗暴干涉就足以令我耿耿于怀了，现在又对我的写作表现出轻视，甚至轻蔑的态度，使我积聚几十年的压抑变得难以忍受了。11 月初，我与布罗德结伴再次前往什累申，并在那里写下了措辞激烈的《致父亲的信》。但是，我没有勇气，也没有胆量发出。后来一直存放在母亲手里，直到我辞世之前，我才委托给密伦娜保存。后来，在布罗德动员下，密伦娜交给出版社面世了。

是的，密伦娜该出场了。密伦娜的出现就像我的黑夜里的一束闪电：美丽而短暂。

一切障碍都在粉碎我

就在我的短篇小说集《乡村医生》和《在流放地》出版的同时，我还收到了一位女作家的来信。她叫密伦娜·耶申斯卡， 25 岁，已婚。过去什么时候，我曾与她和她丈夫在布拉格见过面，但已记不起她确切的模样了。这次，密伦娜在来信中希望能得到我的允许，由她把我的一些作品由德文译成捷克文。我当即回了一封短信表示同意，并希望单独面谈一次，可等了半年多一直没有收到回音。

1920年4月，我到米兰休养了3个月。在这里我又给密伦娜写了一封短信，并在其中暗示，希望密伦娜从维也纳赶到米兰来。不久又再去一信，并终于收到对方的回信。此后，我们的通信渐渐频繁起来。而且，我的署名很快也像当初与菲莉斯的通信一样，变得越来越简单，连名字也取消了，越来越短，最后只成了："你的"。

但是，这一次却与菲莉斯完全不同。密伦娜是个已婚女人，而且出身于一个古老的捷克爱国者家庭。父亲是一位著名的外科医生，布拉格捷克大学的教授，激进的捷克民族主义者。这个家庭成员的血液里几乎都流淌着澎湃的激情，骨子里浸透着传统的捷克家庭共有的爱国情结。密伦娜不仅继承了她的家族高贵的血统，而且拥有一个新式女人所拥有的特征，那就是精力充沛，激情四溢，精神饱满，神采飞扬，对社会人生有独到的见解，而对感情，尤其对爱情充满了强烈的饥渴感和不竭的热情，开朗、大胆、勇敢，甘愿为情爱献身。她不顾家庭的激烈反对，义无反顾地与埃伦斯特·波拉克私奔就是最好的明证。

不过婚后，密伦娜很快发现自己选错了人，波拉克实际是一个薄情寡义、三心二意的浑蛋。他对自己的妻子的不忠不但没有感到不安，还居然不知羞耻地公开化，而且将密伦娜排斥在他的精神和社交圈之外。密伦娜是一个充满了激情和活力的女人，一位对社会人生见解独到的作家。在婚姻的失望和苦闷中，给我发出了第一封信。然而，这封信却导引着我们一步步走向炙热、走向恐惧、走向悲剧。

这恐惧表面看起来是我与生俱来对人——密伦娜光芒四射的恐惧，实际多半来自密伦娜的家庭。她是一团烈焰，勇敢、聪颖，愿意奉献出一切，或者可以这样说，她用献身精神获得了一切。然而，她是个有夫之妇，从接触开始我就被一种莫名的恐惧笼罩着，既渴望结果，又害怕结果。悲剧性的爱情结局，不可避免地就要实现了。

在性爱与婚姻上，我似乎总是这样身不由己，坦诚或者说偏执得像一个孩子。在离开米兰前夕，我轻率地提出要和密伦娜结婚，并要她立即做出决断。作为有家庭、有丈夫的密伦娜——尽管丈夫不忠，没有立即做出确切回答。于是我的孩子气立即占了上风,我坦白地告诉她,我们在米兰相会的这段日子,一个非常愿意和我相好的姑娘自愿跑到了我的手中,我不分昼夜地构思着如何去征服姑娘的计划……

这不是我有意激她而编造的故事,在米兰休养快结束的时候,的确有一个姑娘爱上了我。不过,我提醒她当心上当。由于密伦娜频繁地来米兰和我幽会,我与这位姑娘才没有继续下去。事实上,任何一个女人也无法取代密伦娜在我心中的位置——密伦娜是世间独有的、特殊的尤物。她既弥补和缓冲了我对世俗的恐惧和陌生,又给我制造了新的恐惧或者说嫉妒——尽管密伦娜的丈夫是个浑蛋,我还是隐忍不住。回到布拉格后,忍不住致信密伦娜袒露心声:"我觉得目前只有一件事令人感到恐惧,那就是你对你丈夫的爱。嫉妒,真的是嫉妒,但我……永远不用它来折磨你,只折磨我,只折磨我。"

"你应当明白,密伦娜,我的年龄、我的暮气,特别是我的恐惧……"

"那些以呼喊开头的信……结尾总是给我以一种莫名的惊恐……恐惧之蛇一条条在你的头上抖动着,而盘在我头上的一定是更加凶险的恐惧之蛇。"

"你也许已经发觉,我有几个夜晚不得安睡了。简单说来是'恐惧'在作怪。这东西真弄得我失去了自己的意志,眼看它围着我抛来抛去。我不再知道上下左右……"

"由于我在维也纳的态度,你以恐惧的名义责备我是正当的,但它真正特别之处是,我不知道它的内在规律,只知道它卡着我的脖子的手,这才是我在任何时候所经历过的或者所能经历过的最可怕的事情。"

"我的本质就是:恐惧。"

"我就是恐惧组成的,它也许是我身上最好的东西……否则,在我身上找得到什么值得你爱的东西呢?"

也许正是在如此可怕的通信中,密伦娜才真正刻骨铭心地了解了我刻骨铭心的恐惧:她在致布罗德的信中却说:"我在了解他的为人之前,就已认识了他的恐惧。我理解了它,却蒙着头不加理会。……这种恐惧不仅涉及我,而是涉及一切厚颜无耻地活着的东西,也涉及肉体……弗兰克在我身边的四天中,他抛弃了它。但我肯定地知道,没有一家疗养院能够治愈他。他永远不会健康,马克斯,只有他怀有这种恐惧。没有任何心理强化能够克服这种恐惧,因为这种恐惧阻碍着强化。……我的婚姻和我对丈夫的爱情的故事十分复杂,在此一言难尽。不过这事使我现在难以脱身。我可以告诉您,一切是怎么、通过什么和为什么发生的;我可以向您叙述关于我、关于我的生活的一切。”

密伦娜坦白地告诉我,她不可能离开她的丈夫,不可能破坏两人建立起来的婚姻和家庭,她甚至还强调,丈夫需要她,而她也非常爱他。

到此为止,我才认识到,我与密伦娜差不多只是一个真实的游戏。这个聪慧的、复杂的女人,我自以为,这个了解我、理解我、欣赏我的女人密伦娜,在我的旧伤口上又狠狠戳了一刀。我感到眼前红光一闪——但绝不是从我的肺里流出来,而是从心里流出鲜红鲜红的血:女人是陷阱,她们在各个方面都虎视眈眈地盯着男人,随时想把他们拉到“终于”和“最后”的状态中去。如果你心甘情愿地跳进陷阱中去,那么她们是不会有危险的。密伦娜一方面不打算离开她的丈夫同我生活在一起,另一方面也并不愿意离开我,甚至要求我们每隔一段时间会一次面。这是我不能容忍和接受的、也必须要终止的关系:“不要再写信来,也不要再会面。只有这个请求静静地充实着我的内心,只有它能使我以某种方式活下去,其他一切只能继续摧毁。”

这既是我的请求,也是义无反顾的决断。不光是因为密伦娜使我刻骨铭心地感到对占有的疲倦,重要的是我的病情正在一天一天恶化,一曲波澜壮阔的爱情游戏,到此应该画上休止符了。

我喜欢正在恋爱的人。但我自己不能爱,我离得太远,我被驱逐了,被文学驱逐了。文学只是我抗拒力量的方式,就像我需要疾病,疾病是我战胜一切的信仰,疾病也是这个世界最深刻的寓言。我得告诉大家:结核病的居所并不在肺,而是这个充满战争、多灾多难的世界。从第一次世界大战爆发以来,我就已经意识到这是一个精神分裂的世界,这是一个为精力过剩的强者、为肌肉饱满的成年人准备的世界,在这个世界里弱者随时会被阉割。像我这样,在性欲上比 16 岁大不了多少,一个混迹成人世界的孩子,一个最瘦的人,在这个世界生命将不能展开,罪感将与日俱增,将死无葬身之地。此后,我要做的是,阻止她前来会面,阻止通信联系。

但是,接下来的故事远没有那么简单。因为我是一个混迹成人世界的孩子,将会始终在成人中流浪!

我在成人中流浪

尽管我已是一个成年人，但对身边的亲人和朋友常常表现出孩子对母亲般的要求和依赖，心理上越亲近的对象——特别是女人越是如此。他们是我通向世界的窗口，就像一个孩子的母亲，她对于孩子来说意味着世界，意味着一切。从我22岁恋上一位中年妇女开始，到24岁时的早期恋人黑德维希·瓦尔勒，我的依赖心理就基本成型了。黑德维希·瓦尔勒比我小五岁，却常常竭力像个大姐姐似的帮助我、安慰我。就连我对最小的妹妹奥特拉的深厚感情，也带有明显的依恋性质。比如说，奥特拉的结婚，就给我几乎致命的打击，感到我所依靠的墙突然塌了，一切障碍都在击垮我、粉碎我。

菲莉斯的出现则强化了这种依赖性。我无法控制自己的依赖心理，不停地以各种方式思念她。给她写信是我思念菲莉斯的方式之一，也是我高度依赖性的充分展示："最亲爱的菲莉斯·鲍尔……在我们相遇之前，我也有过这种无法预见的情绪；所不同的是，在那种时候，我似乎完全失去了与世界的联系，我的生活中止了，我上浮下沉、无所依凭。而现在我有了你，我最亲爱的，我感到被仁爱地支撑着，即便一旦崩溃，我也知道那并非永远……"

而后来与菲莉斯的合影照，尊敬的读者，您完全可以看作是我对菲莉斯这段倾诉的图解：菲莉斯坚实沉稳地侧身而坐，脸上的表情与其说像恋人不如说像母亲；我则依偎着站在她侧后，同样，我脸上的表情与其说像恋人不如说像孩子。

是的，我就是个混迹成人世界里的孩子。我默默行走在热闹的街道，人们在我身边穿行，然而我感觉好像一个人也没有，就像是行走在一条只属于自己的街道。只有在完全了解我、理解我懂我的女人面前，我才感到自己的存在，我才敢于一览无余地将自己展示出来。

密伦娜是一个特殊、聪慧、魅力无穷的女人，也是这个世界上唯一懂我的女人、精神上呵护我的女人。所以我在情书中经常称为她"密伦娜妈妈"："……我真的像一个孩子一样站在你的面前，这孩子干了很坏的事，现在站在母亲面前，哭着，哭着，我发誓再也不做坏事了。譬如昨天，整个晚上和半个夜间，我都是在与你的对话中度过的。在这场谈话中,我像一个孩子那样诚实、严肃,你像一个母亲那样宽容、严肃……我在你身边最平静,也最不安;最窘迫,也最自在。这正是我放弃了其他一切生活方式的原因……我对这些始终很害怕,就像个孩子一样。我困了,什么也不想知道,什么也不想,只想将我的脸埋到你的怀里,感觉着你那抚摸着我的头的玉手,直到永远……"

对我来讲,她就是这样一个特殊的、具有妈妈品质的女人,却没有勇气抛弃那个名存实亡的家庭到我身边来,又无法放弃对我的爱和怜悯:"……我没能力离开我的丈夫,也许我女性味太浓了,以致我没有力量投身于那种生活,我知道这意味着一生度过最严厉恪守的苦行生活。然而在我心中却燃烧着一个无法抑制的欲望,一个对另一种生活的疯狂的欲望,渴望过我正在过和必将过的生活,渴望有一个孩子的生活,渴望一种接近地面的生活。这种欲望在我心里战胜了其他一切,战胜了爱情,战胜了对海阔天空的飞翔的爱,战胜了钦佩,归根结底仍是战胜了爱情。

"……我心中的这场斗争变得过于清晰,把他给吓着了。这一点正是他从另一方面出发与之战斗了一生的东西。在我这里他可以获得休养。发生了某种不可消除的事情。我去做、去完成那么一个行动,我是太弱了,而我知道,这是唯一可以给他带来帮助的途径。"

密伦娜试图帮助我的途径是既不离开丈夫同我生活在一起,也不想离开我,继续保持隔一段我们会一次面。尽管这样的选择,使我感到压抑,甚至伤害,我还是答应了她,并与她保持了一段幽会。自然,这样的幽会,不再是恋人的约会,倒像是一对朋友针对某个文学或哲学上的问题需要讨论而见面进行的必要探讨。

我得承认,密伦娜对我还是很有感觉的。但婚姻就是婚姻,生活就是生活,这与文学和哲学上的讨论是两码事。既浪漫又现实的密伦娜,其实早就感觉到我这种生活是她无法接受的苦行僧生活。她之所以怀着强烈的愿望过一种全新的、不同于她与丈夫波拉克的日子,是因为她受到了丈夫的伤害,她孤独寂寞。而这种全新的生活却又不是我的这种生活,更重要的是,密伦娜完全看到了,现在、将来我都不可能给她这种全新的生活。她渴望的是一种被丈夫宠爱着,有一个可爱的孩子的那种极为世俗但幸福的生活。

按说这并不过分，这是天下所有女人都渴望的幸福生活啊。但我根本就不可能给予她这种幸福生活，没有这个能力，更没有那个打算，甚至想都没有想过，我满脑子仅仅是浪漫的爱情、不切实际的幻想、天真而神经质的渴望。显而易见，密伦娜与我相处的日子里刻骨铭心地感受到了：

“马克斯……他爱我我是知道的。他心地太善良也太羞怯了，以致他不能终止对我的爱。他会将此视为一种罪孽。他总是把自己看成是罪人和弱者。而全世界没有第二个人有他那样巨大的力量：这种绝对的、不容更改的对完美、对纯洁和真理的需求。人们归之为弗兰克的非正常性的东西恰恰是他的优点。我们大家、整个世界和全体人类都有病，而他是唯一健康的、观点正确的、感觉正确的人，是唯一纯洁的人。

“我的婚姻和我对丈夫的爱情的故事十分复杂，在此一言难尽。不过这事使我现在难以脱身。我请求您——别认为我是个坏人，别认为我心情轻松。我在这里心都碎了，完全绝望了（别告诉弗兰克），手足无措。可是您写道，弗兰克确实需要我，从我这儿得到点什么，某种好东西，这对我来说是最大的幸福！

“我知道发生了什么事情，而我又不知道发生了什么事情，我快要发疯了；我做出了努力，去正确地行动、去生活、去思想、去感觉，根据良知，但不知什么地方存在着罪孽。我想听的是这个。当然我不知道您是否能理解我。我想知道，我的情况是否使弗兰克也为我的缘故而痛苦，痛苦过，就像在所有别的女人身上一样，以致他病情恶化，以致他在我面前也要逃到他的恐惧心理中去，以致我现在也必须消失，我是否对此负有罪过，或者这是否是他自己的本质的延续。

“但有什么用呢——再说：我不知道怎么回事，我只是手里拿着弗兰克从塔特拉寄来的信，一个足以致命的请求，同时是个命令：不要写信来，阻止我们再会面。我从来无法从弗兰克那里得知他的近况。这个可爱的人，他总是说健康得不能再健康，宁静得不能再宁静，等等。假如您感觉到他在受苦，为我的缘故肉体在受苦，请您马上告诉我。假如您答应我，我心情会平静一些的。我将怎么帮助他，我不知道，但是我会帮助他。马克斯，请您相信，我不会让弗兰克痛苦的，请您相信我，这一点对我来说比世上其他一切都更为重要……”

我在读到密伦娜写给布罗德这些信件的时候，我们中断通信联系已经一年之久，但是我们却无法做到忘记和放弃对方，至少我在心理上、精神上，还在依赖她、信任她。我内心知道自己遇到的是一位什么样的女性,至少在相互理解的问题上,我对密伦娜坚信不疑:这是一位兼有贵族气质和革命家(后来我才知道,密伦娜积极投身共产主义革命事业)气质的女性,具有现代女性烈焰般的激情和母亲般的爱心,是我内心极为渴望和需要的。我们有着相似的个人遭遇和共同的作家身份,所以在她面前,我不再感到人性和身份上的自卑和压抑;在她面前,我再也不用像在其他女性(包括菲莉斯)面前那样以"假自我"的身份出现;在她面前,我最平静,也最不安;最窘迫,也最自在。她就是我在这个世界上最值得托付的红粉知己。

因此,1921年秋天,密伦娜来布拉格看望我的时候,我索性把自己的所有日记全部委托给了她。之后我又把《美国》和《致父亲的信》的手稿交给了她。

无疑,对于密伦娜——母亲一般的女人,我可以中断我们之间的通信,却断不了对她的精神依赖。特别是读到密伦娜写给布罗德以上那些被痛苦折磨得几近疯狂的信件之后,我几乎想与她恢复通信联系,甚至跟她重归于好。但是,我知道自己没有多少时光了,也许不久就要离开这个世界。后来一直也是这样,我的身体常常处于静止状态,可又不断地被震撼。对这么一种小小的,但确实可厌的事的渴望,对某种让人有点反感、痛苦的肮脏的事情的渴望,往往把我逼到无法忍受的地步。即使在我所经历过的最美好的时刻,也有某种东西在作怪,某种淡淡的难闻的气味,某种硫黄味,某种地狱味。这种欲望有点像犹太人的性质,被他们莫名其妙地拖着拽着,莫名其妙地流浪在一个莫名其妙的、肮脏的世界上。在肮脏和疾病的世界上,我这个最瘦的人,这个没有童年的孩子,在巨大的孤弱中痛苦地恐惧、渴望着。但是,具有母亲一般品质的女人——菲莉斯、密伦娜,还有我的妹妹奥特拉等,一个个离我而去。我的生命躯壳里就只剩下精神领域中孤独的自我锤炼和自我创造了。

从1920年8月底,我开始着手《城堡》的构思和写作。《城堡》最初的灵感,应该与我在山村读到的捷克女作家波采娜·涅姆科娃的代表作《祖母》有关系。这是一部温馨、质朴的长篇小说,在布拉格的德语中学里被用为捷克语言课的教材。她那不幸的婚姻、她对思想接近的朋友的热烈的爱、她对她的孩子们的温柔关怀、她的上升和跌落、她那有时与她祖父般的文笔形成鲜明对照地迎着暴风雨飞翔的生活,她过早的毁灭——这些都在我心中激起强烈的振动。

《城堡》导引着我的创作又进入了一个小小的高潮期。其间,陆续写出了《城徽》《海神波塞冬》《我们的法律》《兀鹰》《陀螺》等短篇小说,到 1922 年 2 月,我又写出了《最初的悲伤》《突然出走》《律师》和《饥饿艺术家》四个短篇。同时,这一时期,我开始自觉地重新审视自己人生的过失,包括家庭、友谊、婚姻和文学等人生大事。我的生活不仅缺乏土壤、空气和法度,而且,我现在的任务就是创造它们,不仅应努力弥补过去人生的疏忽,而且也应努力把握好将来。我是结束也是开始。

生活明天才开始

暮色在逼近。病情在恶化。预示着我从菲莉斯、尤丽叶到密伦娜的生活中退了回来,退进疾病的避难所。我一辈子都是为死人活着,现在我真的要死了……

早在 1912 年 9 月,我写出第一篇比较满意的小说《判决》之后紧接着还写了另一篇小说。小说讲述的是一个过着有规律的生活的普通人的故事,故事的主人公将在 35 岁时死去。凡是我写过的事将真的发生,通过写作我没有把自己赎回来。不过,我还无法测定我的死期。只好提前——于 1921 年拟好遗嘱。我的遗嘱不涉及财产及子女分配问题,只是委托布罗德在我死后将日记本、手稿、来往信件、各种草稿等,一点不剩地予以焚毁。

我似乎在绝望中努力镇定着自己。一直还在盘算着,仿佛我的生活明天才开始,可这期间我正处于终点。

从 1921 年 11 月起又开始了为期三个月的休假。因为健康继续恶化,这次休假一再延期,直到 1922 年 7 月被迫退休为止。其间我曾随医生前往靠近波兰的斯平德勒米尔山区疗养胜地度了四周假,在那里的高山积雪和新鲜空气中,感觉很好,对肺炎的恐惧也消失了,我又能够安心写作了。这次休养期间,我又写出《最初的悲伤》《突然出走》《律师》和《饥饿艺术家》四个短篇。从斯平德勒米尔回到布拉格后,我重新开始了《城堡》的写作。

也就是在这年的 5 月,我与密伦娜平生见了最后一次面。密伦娜死死搂住我，眼睛红红的，不忍离开。我说，亲爱的密伦娜，离开吧，不要再写信来，不要再联系，我也要离开了！

可以肯定，最初密伦娜没有意识到我的病情的严重性，现在她比任何人都清醒地预感可怕的事情即将发生。她向布罗德声嘶力竭地呼喊着："弗兰克（她总是把我叫弗兰克而不是弗兰茨）无力生活了。弗兰克永远也不会康复了。弗兰克要死了。千真万确！"

我真的要离开——离开这个世界了。医生已经鉴定我已丧失工作能力。这段时间，我和父母一起住在奥培尔特大楼，继续写作《城堡》。我本来以为 5 月 4 日就得回到办公室上班，但在 4 月 17 日向公司提出，要求休完病假后接着续上自己五个星期的年假的申请，得到了保险公司批准。我应该在 6 月 8 日上班，但身体状态极差，于是，6 月 7 日，我正式向公司提出暂时退休的申请，并于 6 月 30 日得到了批准，退休金为每月 1000 克朗。

由于健康的原因，我中断了《城堡》的写作，蛰居在老城广场父母的公寓里休养。最初的两个月还算顺畅，陆续写出了《夫妇》《算了吧》《论寓言》等若干短篇，并认真修改了《一条狗的研究》。但这之后，一场持续数月的严重肠道感染又迫使我中断了写作。我不知道自己的生命还能维持多长时间，满脑子想的是我的身后事。于是重新拟了一份新的遗嘱。这份新遗嘱做了一些改动，比上一份更符合我的愿望。我在新遗嘱里写道：《判决》《司炉》（长篇小说《美国》第一章）《变形记》《在流放地》《乡村医生》《饥饿艺术家》以及几篇《观察》勉强可以留下。假如它们完全失传的话，那倒是符合我本来的愿望的。不过，因为它们已经存在了，如果有人乐意保存它们，我只是不加阻止罢了。至于其余所有已发表或未发表的东西，包括信件在内，则希望尽快加以搜集，并毫无例外地予以焚毁。

同时，我给布罗德发出了一封将近四千字的长信，作为遗嘱的补充。也许这是我写给布罗德的最后一封重要的信件。在这封信里，我作为被迫成为作家的人，对自己的存在意义提出了怀疑和否定，指出了自己恐惧的根源："我本来可以好好生活的，但是我没有在生活。……写作维持着我，当然我的意思并不是说，要是我不写作，我的生活会更好。相反，不写作我的生命会坏得多，并且是完全不能忍受的，必定以发疯告终。……作家害怕死亡，因为他还没有真正地活过……”

转眼到了1923年春天，在这个美好的季节里，我逐渐从肠道感染中恢复过来。不过，身体还是很虚弱。特别是失眠的折磨，我感觉比任何时候都更严重。失眠是我一生的梦魇，滋养着我的创作，也销蚀着我的生命。然而，就在这年夏天，在我最后生命中重要的一个季节，我获得了新生。

这年夏天，我随大妹妹艾莉和她的两个孩子去波罗的海海滨胜地米里茨休养。在米里茨我们偶然发现了一个来自柏林的犹太人度假村。在这个犹太人度假村，我结识了一位姑娘，一位能流利地讲述希伯来语和意第绪语的犹太姑娘。她叫多拉·笛雅梦特，19岁，出身于东欧犹太教一个虔诚教派的名门家庭。由于不满意父亲给她安排的婚姻，离开犹太居住区，刚刚来到这个离乡背井、举目无亲的米里茨犹太人度假村，希望能通过奋斗找到自己的生活、自己的爱情。多拉是一位敏感、善良，内心充满爱的温情的姑娘，模样算不上漂亮，但她那一双纤细白嫩的小手令我爱怜，她热情纯洁的表白令我怦然心动。她眼里充满温情地说：在您身上，我发现了自己所渴望的一切；我一见您就觉得您有教养、有头脑、有风度，像个西欧绅士；您的温和多情令我心动，您的关心爱护令我感动，您的智慧和才华令我仰慕。您一定能帮助我走上人生和知识的道路；您的宁静的表情、痛苦的目光、悲哀的神态触动了深深的怜爱。在您面前，我有一种既是孩子又是母亲的双重的感觉，棒极了！

棒极了！是的多拉，我的感觉也棒极了！我生命的最后时刻，在几乎完全迷失了道路之时，在暮色逼近就要掩盖一切之时，多拉就像夏日里嫣然盛开的最后一朵玫瑰。

在悲哀人生的最后时刻，我却获得了新生。我欣喜若狂，兴奋不已，立即致信妹妹奥特拉，诉说我无意获得新生的喜悦。奥特拉很快回信，高兴地鼓励我大胆追求。

是的，我要大胆追求。我要以蔑视死亡的勇气拥抱这场爱情。在米里茨才三周的时间，我的情感、精神和思想却一下子解放了，炙热的爱情已经拽住了死神的脚步，使我变成了另外一个人。我们的爱情迅速升温，很快发展到谈婚论嫁的程度了。我与多拉准备去柏林共同生活。

然而，我与多拉的婚姻又一次遭到父亲的反对。不过这次，不像对尤丽叶那样言辞刻薄，而是温和地劝告。我知道，父母是处于对我健康状况的担忧。的确如父母所说，炽热的爱情和波罗的海的空气都未能改善我的健康。我一米八二的身躯，现在却只有不足55公斤的体重，几乎是一副骨头架子。但是，这次我真的铁了心，摆脱父母的束缚，挣脱布拉格这带爪子的小母亲，义无反顾地跟多拉去到了柏林。虽然我们很清贫，一无所有，但精神是快乐的。我平生第一次感觉到家庭的温暖，第一次享受着宁静安逸的田园生活：自由自在，无拘无束，创作灵感如山泉一样甘冽清凉，没日没夜不断地汩汩流淌。在此期间，我又经历了一次小小的创作高潮，写出了《一个小妇人》《地洞》和《女歌手约瑟芬或耗子民族》。

我兴奋地致信告诉布罗德，在柏林我很快乐，多拉照料得很细心，睡眠得到了很大改善。我正过着平生真正愉快的生活和充满乐趣地写作。我准备和多拉一起租一家小餐馆，因为多拉的烹调技术相当不错，让她掌勺，我当招待。

但几个月后，布罗德来柏林看望我，才发觉我写给他的信有出入。而实际情况是，我写完《女歌手约瑟芬或耗子民族》之后，突然感到劳累过度，大部分时间都只能卧床休息。精神也有些不安，极其思念亲友。布罗德极力说服并陪同我返回了布拉格，送进维也纳森林疗养院。但很快又被该疗养院退了回来，原因是我的肺结核已经蔓延到喉头，嗓子红肿、发烧、不断咳嗽，形成了喉头结核。我被转入维也纳大学医院之后，几乎无法说话和进食，只能整日整夜挨饿挨痛，靠麻醉药缓和痛苦，靠一些液体维持生命。我成了真正的“饥饿艺术家”，写过的事情又一次发生了。

这次，我知道，真的挨不过去了！情绪很糟，经常向多拉无端发火。多拉惴惴不安，瑟瑟发抖。在之后的日子，多拉已经习惯了服从。她颤抖着服从我的命令烧毁了一些手稿。在被焚的手稿中其中有一篇刚刚完成的短篇小说，它取材于奥德赛宰杀柏利斯以祭神的过程。对此篇小说，我不是很满意，留存于世会让我灵魂不安。此外还有一部半成品剧本，更没有必要留下啦！这些年来，我大部分作品都是既无题目又无结尾。我只是在不停地写，又不停焚烧。我试图通过焚毁自己的手稿来焚毁自身的存在，我不能容忍在死后仍然要持续下去的存在。多拉为听从了我的命令而感到遗憾，甚至自责，因为她始终看不到结局。我辞世多年后她对布罗德却说,假如我今天再度面临这种情况,照样会听从于我的爱人——卡夫卡先生的意见。这就是我的多拉——仰慕崇拜我的爱人。

可惜,我没有命令她全部销毁。否则,我留存于多拉家里的文字也不会被没收,也不会使作家卡米尔·霍夫曼死于这些文字中。如果说这个世界是一个精神分裂的世界,如果说这个世界有病,它的病因之一就是诞生了纳粹。纳粹就像一群含着病菌的蛆虫,它几乎摧毁了犹太民族——包括我的亲人和朋友。1933 年盖世太保突然搜查了多拉的住处,并没收了我保存在她那里的手稿。满腔热情搜集我的手稿的布罗德,当时肯定没有认清这个世界的病因,更没有看出纳粹巨大的破坏力量,却请求当时尚处在独立中的捷克斯洛伐克共和国驻柏林公使馆任随员的作家卡米尔·霍夫曼为这些文字去德国有关当局交涉。卡米尔·霍夫曼的交涉非但没有获得成功,自己也成了被纳粹迫害的牺牲品。后来,菲莉斯也忍受了纳粹的巨大折磨,所幸的是与家人一道逃离魔窟,迁往美国。而我的三位妹妹、密伦娜还有其他许多亲人却都悲惨地死在了纳粹集中营。

唉!这些可恨的文字,这些不幸的文字,我没有把自己赎出来,更没有给亲人带来荣耀。相反,我带给他们的只是灾难——痛苦——“解脱是无法写的,只能经历。”这是我曾经谈托尔斯泰的《复活》时的一句话。我已经经历过了,而现在正经历着前所未有的“经历”——喉头的结核已使我无法进食,肺部的结核已使我难以呼吸,迟到的爱情已使我无法消受——多拉与我同居数日,却享受不到普通人应有的婚礼,更不能了却她所渴望的走上人生和知识的道路的夙愿。

因为,我是一个失落了身份的灵魂漂泊者、精神流浪者:国籍不明,宗教归属不明,职业不明;说德语,但又不完全是奥地利人,是犹太人,却受到基督教的排斥,在犹太人中却没有把我当自己人;作为一个保险公司的职员,兴趣却在文学方面,别人把我当成公务员,而我却是地地道道的作家。我被莫名其妙地拖着、拽着,莫名其妙地流浪在一个莫名其妙的、肮脏的世界上。

我是唯一的裸体者,站在穿衣服的人群中间!

穿衣服的裸体者

1924年6月3日，距我41岁生日刚好还差一个月。在我弥留之际的最后几小时，我收到了小说集《饥饿艺术家》的初版。面对这本小书，几多感慨，几多唏嘘，不能尽言。可以肯定，这是我生前最后一本小说集，这是我生命中最后一个生日。本来我已经获得了新生，却要以更为悲剧性的形式而结束。

回首往事，许多次爱情、艳遇或者创作高潮，几乎都在生日前后次第发生或展开。这一次生日，我却不能吃生日蛋糕和说话，只好以笔表达自己的愿望：我特别想要芍药，因为它们是那么脆弱，就像被迫成为作家的我。作家总要比普通人小得多、弱得多。因此，他对人世间生活的艰辛比其他人感受得更深切、更强烈。无论我的悲哀的人生，还是涂鸦出来的那些文学作品，都像是一片充满恐惧、罪感、污秽肮脏的流放地，都是一个自我折磨、自我谴责的漩涡。我作为一个在成年人中流浪的孩子，一个被肮脏的结核病毁坏了呼吸和发音系统的患者，只能成为一个灵魂声嘶力竭的独白：作家不是巨人，而只是生活在这个牢笼里的一只或多或少色彩斑斓的鸟。我其实就是这个牢笼里的一只色彩斑斓的鸟，一只很不像样的鸟，一只卡夫卡鸟，一只走投无路的寒鸦。既无天空又无大地，既无白天又无夜晚，而只有晨昏和墓地。

谁在哭泣？多拉、布罗德还是妹妹？干吗流泪呢，我正满心欢喜地看着你们为我布置病房。病房中摆满了我最喜欢的鲜花和水果。我正拼命嗅着你们为我摆放的鲜花、水果的香味，我要抓紧时间尽情享受鲜花和水果的美丽与芳香。我喜欢你们在我面前吃水果，柠檬、香蕉还有樱桃，尽情地吃，尽情地咀嚼，让我也尽情地享受这咀嚼吞咽的快乐吧——因为我做不到了。我从生活的需求方面压根儿什么都没有带来，和我与生俱来的仅仅是人类的普遍弱点。我用这种弱点（从这一点上说，那是一股巨大的力量）将我的时代的消极的东西狠狠地吸收了进来。我的小说《变形记》，可以说是一个比较典型的例子。一夜之间变成甲虫的格里高尔在狠狠地吸收着这时代、这人类最消极的东西。我也是，我在斗争。没有人知道这一点。每个人都在斗争，可是大多数人像在睡眠状态中斗争，我却挺身而出，深思熟虑地使用我的一切力量来斗争。我并不希望胜利，我在斗争中感到快乐，并非因为它是斗争，使我快乐的唯一理由是有事可干。我不是毁灭于这种斗争，就是毁灭于这种快乐。

病房外进来一个人，一个女人，一个既熟悉又陌生的风姿绰约的女人。她是谁呢？菲莉斯——不，是密伦娜。她虽然蒙着面纱，我还是很快认出了她。她对着我还对着布罗德，念悼文还是念信？密伦娜像朗诵诗一样抑扬顿挫："……弗兰克从来没有在哪一家庇护所里得到过庇护。他没有一点说谎的本领，就像他不会喝酒一样；他既没有立锥之地的庇护所，也没有一寸安身之地。在我们大家得到庇护的时候，他独自一人裸露在危险之中，他好像是唯一的裸体者，站在穿衣服的人群中间。他的言论，他的身份，他的存在都不是事实，他本身就是一个预先规定好的存在，这个存在失去了一切生活所必需的条件……他并不是在抵御生活，而是在抵御目前人类这种生活方式……"

错了，完全错了！混乱，一切都混乱了。我不能说话，不能进食，思维也混乱了。我是活着的死人，还是已经死去的活人——这怎么可能是密伦娜。我相信布罗德会信守诺言，不会告诉密伦娜关于我的半个字。幻觉，绝对的幻觉。这哪是密伦娜呀，分明是四年前在马特利阿里疗养院认识的犹太青年朋友克洛普施托克。四年前我们有个约定，在我需要时，为我注射吗啡。

克洛普施托克没有失约。我努力张开双臂，对为我注射吗啡的朋友克洛普施托克喊道："请杀死我，否则你就是凶手。"

我没有得到任何回答。一定是我昏迷过去了。醒来后，我发现自己浑身插满了各种管子。我讨厌它们——那些白色的细管。我使出全身力气扯掉它们："别再折磨我了，干吗还要延长？"克洛普施托克想去捡起那些管子，我却努力从嗓子里挤出一点声音，请求道："请帮我插上，别走开！"克洛普施托克声音有些哽咽地说："好，我不走开！"

我惨淡一笑："可我却要走了。"

这是我最后的告别语：我要走了！在自我折磨、自我谴责中，我终于走完了一生。我没能够留下一份遗产，唯一的证明就是自己——卡夫卡的存在。

此生此世，也许我一直是睁着眼走在梦里，或者早已是逝去的亡灵。

多拉——这个在我迷路的时刻，最后一位把我拉上爱情列车的犹太姑娘，这个仰慕我、崇拜我、顺从我，一直陪伴我到生命终点的夏天最后一朵玫瑰，用她那纤细的双手为我拉上了白色帷幔，用她那一口流利的希伯来语喊出了对心爱的人的心声：

“卡夫卡，把我领上了人生和知识的道路！”

“卡夫卡是世间唯一的裸体者，走在穿衣服的人中间！”

卡夫卡是一只寒鸦，孤独寂寞地在一座“城堡”里无法找到入口或出口。就像一个失落了身份的灵魂漂泊者和精神流浪者：国籍不明，宗教归宿不明，职业不明；说德语，但又不完全是奥地利人，是犹太人，却受到基督教的排斥，在犹太人中却没有把他当自己人；作为一个保险公司的职员，兴趣却在文学方面，别人把他当成公务员，却是地地道道的作家。生前默默无闻，死后却闻名世界。

幕布为什么撕开
——一生遭禁的劳伦斯

戴维·赫伯特·劳伦斯（1885~1930），生于英国诺丁汉郡一个矿工家庭。是20世纪英语文学中最重要的人物之一，也是最具争议性的作家之一。主要成就包括小说、诗歌、戏剧、散文、游记和书信。1911年出版第一部长篇小说《白孔雀》。1913发表成名作《儿子和情人》。弗洛伊德主义的心理分析与对社会矛盾的揭示纠缠在一起，是劳伦斯创作的突出特点。代表作《虹》（1915）、《查泰莱夫人的情人》（1928）等。

“人是必须思考的居家动物。因为思维,他稍低于天使,而喜欢居家又使他有时不如猴子。”

这段文字是一个英国矿工的儿子说的,他叫大卫·赫伯特·理查兹·劳伦斯。1885 年 9 月 12 日生于诺丁汉郡的一个矿工之家。1930 年 3 月 2 日晚 10 时在法国流浪时因病去世,终年 45 岁。

劳伦斯短暂的一生始终生活在艺术中。从读大学开始文学创作,整个创作期不过 24 年,大部分时间还是在贫病交加和作品遭禁中度过的。他却留下了 12 部长篇小说, 50 多部中短篇小说,多部诗集、剧本、游记和大量的文学批评、哲学、心理学和历史学方面的著作和散文随笔。他还翻译出版了俄国作家托尔斯泰和陀思妥耶夫斯基及意大利作家乔万尼·维尔迦的长篇小说等。

然而,他总是用艺术替代生活,艺术与生活经常互为颠倒。现实生活中的处境可想而知:处处碰壁,甚至头破血流。他的生前好友理查德·阿尔丁顿这样评价劳伦斯:“他是一个儿子加情人,一个精灵般超越世俗的天才艺术家,一个性爱的畸形儿,一个疯癫般狂热的爱情牧师。他性格软弱,温情脉脉,风流倜傥,可发起脾气来又似魔鬼一样可怕。朋友们爱他又恨他;女人们怜他、疼爱他、追求他,各色女人粉墨登场在他生活中频繁出现,扮演着迥然不同的角色,而他却把女人当作通向上帝的一座座门扉……”

因此,本文的叙述,自然离不开女人。在劳伦斯 45 年短暂的生涯中,女性构成了他生命世界的基本元素。他在与女性精神与肉体的交往中,找到了理解世界、安放灵魂的方式,也获得了创作的力量源泉。他的小说中的女主人公,几乎都是以他所接触的女性作为原型而创作完成的。

接着劳伦斯的生前好友理查德·阿尔丁顿的评述,有关作家的故事就从女人开始了。

一、温暖的囚笼

那时候作家还在胎盘中,第一个女人出场了。她叫丽蒂娅,娘家姓比德塞尔。出身于古老的家族,血统高贵,博览群书,还会写诗,耽于遐想,非常聪颖;最喜欢跟有学问的人一起争论有关宗教、哲学或者政治方面的问题。她注定要为世界诞生一位优秀作家——一位与众不同、别具风采、单纯而复杂的文学大师。

劳伦斯的初恋情人杰茜·钱伯斯曾这样描述她:"她的自信心、对人对事的见解使我感到惊奇……她是那样自信,总觉得自己是不会错的。与她的丈夫和别的矿工及其家属不同,她从来不说德比郡方言,跟邻居几乎没有什么来往。"由此我们看出,在这个小镇上,她是一个清高的、与众不同的知识女性。然而,却嫁了个矿工。

后来,劳伦斯告诉我们,他父亲属于最后一代避免国家义务"教育"的英国人,从来没有受过寄宿学校的驯化,刚满岁就被送到矿井里做工,写自己的名字都感到吃力;但肌肉发达,喜欢劳动,仿佛他整个的生活完全是体力劳动。

出身不同、阶级不同、知识背景不同的一对夫妻不可避免地经常上演一些闹剧:发生争执、大吵大闹,甚至大打出手。尽管如此,这对不和谐的夫妻还是尽最大所能维系着生活。在婚后 12 年里,他们共生了五个孩子,三男两女,其中自然也包括我们的大作家劳伦斯。他排行第四,是三个儿子当中最小的一个。大作家这样叙述他父母的婚姻:"他们的婚姻是一种肉体的结合,流血的斗争。我生来就痛恨我的父亲,从我开始记事起,他一抚摸我,我就吓得直打哆嗦。在我出生以前,他就变坏了。"

显然,大作家因为痛恨父亲,悔不该来到这个世界。但是,他做不了主。他还是来了——带着一副天生体弱多病的小身板来了。他来到这个世界两周的时候,就险些死于支气管炎。母亲对劳伦斯能否存活下去,显得十分悲观,甚至预感他顶多能活三个月。的确,婴儿时的劳伦斯颇有点与众不同:眉毛奇怪地紧锁着,双眼格外沉重,看上去像承受着某种痛苦。

劳伦斯保持童贞的时间比其他男孩要长,也许跟他的肉体在发育成熟上十分缓慢有关。童年时期,因为身体虚弱,母亲不让他跟男孩玩耍,而是和女孩子一起去采草玩乐,十二三岁还坐在母亲的腿上。在随后的青春期的许多年里,他从来不和别的男孩儿们一起从事体育运动或游泳。相反,他总是与女孩儿们为伴,但是从不和她们调情,或打算亲吻她们。她们对待他就像对待女孩子一样,她们去买东西时带他一起去,让他来选择她们的帽子和衣服。当在林间散步的时候,如果有人踩在了花上,劳伦斯就会喊"野蛮人"。

劳伦斯天生一副惹人怜爱的模样。母亲势必会把过多的爱都倾注到这个最小的儿子身上,过多的溺爱也势必会影响到作家的成长。孩子们一个接一个地出生后,劳伦斯的母亲丽蒂娅把全部的爱给了子女们。她不允许儿子们去做矿工,也不允许女儿去做用人,而是节衣缩食地送他们上学。特别是对儿子,母亲可谓倾注了全部心血,一心希望他们成为绅士,以此实现她在丈夫身上未曾实现的愿望,填补知识女性精神生活的空白。先是控制大儿子,之后是劳伦斯。劳伦斯自幼体弱多病,在母亲的溺爱和呵护下成长,自然养成了唯母亲之命是从的性格。他爱和母亲一起睡觉。而且,"尽管卫生学家反对,但和心爱的人一起睡觉,总能产生最最完美的温馨之感,灵魂的安全和宁静,与他人接触的舒适和睡眠交织在一起,使人的肉体和灵魂上的创伤得到全面愈合。"

1913 年,劳伦斯在致函自己小说的出版人爱德华·嘉奈特时,曾这样谈到《儿子与情人》一书中的母子关系:

"当儿子长大后,她挑选他们作为情人,先是最大的儿子,随后是第二个儿子。这些儿子由于与母亲之间的爱的推动而来到人世,并一直被这种力量推动着。然而当他们长大成人时,他们却失去了恋爱的能力,因为母亲作为他们生活中最强大的力量,牢牢地控制了他们……"

《儿子与情人》发表于 1913 年,是劳伦斯的成名作。在此之前,他曾出版过两部影响不大的小说《白孔雀》(1911)和《侵入者》(1912)。小说是作家的自诉状。对劳伦斯而言,更是如此。《儿子与情人》是一部成长史,它以煤矿工人瓦尔特·莫莱尔一家的生活为背景,细致地描述了保罗·莫莱尔从出生到成年的整个过程，其中交织着夫妻、父子、母子及情人间复杂的感情。在劳伦斯看来，崇尚文明的妻子对丈夫“野性”的拒绝，表明了这种婚姻关系的失败。得不到满足的妻子便把爱转向了儿子，她们对儿子的教育绝不会以丈夫为蓝本，而是按照自己的理想模式来塑造他们的性格，结果便是粗犷、有力的阳刚之美在子辈身上的荡然无存，他们成了纤细、敏感、驯服、无力承担男性职责与义务的“半男人”。他们屈从于他们的母亲，变得“节制、谨慎、循规蹈矩，温良恭俭让”。那种潜在的野性和未经驯化的精神，在新一代矿工身上消失了。

在接下来的叙述中，我们会看到，大作家是如何被母亲塑造和驯化的。

确定劳伦斯母子之间具有特殊关系的一个明显的例证，是劳伦斯的初恋。从 15 岁到 28 岁，对劳伦斯的生活和创作影响最大的人除了母亲，还有他的初恋情人杰茜·钱伯斯。

劳伦斯和杰茜·钱伯斯这对少年男女是通过劳伦斯母亲丽蒂娅结识而逐步发展成恋情的，同时又是由于丽蒂娅的强烈介入而宣告流产的。杰茜·钱伯斯成为劳伦斯早期作品女主人公的原型，而 28 岁创作的成名作《儿子和情人》，更是写尽了母亲与儿子的情人之间的感情纠葛与争斗。而母亲与情人的争斗，宣告了劳伦斯苦涩初恋的结束，也成就了作家激情创作的开始。母亲与情人是作家劳伦斯文学创作的助推器，更是青年劳伦斯的情感之殇。

二、爱的阴暗面

劳伦斯与钱伯斯马拉松式的恋爱开场了。

钱伯斯在当时是个端庄超俗的女孩。她不像当地其他女孩子那样热衷于时髦的衣服或飞短流长，而是向往一种情调浪漫的精神生活。劳伦斯不仅与她常常一块阅读小说、朗诵诗歌和剧本，而且还带她一块去图书馆。风和日丽的日子里，劳伦斯有时也在海格斯农庄周围写生，画水彩画，他的身旁总伴随着钱伯斯的倩影。劳伦斯与钱伯斯的爱情就是在这种对文学、艺术和大自然的共同热爱中逐渐萌发的。

劳伦斯进入青年后的四年时间里，还没有想到写小说，几乎是以画笔作为表达感情的工具。后来准备写诗,又怕被人耻笑,怕遭冷遇。他叹道:"可人家会怎么说呢? 说我是个傻瓜! 煤黑子的儿子还想当诗人!"钱伯斯极力劝慰和鼓励他,使大作家劳伦斯在成名前,以自己的亲身经历为素材,创作了独具一格、富有新意、非文学体的诗篇。

儿子沉浸在爱情的幸福之中,而母亲却感到她对儿子的爱被人剥夺了。钱伯斯开始不自觉地取代劳伦斯的母亲的位置,她必须行动起来,与钱伯斯争夺这份爱。为了争夺劳伦斯的爱,为了使自己在他的心目中占据首位,彼此展开了一场残酷持久的决斗。先是冷淡钱伯斯,然后强烈要求终止他们的交往,但是,他们的爱情正燃烧到白热化的程度。没有她,他就不能工作,因为他"只有受到激励的时候,才有自觉性"。只有杰茜对他的作品的反应才能"激发他认识自己无意识中写出的作品"。 中断恋爱关系,劳伦斯一时无法办到。但是在母亲和情人之间选其一个,或者舍其一个,都会使劳伦斯痛苦不堪。事实上,正像母亲无法从对儿子的爱中解脱出来一样,劳伦斯也无法摆脱对母亲的过分依恋。有一次因为劳伦斯与钱伯斯出去游玩,回家晚了一些。一进家门,母亲便劈头盖脸地冲他发起火来。她讽刺钱伯斯,说她多么的销魂荡魄,迷住他一路送她回家。尽管劳伦斯听到这些话很刺耳,好像喜欢那位姑娘在他是一种罪过。但也只是有气无力地辩了几句。母亲却立即带着一副鄙夷不屑的神色讥讽道:"一点点大的毛孩子,小妞儿就搞恋爱,真叫人恶心。"劳伦斯依然没有跟母亲面对面地抗争,只是表白他们并没有谈恋爱,在一起只是说话,别的什么事情也没有。他母亲又插进去,挖苦地说:"天晓得搞到什么时候。"最后劳伦斯还是鼓起勇气向母亲指出,妹妹和她的男朋友一起出去玩,母亲可没有干涉。母亲强词夺理地说:"他们可比你们两人有头脑!"这场母子辩论,使劳伦斯深深地陷入痛苦与忧虑之中,就寝之前,他还是像往常一样吻了母亲的前额。

母亲与情人之间的争斗就这样持续着,劳伦斯在两者中间态度暧昧不明。此时尽管劳伦斯的母亲还没有对钱伯斯公开宣战,但她通过劳伦斯的母亲对她"不大尊重的态度",已经感到了危机。她决心不再到他家里来看劳伦斯,而是转入地下。她对他说了,劳伦斯非但不支持她,反而大发其火,坚决表示,除了在自己家以外绝不和她在任何别的地方会面。过了一段时间,也许是在他的催促之下,杰茜又不时到他家里来会面,或者散步、谈话,进一步激怒了劳伦斯的母亲。大吵大闹，责骂杰茜，简直要把她的儿子全部夺过去。这一次他也发火了，替杰茜辩护。不过吵过之后，他还是妥协了，甚至矢口否认他爱过杰茜。当他跟母亲道晚安，温顺地吻她时，她却狠狠地对他下身打了一下，呜咽道："我实在忍不下去，我可以容忍别的女人，她可不行。她简直从不留余地。你知道我从来没有，根本就没有过丈夫。"

显然，无论哪个姑娘要和她争夺这种权利都是不会得逞的。母亲闹过这一场后，两人再见面时，他对杰茜的态度开始有所转变，种种无理的责难不但刺伤了姑娘，同样也刺伤了他自己。他痛苦得难以自持，几乎到了神态恍惚的地步。母亲为什么这样痛苦，他对杰茜为什么如此残酷，他为什么一想到母亲就会恨那姑娘。而回到家里，他则又要追问母亲，为什么不喜欢钱伯斯！

钱伯斯曾经试图帮助劳伦斯摆脱母亲的控制，她相信，这个 23 岁的男子汉终会挣脱母亲的束缚。但是，她的努力遭到了劳伦斯的严厉地责备，他埋怨钱伯斯不该使他处于一种正常人所必须做出选择的位置——母亲和妻子。

劳伦斯一生中，总是要设法找一些借口来掩盖自己特别脆弱、容易受伤的感情。这种借口也并不完全是假托的，往往带着一种傲慢、残忍、讥讽，或者侮辱的成分。他常用莫须有的恐惧来折磨自己。正如杰茜·钱伯斯所说，他受到别人的误解时，"常常采取傲慢的态度来掩护自己"，就在那时候她已经注意到，每当他和别人的交往中产生了什么矛盾，心情烦乱的时候这是常有的事，他就会把痛苦和愤怒转化为"非人性的狂暴，造成无法估计的损害"。

劳伦斯也承认自己是"一个皮囊里的两个人"。他常常自相矛盾，说起话来随心所欲，信口开河，一阵情绪发作，他就极力地疏远杰茜，过些时一阵心血来潮禁不住又要向她献殷勤，搞得她心烦意乱，不知所措。为"把胎儿扼杀在母体中"。在他自我嘲弄的自画像中有一处提到他是怎样粗暴地对待杰茜的。"她想不通为什么他乖戾反常的时候，却偏偏总是说自己是正常的。"每当他对她蛮横无理时，他自己心中很清楚，那是因为，"她爱他胜于他爱她"。

的确如此，这个矿工的儿子，由于自卑和懦弱，其早期作品都是钱伯斯帮助寄出的。第一次，她帮他寄出了"三首描写小学教师生活的诗"和短篇小说《菊香》。主笔休弗只读了《菊香》第一段，就把劳伦斯的投稿全部接受下来，并向伦敦宣告他又发现了一个天才，而且是个了不起的天才。1909 年 9 月休弗发表了劳伦斯的这首诗，1910 年 2 月发表了短篇小说《鹅市》，6 月在他手里已逾一年的短篇小说《菊香》才得以发表。原因是，休弗对最后的修改稿不完全满意。有一次他对劳伦斯说，“英国小说所有的缺点，这部小说全都有了”，但随即又补充说：“你有天才。”

正如劳伦斯后来所说：“杰茜轻而易举地把我送上了文学之路，就像一位公主一剪彩，就把船送下了水。”事实的确如此，她积极鼓励和支持劳伦斯的早期创作，正是在她的劝说下，劳伦斯才鼓起勇气于 1909 年出版了自己的第一部诗集。同年，劳伦斯开始创作《保罗·莫莱尔》（后来改名为《儿子与情人》）。钱伯斯对他从创作构思、人物设计到完成初稿，都提出了很好的建议。对小说中有关保罗和密里安相恋情节的描写，做了重要的修改。

这样一位贤内助，劳伦斯的母亲直到临终前，也不肯接受她。曾经对劳伦斯的生活产生过决定性影响的母亲去世了。按理说，劳伦斯与钱伯斯的爱情没有障碍了，他和她谈了那么多年恋爱，还只是限于精神联系，似乎只有两次对她谈到过性的问题。原因是不言而喻的。现在可以从容地恋爱或者结合了。然而，他已经不再是从前那个人了。母亲的死使劳伦斯身心崩溃了，生活的动力消失了，就像为奴多年有一天做了主人，却突然疯掉了。经过几年感情的磨难，劳伦斯终于下定决心与杰茜·钱伯斯分手了。

杰茜·钱伯斯在回忆录中十分生动地记录了劳伦斯的矛盾的心态。在劳伦斯的母亲下葬的前一天，这对昔日的情人最后一次漫步在家乡熟悉的田野小径上：

> “你知道——我一直爱着母亲。”他用一种充满压抑的声音说。
>
> “我知道你一直这样。”我回答。
>
> “我不是那个意思。”他急忙补充说，“我爱她，像个情人一样爱她。那就是我为什么从来不能爱你的原因。”说着，他默默地递给我一沓刚写好不久的诗笺，是《结局》《新娘》和《圣母》三首诗。这一年里他还完成了《儿子与情人》的第一稿。事实上，是在他母亲病入膏肓的时候，是在他考虑自戕的时候，写出了《儿子与情人》。

由此我们可以看出，《儿子与情人》创作的过程，其实是劳伦斯精神的自我解脱和压抑情感的自由宣泄的过程。特别是在写作这部小说的后期，劳伦斯与自己崇拜的著名教授的妻子弗丽达的私奔，在国外漂泊的恶劣环境中得到了渴望已久的解放和满足，从此，劳伦斯的生活和创作进入了一个崭新的阶段。

三、威克利教授夫人的情人

威克利教授曾经是劳伦斯大学时代的法语教授，后来辗转到几所大学任教。劳伦斯前去拜访的时候，威克利是诺丁汉大学的教授。他写的英国哲学方面的文章曾经流行一时，劳伦斯在大学时就非常崇拜他。1912 年劳伦斯由于健康原因，终止了年薪 95 英镑的教书生涯。此时，他已经发表了《白孔雀》《侵入者》等小说，在文学圈里已小有名气。但对自己把创作当作终身职业能否用笔养活自己仍缺乏自信。于是，他决定到德国谋一个大学教师的职位。于是他想到了威克利教授，希望通过教授在德国的关系谋到一个教师的职位。还有一个原因，这年（1912 年）的 2 月 4 日，病中的劳伦斯刚刚与露易莎·勃饶斯解除了婚约，理由是自己健康欠佳。露易莎在劳伦斯的情爱史上，只是匆匆过客，对劳伦斯的生活和创作影响不大。像露易莎等劳伦斯身边的女人还有很多，之所以提起她来，是因为有关劳伦斯的一个重要决定——赴德国谋职。因此他致信露易莎·勃饶斯，表明自己的态度：我不应该结婚，起码要隔很久才能再提此事，或许还会终身不娶。此外，劳伦斯又表示自己不能再做教师的工作了，也无力养育一个家庭，故而解除婚约乃明智之举。劳伦斯还特意强调说，他觉得疾病已经改变了自己，使以往许多约束自己的事物得以破除。然而，恐怕连劳伦斯自己也不会想到，这次拜访的真正目的尚未达到，却和教授的妻子弗丽达开始了近乎疯狂的爱情传奇。从此，他和弗丽达进入了一个异样的、全新的生活。

除了母亲和钱伯斯，在劳伦斯创作和生活中的又一位重要女性出场了。

时年 32 岁的弗丽达，出身于德国普鲁士贵族家庭，比威克利教授小 15 岁，比大作家劳伦斯年长六岁。已是三个孩子的母亲。但看上去要年轻得多，有活力得多:高高的个子,漂亮的金发,微微凸起的颧骨,一双长长的睫毛和绿色的眼睛,丰满健壮的身体,无处不透露出熟女特有的魅力与朝气。弗丽达热情开朗、神态自若,一见面就博得了劳伦斯的好感。而起初引起弗丽达注意的是这个年轻人瘦长的身躯、快捷的步履和举止轻松而充满自信的神态。真正吸引她的却是这个年轻人的谈吐。

威克利教授对自己过去的这位学生,也很快产生了好感。特意留下他共进午餐。教授根本想不到这个毛头小子,六个星期之后会给他戴上绿帽子——不,是夺妻之痛。因此,午饭前,当弗丽达把这个年轻人领进卧室谈话时,他一点戒心也没有,只是满心欢喜地望着在草坪上愉快玩耍的孩子们。他们在卧室里交谈了大约半小时。劳伦斯告诉弗丽达他已经完成了探索女人的抱负——其实此时他还没有真正了解女人,却与弗丽达大谈女人的可怕。他曾经和她们纠缠在一起,现在跟她们断绝了来往,还在试图了解她们。他说起了母子亲情和初恋情人钱伯斯的纠缠与争斗,甚至谈到了俄狄浦斯情结。望着眼前这个经历特殊的年轻人,弗丽达一方面感到新鲜而有趣,另一方面同情之心油然而生。劳伦斯的话语仿佛拨动了弗丽达爱的心弦,触动了弗丽达心灵深处的爱的温情。劳伦斯何尝不如此,交谈中他发现这个年轻的师母并不爱她的丈夫,更重要的是他找到了一个特殊而神秘的女性,她有别于母亲、钱伯斯等所有女性。她的神秘、好奇,甚至幼稚;她的泰然、大方和温情,冥冥之中像一股巨大的力量激荡着作家敏感、脆弱的心灵。回到家里,刚一坐稳,劳伦斯就兴奋地给弗丽达写信:"你是全英格兰最出色的女性!"

随后又欣喜若狂地致信他的挚友、《儿子与情人》一书的出版人爱德华·嘉奈特:弗丽达是一朵绽开的鲜花,是自己所遇到过的最好的女人,是一个可以终生为伴的女人。

实际上,在此之前劳伦斯身边并不缺乏女人。不管劳伦斯其他方面有多少毛病,而对许多女人都有巨大的吸引力,他愈疏远女人,女人们愈是爱他。这有点不可思议,却是毫无疑问的。比如,爱丽斯·达克斯就曾经非常喜欢劳伦斯。爱丽斯·达克斯年长劳伦斯几岁,思想前卫,领先潮流,参加过诺丁汉举行的女权主义会议,和一些主张社会主义的人士有过接触。劳伦斯与她的首次亲密接触,发生在她的家里。有一次,劳伦斯在她家里写诗,苦思冥想,一直没有灵感。于是,她把他带到楼上，与他发生了性关系。事后，他到楼下很快就作出诗来了。这个荒诞故事的真伪，很难考证。她喜欢劳伦斯是真的，与劳伦斯发生性关系也是真的。劳伦斯回忆说：“正是从那一刻起，我看到了生活之光。”劳伦斯看到生活之光后，就鼓动爱丽斯·达克斯离开在伊斯特伍德的药剂师的丈夫，与他一起私奔。尽管爱丽斯·达克斯很爱劳伦斯，但她做不到丢下自己四岁的儿子。同时她清醒地意识到，这个小有名气的诗人才华过人，将来必定有远大的前程，而自己不过是他苦闷、彷徨，或者处在青春过渡期中的一个女性而已，能否长久地拥有他尚缺乏自信。后来，当他们的关系被传得沸沸扬扬之后，两人很快中止了亲密关系而分手了。不管劳伦斯之后会不会找女人，反正爱丽斯·达克斯再也没有让别的男人甚至包括她的丈夫碰过身子。她在为情人守身如玉，而情人呢，时隔不久却遭遇了弗丽达。弗丽达这个非凡的女人即将激发起作家劳伦斯巨大的想象与热情，激发起他对生活、人生、性等全新的理解与诠释。弗丽达即将成就一个举世无双的艺术天才，使他能够在短暂的生命旅程中完成《儿子与情人》《虹》《恋爱中的女人》《查泰莱夫人的情人》等一系列惊世骇俗的伟大作品。

现在，两人的秘密幽会开始了。

按照信中相约，他们很快又见面了。这次不是在弗丽达家里，而是德比郡火车站，而且她还带着两个女儿。他们穿过森林、田野，而后来到一条横跨着一座小石桥的小溪边。劳伦斯喜欢孩子，他认为与孩子们在一起使人纯洁。他与孩子们尽情地玩耍着，先是给孩子做了几只纸船，然后将纸船置入水中，任其慢悠悠地顺流而下。孩子们高兴得手舞足蹈，劳伦斯也兴趣盎然，几乎把弗丽达给忘了。弗丽达望着劳伦斯与孩子们的欢乐，不禁怦然心动。这一刻她似乎意识到自己爱上了劳伦斯。后来，弗丽达在《不是我，而是风——作家劳伦斯的一生》里记录了这一幕，揭开了自己隐秘的内心。她满怀深情地写道：“后来，事情发展得很快。”

的确，事情发展得比劳伦斯料想的要快。劳伦斯第二次去拜访教授，恰巧教授不在家。弗丽达坦率地要求劳伦斯留下来陪她过夜。当时劳伦斯感到很吃惊——这女人连一点过渡也没有，几乎把生性懦弱的作家劳伦斯吓着了。他默默地望了弗丽达一会儿，然后肯定地说：“不，我不会在你丈夫不在家时在他的家里过夜。但你必须把真相告诉他，我们俩一块走，因为我爱你。”

在遇到劳伦斯之前，弗丽达与比她大15岁的丈夫生活得很平静——至少表面上看是很幸福的。她有三个孩子，有自己的汽车，有漂亮的房子，丈夫对她很好，丈夫几乎从来不怀疑她的所作所为。尽管她不满意丈夫，时常感到生活沉闷，创造新生活的热情与勇气在消磨中逐渐减退。按她的话说，每天就像梦游似的过日子。但是，抛夫别子与劳伦斯私奔，弗丽达还是想也不曾想过。她只是想把劳伦斯当作可以信任的情人，不过是从他身上重新找回自己曾经的生活热情而已。现在这个年轻人居然提出了这么大胆的设想，她也吓着了。弗丽达望着劳伦斯因激动而生动的面颊，陷入了长久的深思。说实在话，弗丽达在犹豫、纠结的同时也有一丝兴奋。她感觉到这个年轻人的确不同寻常，先是爱的邀请，进入实质又严肃的拒绝，继而又提出一个更大胆的私奔计划——劳伦斯比弗丽达要大胆得多，她沉思很久依然茫然不知所措。她不能不考虑这一时的冲动，将会给她带来什么样的后果，她必须面对现实。后来劳伦斯告诉我们，他们俩当时像是得了一场病，他尝到了那种病痛的滋味。他说："没有别的办法，只有咬着牙关对着墙等待。"

等待是幸福而痛苦的。但劳伦斯有一股不达目的誓不罢休的气概。在等待中，不停地呼唤弗丽达的名字，嘴里喃喃自语——实际是表达心声："我不要情人，我只要妻子！我爱你！我爱你！"说出这句话对劳伦斯来说是需要极大的勇气的，他从来不肯对别人谦卑地表达自己的爱慕之情。弗丽达热泪盈眶，不能自已："他仿佛使我的身躯和灵魂摆脱了我过去全部的生活。这个26岁的年轻人把握了我的全部命运，全部前途。而我们相识还不到六个星期。我无能为力，只得听任命运的安排。"

爱的力量是神奇的，一股远远比痛苦更伟大的力量推动着弗丽达迈向新的生活。她把儿子留给丈夫，把两个女儿送到在伦敦的外祖父母家，然后怀着忧伤、惶恐、兴奋的心情向孩子们一一告别。弗丽达即将追随劳伦斯浪迹天涯。

四、艰难的婚姻旅程

浪漫之旅注定是要付出代价的。

虽然弗丽达决定屈从于命运的安排，追随劳伦斯行走天涯。但是，直到即将踏上旅程的那一刻，她在感情上仍然进退两难，她无法做到与丈夫彻底决裂。对于已经是三个孩子母亲的弗丽达来说，迈出这关键的一步是何等艰难。难于割舍又有新生活的召唤。犹豫中她向父亲诉说了与劳伦斯的偶遇以及擦出的情爱火花。曾为军人、继承了男爵封号的父亲，听女儿说她想离开她那位备受尊敬的丈夫和三个孩子，嫁给一个不名一文的英国作家，一个失业的中学教员，一个矿工的儿子时，立即气愤地指责她是"返祖性动物"。父亲的指责反而坚定了弗丽达的决心，她毫不犹豫地把劳伦斯领到父母家相见——她要让全家人看看，教授和作家谁更适合做她的丈夫。但弗丽达忽略了时代背景，且不说他们有悖人伦的爱情，就是在那个等级森严的时代，一个男爵、贵族，跟一个出身矿工之家、几乎身无分文的劳伦斯坐在一起会是什么情形。后来弗丽达描写道，那天夜里，我做了一个梦，梦见他们打了起来，但最终结果是劳伦斯打败了男爵。

这是劳伦斯第一次也是最后一次与弗丽达的父亲见面。

郁闷的劳伦斯回到小旅馆，急得火烧火燎的，简直要急疯了。但他明白，其他阻力都不是关键，只要弗丽达坚定信心，就可成功在望。于是他致信弗丽达，恳求她与他一起早日离开，共赴欧洲。

劳伦斯充分发挥文学的优势，文笔优美，动人心弦："我爱你，可我每次要说这句话时又总是难以启口。""我爱你，太爱了……我开始感到我是世界上的一个男子汉。我想，我是应该的，带着这种邪念等待着我心中的别人的妻子。""记住，你就要做我妻子了！"在信的结尾劳伦斯煽情地写道："我们将永远与生活进行搏斗，所以，我们之间永远不会有斗争，我们永远会互相帮助的。"

他满怀深情地呼唤弗丽达，无论如何要放弃她以往的一切，尽快赶到慕尼黑与他会合。

然而还是一直没有消息。弗里达也正在痛苦中煎熬。家里闹翻了天，所有力量都在阻止和冲击着她。甚至她在诺丁汉的邻居莉莉·基平也致信恳求和警告她："不要毁了你自己的生活和大家的生活——孩子们失去了母亲，没有了母爱，蒙蒂（弗里达的儿子）一定要有母亲来保护……"而她的小姑子莫德·威克利则从伦敦写信来，坚决反对：就这么把她的了不起的哥哥、家庭的骄傲撇在一边，与一个失业教师私奔，太可笑了！

然而，爱情的力量如此巨大，是任何力量也无法将他们分开的。

劳伦斯与弗丽达在度过一段期盼、焦虑和迷茫的徘徊之后，于 1912 年 5 月 24 日，终于在慕尼黑会面了。等待许久而又突然地彼此相见，那份感动与欣喜，笔者无法用语言表述。那就闲言少叙，话说劳伦斯与弗丽达在慕尼黑做短暂停留之后，于次日南行，来到一个叫作伯尔堡的地方，开始了为期一周的蜜月旅行。他们以夫妻的身份在一家邮政旅馆住下，暂且摆脱了外在关系的纠缠，一对情人终于可以尽情吮吸爱的琼浆玉液了。蜜月的日子，春宵一刻值千金，弗丽达以成熟女性的妩媚唤醒了劳伦斯作为真正男人性意识的觉醒。

共浴爱河，缠绵悱恻。正如弗丽达后来在传记里自豪地宣称的那样："我认为一个男人可以生两次，首先是母亲生了他，而后则是他所钟爱的女人使他再生。"

弗丽达彻底改变了劳伦斯，也影响了他对女性的重新认识。他在写给友人的信中，毫无保留地表达了这种影响的深刻性："弗丽达与我已突破了艰苦的时光，进入了美好的赤裸裸的亲密阶段。我们热情如焚。我明白，我们终于坠入了情网。我认为不应该像我以前那样责怪女人，而是应该责备我自己，因为从前我爱错了女人。寻觅一个女人，她会爱他也为他所爱……我给予爱，我也取得爱——这便是永恒的爱。我认为只有一件事情要做，男人要有勇气去接近女人，将自己呈现在女人的面前，因为整个生命与知识的源泉就在男人和女人的身上，而整个生活的源泉就是男性与女性的交会与融合……"

但是，他们的蜜月旅行毕竟是不合法的。于是，他们二人积极为婚姻的合法化努力。首要的自然是弗丽达与丈夫即刻达成离婚协议。欧内斯特·威克利教授收到妻子的离婚协议书之后，立即复信表示坚决不同意离婚。如果说，在此之前劳伦斯还对自己曾经崇拜的法语老师感到内疚的话，那么此时只觉得气恼和鄙夷了：真是老学究，妻子早已投入了别人的怀抱，不再爱你了，还拖着不离婚有啥意思！于是，大作家又发挥了文学优势，向威克利教授进攻。他仍然亲切地称威克利为亲爱的老师："威克利夫人将会把一切情况告诉你，但是承担痛苦的不是只你一人。我们三人都处在痛苦之中。目前这种状况简直是痛苦的折磨。我在这里以她的一个普通朋友的身份出现，你可以想象这种情况需要多少谎言的掩盖。威克利夫人讨厌这种情况，但是没有别的办法。我爱你的妻子，她也爱我。我不是轻浮的，也不是无礼的。威克利夫人害怕她的成长会受到阻碍，她担心你不允许她发展,于是她需要过她自己的生活。在天性上,女人像巨人:她们会破除一切障碍,走自己的路……请不要诅咒我厚颜无耻地给你写信。此时此刻,我们只是两个独身的男人。不管你怎样看待我,情况是不会改变的。为了想出最好的办法我的心几乎都要爆炸了。不管怎样,我们应该对自己公正。威克利夫人需要丰富多彩的生活,这是由她的天性决定的。对我来说,这意味着未来。我觉得我仿佛是为了她而生存,难道我们不能够相互原谅吗?"

这封信后来被媒体曝光,一时舆论哗然。1913年10月19日,星期六,在伦敦《新闻晚报》的第二版上刊载了一条诺丁汉大学教授威克利先生离婚的新闻,标题是《作家的悲叹》。《伦敦旗帜报》则以《对女人天性的奇怪分析》抨击弗丽达。英国新闻出版界巨头诺思克利夫勋爵在芝加哥的一次讲话中声称:"没有自尊的男人将被女人所统治。"当时已享有盛名的大诗人艾略特撰文指责劳伦斯没有修养,厚颜无耻,败坏作家声誉。

他们的爱情正经历着四面楚歌的悲壮场景。

而此时,威克利教授也一直在通过各种渠道争取弗丽达回到自己身边。不仅给弗丽达寄来了一封又一封言辞恳切的信,请求她回到自己和孩子们中间,还动员孩子们向母亲发出凄楚哀婉的呼唤。

来自外界的压力,弗丽达是完全能够承受的,关键是对亲情的牵挂。自从她离家出走以来,无时无刻不在牵挂着孩子们,作为母亲不能见到亲生骨肉的折磨常常使弗丽达暗自垂泪。她开始意识到自己的冒险已经付出了如此沉重的代价。爱情并不都是柔情蜜意,纯净透明,他们不得不面对严峻的现实问题。他们私奔后的第一个圣诞节,弗里达想要给她的每个孩子寄点钱,表达作为母亲的心意。但是,劳伦斯寄钱时在汇单签上了自己的姓名。很快威克利把钱又退了回来,并附信威胁说要来宰了他们俩,因为"那个道德败坏的名字"侮辱了他的孩子。威克利现在答应离婚——条件是弗里达要像死了一样停止和孩子们的联系。他还寄来了孩子们的照片,以把插在弗丽达心头的这把刀子搅动一番。他说,将来他只通过律师和她联系。按照当时的离婚法,涉及对抗双方直接联系即构成同谋犯,因而使离婚无法实现。

这段时间,弗丽达的情绪糟透了,时常冲着劳伦斯发一些无名火。蜜月期之后。他们很快不可避免地陷入了夫妻战争之中。

一向清高孤傲的劳伦斯，有时候也怒火中烧。但他清醒地知道弗丽达如果一时犹豫，后悔起来，这对自己意味着什么。发泄愤怒的话，到了嘴边却又变了味道：“你自己决定最想要什么。和我待在一起，分担我的倒霉的运气；或者回到你昔日的安宁，回到你的孩子们的身边去。你自己决定，自己选择。”

弗丽达到底还是深深爱着劳伦斯，望着这个楚楚可怜的年轻人，听了他那温婉的话语，焦躁的心渐渐平复了。

1914年年初，英格兰传来消息，如果弗丽达坚持的话，她可以离婚。但是离婚法也规定，离婚后不允许她再去看望她的孩子们。弗丽达一想到可爱的孩子们从此就生生失去了母亲，心情又变得痛苦不堪，劳伦斯夫妇间的争执又一次出现了。

在孩子与恋人之间，弗丽达始终是苦苦挣扎，进退两难，险些达到丧失理性的地步。但对于彼此爱得发疯的一对鸳鸯来说，争执有时并不都是负面的影响，有时也是升华自我认识的方式。他们意识到，在很多方面，两性并不都是同一的，有时往往是相互矛盾的。争吵就是爱的生命力的表现。他在给朋友的信中说，生活中真正的悲剧不是爱的夭折或爱上被禁止爱的人，而是在那些彼此相爱的人之间进行的这种内部战争。

尽管劳伦斯与弗丽达之间因来自威克利方面的干扰，不时有些小小的不愉快，但暴风雨过后即是美丽的彩虹。他们很快会恢复到蜜月状态，尽情地沐浴着爱的光辉，沉浸在温馨的幸福之中。他们浪迹欧洲两年，爱的履痕遍布德国、意大利和法国。可以说，弗丽达改变了劳伦斯的生活，创造了劳伦斯的世界。弗丽达不仅使劳伦斯走出了母亲之死留下的巨大阴影，而且帮助他摆脱了母亲精神力量的无形控制。《儿子与情人》的最后一稿，就是在弗丽达的陪伴下写完的。当劳伦斯写到母亲之死一节时，哀伤不已，竟至病倒。弗丽达知道，他母亲那种过于强烈的爱，使这个天生柔弱的孩子无法承受，乃至受到了伤害。于是弗丽达开启了女性所有的温情、母爱和所独具的精神力量，抚慰、激励着他那颗受伤的心灵，使天性忧郁的劳伦斯从失重之爱的世界里重新找回平衡。

而劳伦斯在创造属于他自己的世界的同时，也回报给弗丽达“一个世界”。劳伦斯说他们当时就像亚当和夏娃一样，重返伊甸园了。而我们要说，劳伦斯还与弗丽达彼此从对方身上得到了一个崭新的世界。他们在欧洲孤独的流浪中，劳伦斯进入了一个创作的旺盛期。不但完成了成名作《儿子与情人》的最后一稿，而且在短短半年的时间里，出版了《侵入者》，完成了《虹》和《迷途的姑娘》初稿的大部分，创作了诗集《瞧，我们熬过来了！》，还写了《为巴巴拉而战》《养女》两个剧本和一本游记《意大利暮色》等。

1914 年 5 月 28 日，两年来一直为他们的同居关系合法化而努力的劳伦斯与弗丽达，终于如愿以偿。欧内斯特·威克利教授终于在离婚判决书上签了字。7 月 13 日，劳伦斯与弗丽达在婚姻登记事务所举行了简朴的婚礼。

到此可以说，他们的传奇爱情具备了社会的“资质”和法律的保护。按说可以在英格兰或德国定居下来，愉快地享受家庭、愉快地写作了。但是，一个月以后，第一次世界大战爆发了。整个欧洲陷入了浓浓的炮火之中，他们被迫继续浪迹天涯。

五、爱的迷宫

劳伦斯曾有一个关于婚姻的悖论，一方面鼓吹上流社会的淑女应当弃夫而去与下层社会的情人私奔，另一方面却强调婚姻必须终身相守，不容破坏。这种自相矛盾，连他自己也无法解释。曾与劳伦斯有过深入交谈的赫胥黎说，劳伦斯的性格上存在着奇特的两面性，既是神秘主义的又是物质主义的。在反对他那个时代的传统宗教观点时，他又殚精竭虑，力图找到一种接近于事实的宗教。

结婚以后，似乎再也没有别的女性能够占据劳伦斯的精神世界了。但这并不意味着劳伦斯的身边没有激发他创作激情的女性。与其他女性的交往，已经成为劳伦斯艺术灵感源泉的一部分，女性始终是他理解世界、安放灵魂的方式：“只有女性的某些影响，可以使男人的灵魂变得丰富。”

议员的妻子莫雷尔夫人就是这样一位女性。她曾经多次资助和支持过英国的一些文学艺术家，与当时英国文学界、艺术界人士保持着良好的私人关系。莫雷尔夫人落落大方、举止优雅的风度，曾经令许多文学家、艺术家迷恋。奥托林·莫雷尔也是在诺丁汉长大的，比劳伦斯大 13 岁。老乡见老乡，两眼泪汪汪。家乡童年的记忆，很快把二人交往的距离拉近了。劳伦斯也自然成了莫雷尔家的常客，并通过莫雷尔夫人，劳伦斯认识了许多思想界、文学艺术界的名流。这位有着深厚的文化造诣及享有较高的社会声望的女性，深深打动了劳伦斯，激发了劳伦斯的想象与热情，影响了劳伦斯的创作走向。《恋爱中的女人》中“布雷多利府邸”就是以莫雷尔夫人宅邸为原型描绘的。而女主角赫米奥正是以莫雷尔夫人为原型创作的。莫雷尔夫人知情后，生气地与劳伦斯断绝了往来。直到20年代后期，两人才恢复了友谊。

劳伦斯对莫雷尔夫人产生的不是情爱，而是艺术灵魂的熨帖。而那个富有的美国女人梅布尔，则让他体验到了女人强烈的控制欲望。

梅布尔当时是陶斯“感化院”的赞助人，她负责招徕一些艺术家和作家来描写陶斯，她固执地认为劳伦斯是唯一能够真正理解陶斯乡村和印第安人并能够把他们写进书中的作家。于是她来信力邀劳伦斯离开欧洲，去描写新墨西哥的陶斯。1922年8月10日，劳伦斯夫妇辗转来到旧金山会见了梅布尔。初次见面，这个美国女人就反感弗丽达，而对劳伦斯则太过热情。劳伦斯却慷慨地接受了她的这份浓度较高的热情，无条件地听从她的各种指使，还有经济上劳伦斯过于对梅布尔的依赖，都令弗丽达感到难受和苦恼。为此，劳伦斯夫妇也经常发生争吵。迫不得已，劳伦斯与弗丽达离开了梅布尔继续南行，在离意大利热那亚不远的海岸边租下了博纳达别墅。

正是在这座别墅里，劳伦斯与弗丽达开始了彼此的爱情历险，险些毁掉了他们来之不易的婚姻。同时，在博纳达别墅居住期间，劳伦斯开始了《查泰莱夫人的情人》这部旷世名作的写作。值得一提的是他还创作了一些短篇小说，比如，那篇名叫《太阳》的短篇小说，用象征的手法戏剧性地表达了劳伦斯创作的基本观念：女主人公在性爱方面还没有觉醒，只有在太阳的亲吻之下才醒过来，而迅速进入一个充满激情与活力的世界里。“太阳”实际象征着强大的爱情生殖力量，为日后劳伦斯创作《查泰莱夫人的情人》，突出表现的生殖崇拜，奠定了基础。

没有考据表明，《查泰莱夫人的情人》的创作灵感来自劳伦斯的妻子弗丽达的这次艳遇。但劳伦斯夫人的情人，的确出现了。他是这座别墅的主人，名叫安哲鲁·拉瓦格利，是一名意大利军官，死心塌地地追随墨索里尼。巧合的是，劳伦斯此前创作的小说《羽蛇》中也有个叫安杰洛·拉瓦格利的中尉（后来成了上尉）的军官。虚构与现实出现了惊人的相似，令作家劳伦斯长时间唏嘘慨叹。

那么现实中的拉瓦格利是个什么样的人呢？还是请弗丽达告诉大家吧：“那就是我们的房东。他身材短小，是位很正派的狙击部队军官，一看到他携带的弓箭上的箭羽，我就感到兴奋。他本人几乎跟那些羽毛一样令人感到愉快。”

一条羽蛇已经走进他们的生活，代替劳伦斯位置的人已经来到。拉瓦格利的妻子和孩子住在萨沃纳沿岸的较远处，每逢周末，他都要来看望劳伦斯夫妇。此人不但擅长和女人打交道，而且能够灵巧地处理房屋设备出现的问题，这给劳伦斯夫妇留下了深刻印象。比如，有一次炉中冒烟，劳伦斯干着急没办法，而拉瓦格利很利索地拆开火炉上的管道，清除里面的杂物，然后爬上屋顶去检查烟囱。劳伦斯自愧不如，便以教拉瓦格利英语作为回报。但拉瓦格利意不在此，他已从这个丰满的德国女人的眼睛里获得了有可能进一步深入的情报。果然如此，他开始了与弗丽达的偷情。

这位代替劳伦斯位置的人，25 年以后，与弗丽达结为夫妻——按这个时间推算，劳伦斯已经去世七八年了。他们因何要等这么多年，肯定会有许多故事。不过，那是另一篇文章里的事情了。现在我们还得接着往下说劳伦斯与弗丽达之间的“玫瑰之战”。劳伦斯干这活出身，他自然很快就会发觉弗丽达与拉瓦格利的暧昧关系。如果不是弗丽达的女儿芭芭拉的到来，兴许不会爆发，至少没有这么快。

芭芭拉来后不久，就看出了母亲与拉瓦格利的关系。非但不暗中提醒母亲注意点，反而自己也同拉瓦格利调情。作为继父的劳伦斯终于忍无可忍，把对她妈的火气发泄到女儿身上了。一天夜里，劳伦斯把一杯葡萄酒泼在弗丽达身上并粗暴地对芭芭拉喊道：“别以为你母亲爱你，她谁都不爱，瞧她那张虚伪的面孔。”芭芭拉不甘示弱，针锋相对。芭芭拉愤怒地说，她母亲对劳伦斯太好了。她想知道劳伦斯是否真的爱她。

娘俩联手，劳伦斯势单力薄。却又来了另一位继女埃尔莎·威克利助阵。劳伦斯一气之下也叫来了他的妹妹艾达和艾达的朋友。在这个小小的别墅里，玫瑰战争一触即发。郁闷不已的劳伦斯，只好选择逃避。他没跟任何人打招呼，只身跑到意大利的卡普里岛，投奔了布普斯特夫妇。同时，致信布雷特，说他现在已经脱离了令人心烦的家庭，只身来到卡普里岛，希望她能来会面。

布雷特是劳伦斯的朋友，曾是他的小说《羽蛇》的封面设计师。布雷特一直希望劳伦斯摆脱弗丽达跟她在一起，但劳伦斯坚决不同意。现在机会来了。布雷特很快也从新墨西哥来到卡普里岛赴约。备感身心疲惫的劳伦斯见到布雷特，无不伤感地说："我对这一切都感到厌倦了，布雷特，唉，我十分厌倦了。"

对劳伦斯充满崇拜和仰慕之情的布雷特，没有更好的办法把劳伦斯从绝望的深渊里拽回来，只好以身相许。但是，年过四十，且病魔缠身的劳伦斯，两次都失败了。布雷特回忆说：我极力去做到爱抚、温存，做成女人。我想劳伦斯也是在努力去成功地做成一个男人，但依然是毫无希望，一个绝望可怕的失败。

劳伦斯像许多恋人一样，为了表示对弗丽达的歉意送给她一幅画。这幅画以《圣经》故事为背景，一条鲸鱼正要吞下乔纳，上面还题了一句话："是谁要吞下谁？"弗丽达似乎并未被这幅画所打动，她仍然表现出余怒未消的样子。而此时的两个女儿却转变了态度，劝说弗丽达："劳伦斯太太（她们这么称呼）理智一些，你既然已经嫁给了他，就必须跟他跟到底。"弗丽达在女儿的劝说下，半推半就，劳伦斯又回到弗丽达身边。

虚惊一场，全家皆大欢喜。但，劳伦斯又伤害了另一个爱他的女人——布雷特。布雷特黯然神伤地离开了卡普里岛，没有重返新墨西哥，而是赶往那不勒斯的英国领事馆，领取移民美国证件。

布雷特站在驶往那不勒斯的小船上，隐隐看到了那个瘦小的身影。前来送行的劳伦斯使劲挥动着布雷特送给他的青绿色丝质围巾。他们二人大概都没想到，最后那匆匆一瞥，竟成了永别。

六、向污辱了他的英国告别

劳伦斯一生几乎都是在旅行或流浪中度过的。在此期间，他经历了欧洲的工业化进程以及第一次世界大战，而这些成为他文学创作的历史背景。在短短的24年写作生涯中，劳伦斯共创作了十部长篇小说。许多作品出版后都遭到查禁和攻击。

首次遭禁的作品是1915年11月出版发行的长篇小说《虹》。伦敦警察厅认为该书“有伤风化”而禁止出版发行，而其实是书中表现出的强烈反战思想及对英国社会的猛烈批判。这本书的遭禁使劳伦斯坚定了离开英国的决心——他期待着能够找到一个温暖的地方，一个新的适合创作出版的社会秩序。然而，没过几年，他又失望了。无论他怎样努力逃亡，英格兰都不会放过他的著作。

1916年仲秋，劳伦斯和弗丽达隐居在荒凉的康瓦尔海岸上创作长篇小说《恋爱中的女人》。尽管他们深居简出，不和当地任何人往来，但由于弗丽达是个德国人，又时常收到从德国寄来的信件，还是被误为德军间谍的疑犯而被限令离开。迫于生计，他们又返回了英国。小说《恋爱中的女人》完成后，整整三年英国和美国的出版商都不敢问津，直到1920年才在伦敦出版发行。不料，劳伦斯的文敌们继查禁小说《虹》之后，再度围攻《恋爱中的女人》。后出版商色尔佐诉诸法庭获胜，才渐渐平息。

但对劳伦斯又一次造成了极大的心理伤害。他是一个地道的英国人，但这个乏味的、死气沉沉充满敌意的英国再也不能令他感到留恋了，那个熟悉的英国渐渐变得模糊、冷酷，没有一丝温情了。一个强烈的意识占据了劳伦斯的心灵：继续离开英格兰！因此，英格兰逐渐淡出了劳伦斯的视线，在第一次世界大战以后的许多年里，他基本上成了一位美国作家。但他没有料到，在自己最后的岁月里，倾尽全部智慧和激情创作的小说《查泰莱夫人的情人》，在美国也遭到了查禁的厄运。

《查泰莱夫人的情人》这部小说，远比《虹》等其他小说遭受磨难要多得多。故此，笔者想叙述得详尽一些。

话说1926年仲秋，劳伦斯蜗居在意大利佛罗伦萨森林区的米兰达别墅里，开始了旷世名作《查泰莱夫人的情人》的写作。眼下他们经济状况良好，《迷途的姑娘》刚获得爱丁堡的詹姆士·泰持·布莱克奖（这是劳伦斯唯一获过奖的作品），收入颇丰。而妻子弗丽达除了与拉瓦格利红杏出墙之外，此后再也没有与其他男人亲密接触。她每天陪着劳伦斯，全身心地支持他的写作。上午劳伦斯在林区的松树下写作，她则忙碌地处理家务；下午认真聆听劳伦斯给她朗读上午写出的内容，并提出修改意见；晚上则给她的儿子蒙蒂写信，报告他继父的写作进展情况。她试图在信中向儿子说明这本新书的主题：不同阶级之间、灵与肉之间的冲突。但对人的动物性，她生怕解释不清，就十分虔诚地向劳伦斯请教。这段时间，夫妻二人又找回了从前的感觉，其乐融融，恩恩爱爱，但很少有床笫之欢。一个原因是劳伦斯身体每况愈下，另一个原因是他把这种夫妻交欢移植到了作品中：那个叫梅勒斯的男人与那个叫康妮的女人已经占据了劳伦斯的灵魂，或者说劳伦斯与他们融为了一体，没有能力割裂开来给妻子或其他女人。

从 1926 年 10 月到 1927 年 6 月，八个月的时间里，劳伦斯曾对《查泰莱夫人的情人》三易其稿。完成《查泰莱夫人的情人》第三稿后，他对弗丽达说："它只会再一次给我带来辱骂和仇恨。"他深知英国的文学检查制度，自从《虹》以"有伤风化"的罪名被查禁后，劳伦斯对出版发行极为小心。几经犹豫和踌躇，劳伦斯最后决定出版《查泰莱夫人的情人》。这次劳伦斯决定自办发行，并采取了些谨慎的措施：先将书稿交给佛罗伦萨的出版商朋友奥里亚利出版，然后由佛罗伦萨小印刷厂承印；为避开英国官方的检查，劳伦斯通过邮局寄给他在英国国内的友人们，十几册到几十册不等，然后再让向奥里亚利预订该书的国内书商们就近去他们那儿取书。他用这种方法向英国销售的小说约有 800 册。正当劳伦斯向国内悄悄发行时，美国海关已明确颁布了对该书的禁令。而用秘密方式流入国内的《查泰莱夫人的情人》，也没能瞒过英国检查机关。他们很快通过邮局掌握了替劳伦斯暂存书籍的朋友们的地址，并按照地址在各家搜到了一些来不及取走的小说。与此同时，劳伦斯的出版商和经纪人也被传讯。不过，查禁劳伦斯作品《查泰莱夫人的情人》的质询案，同当年英国国会对《虹》展开的激烈辩论一样，经过一段时间的拖延、推诿而不了了之。不幸的是没有出版商再敢问津了。直到作家去世两年后，《查泰莱夫人的情人》一书的删节本才在英国出现，直到 1960 年它的全本才在英国正式出版。然而，推出此书全本的企鹅出版公司却被拉上了法庭的被告席。所幸的是，这场官司以被告一方的大获全胜而告结束。劳伦斯终于在祖国赢得了作为严肃文学作品的地位。

当年在佛罗伦萨秘密出版的这本《查泰莱夫人的情人》，也受到了一些同行和媒体的责难。有些评论家不仅极力抨击作品，而且对劳伦斯本人也进行了恶毒的人身攻击。如英国评论家约翰·布尔在题为《邪恶的里程碑——〈查泰莱夫人的情人〉》一文中，对劳伦斯几乎到了破口大骂的程度，他称劳伦斯是"尽其可能倾泻邪恶，糟蹋我国文学名誉的人，就连法国那些制造春宫照片之流也无以望其项背”。布尔甚至还在文章中附上了一张插图，竟把劳伦斯画成了一个长着满脸络腮胡子、半人半兽的怪物。21 年后，这本小说在日本掀起了一场更大的风暴。

1950 年 4 月到 5 月，小山书店出版发行了由伊藤整以巴黎奥德萨全本为底本重译的《查泰莱夫人的情人》，分上、下两卷推出后引起轰动，两个月内就售出 15 万册，成为战后日本出版界一件盛事。但到了这年的 9 月（具体时间是 9 月 13 日），日本最高监察厅以传播、贩卖淫秽书刊罪，对译者伊藤整和出版人小山久二郎提起公诉。历时七年之久的“《查泰莱夫人的情人》案”，原、被告双方在法庭上进行了反复的、旷日持久的激烈争论，日本的三级法院为裁定此案均做了大量的工作，影响巨大。1952 年，伊藤整以此案的一审情况为素材，创作了新闻体小说《审判》，详尽记录了整个过程。伊藤在该书序言中说：“本案的审理引起世人极大的瞩目，其原因不仅在于文学作品成为受审的对象，而且在于它关系到战后日本新宪法维护基本人权、表现思想自由等根本原则能否坚持、贯彻的重大问题。”

劳伦斯也以《色情与淫秽》和《查泰莱夫人的情人·导言》为题，写了两篇长文，以驳斥当时舆论界对自己的种种攻击和对“色情”“淫秽”的认识与解读。令人始料不及的是，《色情与淫秽》这本薄薄的小册子出版后，在英国每星期的总销数竟达 12000 册；《查泰莱夫人的情人·导言》原是劳伦斯为 1929 年 5 月在巴黎出版的普及版《查泰莱夫人的情人》所写的序言，改写后则由曼锥克出版公司于 1930 年以单行本的形式推出。但时隔不久，这位受尽精神折磨和病痛折磨的文学大师，完全被死亡的阴影笼罩了。

1929 年 9 月 11 日，劳伦斯匆忙过完 44 岁生日后，不久就住进了疗养院。——也许他没有料到，这一住进去再也出不来了。医生诊断，劳伦斯的肺结核病至少有十几年时间了。

在疗养院里，弗丽达终日陪伴他——直到劳伦斯最后一息。弗丽达坚信，只要有她在身边，劳伦斯就不会感到孤独，就不会感到自己是个可怜的病人。但是，劳伦斯在病痛的折磨下性格开始变得偏执而急躁，曾有的睿智与机敏不见了，时而思绪紊乱地胡言乱语，时而不可理喻地咒骂着弗丽达以及这个令他伤心的世界。弗丽达有时不堪忍受，悄悄到户外躲一会儿，劳伦斯就会歇斯底里地喊叫和哀求。弗丽达知道，劳伦斯离不开她，今生今世离不开她，哪怕一分钟。唉，这个令她梦绕魂牵的小弟弟、小情人、小丈夫——这个令她深爱和崇拜的大作家啊，你不能丢下爱妻弗丽达，你不能放弃未竟的事业悄然离去！

夜幕降临了。每个夜晚对劳伦斯、对弗丽达都是一个考验："对他来说，最糟的时间是破晓之前，这时候他咳嗽得十分厉害，我知道他的日子已经快走完了，而天一破晓，我相信他心里一定充满感激之情，感激生命又给了他另一个白天！"

因此，每当睡觉时，弗丽达总把窗帘高高卷起，以便于在他失眠的时候可以眺望夜空及满天的星辰，每一个黎明的到来对劳伦斯都是一个胜利，每一缕阳光都会让他感到生命的存在。

2 月 25 日，赫胥黎夫妇来看望劳伦斯，一直陪伴着劳伦斯与亲人们最后告别。赫胥黎一直认为劳伦斯像一把火，尽管缺少燃料的供给，却能令人惊奇地一直燃烧着。此次见到劳伦斯，赫胥黎感到那把火"正在变弱，走向熄灭"！

在医生给劳伦斯注射了一支吗啡以后，他的情况稳定了一些。他似乎冲着身边每个亲人和朋友微微一笑——那淡然的一抹笑意，纯洁、淡定、从容——这是劳伦斯一生少有的，深深留在了人们心里，平添了一些唏嘘慨叹。

劳伦斯一点一点走向死亡之际，弗丽达还在做着最后的努力。一直用手握着劳伦斯的脚踝部。弗丽达固执地认为，劳伦斯的其他部位已经失去了生命，只有脚踝还有活力——因为劳伦斯一生居无定所，一直都在用脚踝进行逃离或者寻找适合自己存在的地方。她只要用力拽住脚踝，就能把他从死神的身边拉回来。

然而，这位当年劳伦斯艺术天才的唤醒者，这位非凡的年过半百的女人，已经无法再创造生命的奇迹了。1930 年 3 月 2 日晚 10 时，劳伦斯终于走完了他的一生。

葬礼很简单。没有悼词和仪式，只有妻子弗丽达平静的一声告别："再见了，亲爱的劳伦斯！"

劳伦斯是一个儿子加情人，一个性爱的畸形儿，一个疯癫般狂热的爱情牧师。然而他又是一个超越世俗、最富有创造力的天才艺术家，是英语文学中最伟大的作家之一。

记忆是时间的俘虏

——帕斯捷尔纳克的文学苦难

帕斯捷尔纳克（1890~1960），苏联作家、诗人、翻译家。先是以诗歌享誉苏联文坛，著有诗集《生活，我的姐妹》《主题和变调》等。1957年创作完成长篇小说《日瓦戈医生》，在意、英、美等国出版，引起强烈的反响，获1958年诺贝尔文学奖。由于西方掀起的“日瓦戈热”激怒了苏联，这部小说被禁止在苏联出版，官方甚至要把他驱逐出境。鉴于政治的压力，他被迫放弃了诺贝尔文学奖，孤独而忧郁地生活了两年，于1960年在莫斯科郊外病逝。1986年，苏联作家协会为他恢复了名誉。

引　子

鲍里斯与其他俄国人一样,有一长串姓氏和名字:鲍里斯·列昂尼多维奇·帕斯捷尔纳克,鲍里斯是名字,帕斯捷尔纳克是父姓。翻译家在帮助我们简称这拗口的姓氏和名字时,习惯上总是简称姓氏而忽略名字。比如,鲍里斯·列昂尼多维奇·帕斯捷尔纳克即是,多年来一直称呼他的姓氏帕斯捷尔纳克,而非名字鲍里斯。我搞不懂翻译家这样简称有什么原因,为何不按照中国人的习惯省略姓氏而直呼其名,比如,(石)钟山、(阎)连科、(李)西岳,等等。这自是闲话,就此打住。

在叙述鲍里斯的故事开篇——还是按照翻译家提供的简称帕斯捷尔纳克吧,因为这个姓氏我们已经耳熟能详了。要说明的是,在苏俄辉煌的文学史上,我之所以没有选择托尔斯泰、屠格涅夫、果戈理、法捷耶夫、高尔基、奥斯托洛夫斯基、肖洛霍夫等作家,而选中了帕斯捷尔纳克,是因为帕斯捷尔纳克遇到了苏联历史上一个伟大的时代——一个令帕斯捷尔纳克不敢走上诺贝尔文学奖领奖台的时代。

帕斯捷尔纳克与"文革"期间的中国作家有许多共同性,但所经历的苦难与传奇要强烈得多。他似乎是一种参照,也是一个启示,他导引着我们一同走进那个伟大与黑暗并存的时代,一同见证苏维埃文学和人生的苦难。

一

1890年2月10日,俄历1月29日午夜,莫斯科著名画家列昂尼德·奥西波维奇·帕斯捷尔纳克与钢琴家罗扎丽娅·伊西多罗夫娜·帕斯捷尔纳克夫妇沉浸在巨大的喜悦之中。因为他们炙热的爱情已经开花结果,诞生了一位未来的伟大作家——鲍里斯·列昂尼多维奇·帕斯捷尔纳克,二十几岁就以诗歌享誉俄罗斯文坛。自1913年12月,首部诗集《云雾中的双子星座》问世以来,陆续出版了《缪斯的春天代理处》《超越障碍》《生活,我的姐妹》等诗集。在诗歌创作之余,还进行了小说创作的尝试,陆续写出了长篇小说《三个名字》(其中第一部后来改为中篇小说《柳威尔斯的童年》)、中篇小说《若干境况》《空中之路》、诗体长篇小说《斯别克托尔斯基》、长篇小说《日乌里特笔记》以及自传体随笔《安全保护证》《人与事》等。

1945年5月,由于父亲溘然去世,使55岁的帕斯捷尔纳克骤然感到生命的琴弦如此脆弱。他在给堂妹、列宁格勒大学古典语言教授奥丽娅的信中写道:“我已经老了,说不定我哪一天就会死掉,所以我不能把自己要自由表达真实思想的事搁置到无限期去。……让整个一生不得不在一种乏味的程序中度过。”经历了半个世纪苏维埃无产阶级革命的帕斯捷尔纳克,此时内心发生了重大变化,他觉得以诗歌和散文的形式,已无法充分表达自己对革命的感受,只有通过一部长篇小说,把在这个世界上看到的和懂得的所有奇妙的东西都喷发出来。于是,在父亲辞世的第二年初,即1946年1月,开始了长篇小说后来定名为《日瓦戈医生》的创作。“当我写作《日瓦戈医生》时,我时刻感到自己在同时代人面前负有一笔巨债。写这部小说是偿还债务的试图。当我慢慢写作时,还债的感觉一直充满我的心房……我认为有责任用小说讲述我们的时代——那是遥远的过去,但它仍浮现在我们眼前,时间不等人,我想把过去写进《日瓦戈医生》之中……”

那么,何以致使正值壮年的帕斯捷尔纳克内心已死与创作激情燃烧并存?作家又经历了何等的人生惨痛,使他走向决绝和深刻的反思?

一切都是从文坛那个政治事件开始的。

1934年5月,诗人奥西普·曼德尔施塔姆因写诗讽刺斯大林而被克格勃逮捕。曼德尔施塔姆曾经将这首讽刺诗朗诵给帕斯捷尔纳克听。帕斯捷尔纳克听后,立刻意识到这首“反诗”的危害性,劝说他到此为止,不要再传播。曼德尔施塔姆不以为然,帕斯捷尔纳克只好否认听过这首诗。帕斯捷尔纳克说:“我没听过这首诗。您也不曾向我读过这首诗。”

这首讽刺诗的译文如下:“我们未感到生活有国家作为脊梁,/近在咫尺而我们的演讲却了无声响。/当我们希望稍稍开口时,/克里姆林宫的居住者站在路中央,/他粗粗的手指像蛆虫一样油亮,/他的话语的重量确有四十磅,/他穿着闪闪发光的牛皮服装,/他的开怀大笑像嘴唇上有只蟑螂。/在他周围是一群脖如鹤颈的丑类,/他把这种半人半鬼家伙的奉承当作儿戏玩耍。/他们吹口哨、学猫叫和哭哭啼啼地诉说,/只有他独自地用他的手指在指指戳戳。/他一点点地扔出马蹄铁似的东西——/公正写在眼睛里、脸上、额头上。/枪毙一词使他的那帮人更加愉悦,/奥塞梯人挺起宽阔的胸膛。”

曼德尔施塔姆被捕当天,与帕斯捷尔纳克同时代的著名女诗人阿赫玛托娃专程从列宁格勒赶到莫斯科,与帕斯捷尔纳克商量营救办法。帕斯捷尔纳克立刻想到了当时的苏共中央政治局委员、《消息报》主编布哈林。布哈林对帕斯捷尔纳克非常赏识,特别对他在1932年出版的诗集《第二次诞生》喜爱有加,认为苏联的诗歌已经由马雅科夫斯基时代进入了帕斯捷尔纳克的时代。因此,他见到布哈林显得有些激动,他说,他不明白怎么会不饶恕这样一位伟大诗人所写的几首不大高明的诗歌,竟然把人抓去坐牢!诗人的率真和政治上幼稚由此暴露无遗,幸好遇到布哈林,如果此话让克格勃听到,或直接对斯大林说,结果会怎样呢!他恳求布哈林营救,因为他知道,布哈林此时是斯大林的政治盟友,能够助曼德尔施塔姆一臂之力。布哈林沉思片刻,答应试试。布哈林果真给斯大林写了封信,并在信的结尾处特意写道:“连帕斯捷尔纳克也感到紧张。”布哈林之所以这样说,是因为他认为斯大林很熟悉帕斯捷尔纳克,不仅帕斯捷尔纳克的父亲曾是少数几位获准出入克里姆林宫并为列宁画像的画家之一,而且斯大林本人也常常电话约见帕斯捷尔纳克。还有一个原因是布哈林树立的这个文学典型——由帕斯捷尔纳克取代马雅科夫斯基,最高统帅基本默认了。但这次,富有政治激情和政治冲动的布哈林判断错了。斯大林怎能容忍一个诗人对自己说三道四，何况还有人格的攻击呢！

1934 年 6 月的一天，在帕斯捷尔纳克居住的沃尔洪卡大街十四号楼九号公寓，突然响起了来自克里姆林宫的电话："你是鲍里斯·列昂尼多维奇·帕斯捷尔纳克同志吗？斯大林同志要与您通话！"

斯大林直奔主题，说："讲讲你们文学圈的人是怎么谈论曼德尔施塔姆被捕的！"

帕斯捷尔纳克被领袖突然问起这个问题，一时不知怎么回答，想了一会儿说："您知道，他们啥也没说，因为我们没有什么文学团体，没有文学团体，就不会有谁说什么，因为大家都不知道说什么好，都害怕。"

斯大林沉默了一会儿说："好吧，现在给我谈谈您对曼德尔施塔姆的看法。您对待他就像对待诗人吗？"

帕斯捷尔纳克说他和曼德尔施塔姆分属不同流派："当然，他是大诗人，但我俩没有任何接触点——我们急剧地改造了诗歌，而他是学院派。"

斯大林问帕斯捷尔纳克为什么不替朋友奔走："如果我的诗人朋友遭到了不幸，我会不顾一切地去救他。可他毕竟是您的朋友呀！"

帕斯捷尔纳克一时语塞——他不知道如何回答领袖，其实他始终没有把曼德尔施塔姆视为朋友。他们不仅在政治方面而且在诗歌方面也都存在意见分歧。曼德尔施塔姆有时来他家串门，说话口气傲慢，言语生硬尖刻，就像教授对学生那样，非但他妻子无法接受，而且令帕斯捷尔纳克也感到不快。他认为曼德尔施塔姆的行为令人厌恶，才华却值得肯定。此后，帕斯捷尔纳克对曼德尔施塔姆敬而远之，始终没有发展成友情。现在斯大林突然问他为什么不替朋友奔走，帕斯捷尔纳克的确摸不着头脑，于是回答了一句连自己都不明白的话："如果我不为他奔走，您大概还一无所知……"

斯大林问："为什么您不来找我或者找作家组织？"

帕斯捷尔纳克答："作家组织从 1927 年起就不管这种事了。"

斯大林说："他毕竟是位大师，大师呀！"

帕斯捷尔纳克回答道："我们是风格迥异的诗人，我尊重曼德尔斯塔姆的诗，但并不觉得亲近。然而，不管怎么样，这无关紧要。"

斯大林嘲笑说："看来，你不善于保护同志。如果我是曼德尔斯塔姆的朋友，我应该懂得如何更好地为他辩护！”

帕斯捷尔纳克一时语塞。斯大林在短暂的冷场之后再一次问他，当曼德尔斯塔姆朗读那首讽刺诗时他是否在场。帕斯捷尔纳克回答说，最重要的是他必须和斯大林见面，越快越好，一切都决定于此，他们必须谈谈终极问题，关于生和死。帕斯捷尔纳克回答说，他认为他在场与否根本不重要，但很高兴斯大林能和他通话，说他知道这迟早会发生，说他们必须面谈，谈具有无比重要性的事。

“谈什么？”

“谈生与死。”

斯大林挂断了电话。

帕斯捷尔纳克非常后悔这次与最高领袖没有准备的通话，想表达的话，几乎没有说出来。于是，他试图给斯大林打电话，但对方回应：“斯大林同志正忙着。”之后，他开始极其不安和兴奋地在公寓里走来走去，整个晚上对邻居说：“我应该给他（斯大林）写一封信。您的名字变得不公正；您不让我说到最后——要知道，现时所有的不快都同您的名字搅在一起，您应该了解清楚这一点……

他给斯大林写了一封信，作为他们通话未完的补充。

不知是帕斯捷尔纳克的作用，还是布哈林的作用，或者是斯大林有了新的政治意图，总之曼德尔施塔姆被减轻了处罚，只是被流放了三年。

曼德尔施塔姆的遭遇或许不是帕斯捷尔纳克的最大悲痛，但可以肯定是其内心深处的最大隐痛。帕斯捷尔纳克后来对曼德尔施塔姆的妻子娜捷日达说，自从接到斯大林的电话后，他很久写不出诗了。几个月后，帕斯捷尔纳克便病倒了，“患了精神障碍症，睡不着觉，生活失常，经常哭泣，总说到死”。

曼德尔施塔姆被流放后不久，帕斯捷尔纳克便与高尔基并排坐在苏联第一届作家代表大会的主席台上。布哈林在报告中称赞帕斯捷尔纳克是“我们这个时代最杰出的诗坛巨擘之一”。他在这次代表大会上当选为第一届理事会理事，并得到全体起立欢迎他讲话的最高礼遇。之后，他最尊敬的领导和文学知音布哈林也一跃而成为苏共中央“2 号”领袖。但政治风云变幻莫测，帕斯捷尔纳克还没有来得及祝贺，布哈林却很快被捕入狱了。紧接着，1938 年 5 月，曼德尔施塔姆再次被捕，并很快死于集中营。之后，在帕斯捷尔纳克居住的别列捷尔金诺作家村，25 位作家被克格勃逮捕。奇怪的是帕斯捷尔纳克却安然无恙。后来有人认为，这主要得益于他在此期间翻译了格鲁吉亚民间赞颂斯大林的诗歌，才网开一面，未受到更大的政治冲击。斯大林在苏联作协要求处治帕斯捷尔纳克的卷宗上批示道："不要碰这只闲云野鹤！"

事实上，斯大林很赏识帕斯捷尔纳克的诗才，希望他成为时代的歌手。有一次，他还曾经把自己写的诗歌假借朋友之名请帕斯捷尔纳克点评。没想到，这位不懂政治的我行我素的诗人帕斯捷尔纳克，尽管已猜到了是何人所作，却依然恃才傲物，告诉斯大林，诗写得不好，让他的朋友最好去干别的对他更合适的事情。无疑，天真直率的诗人帕斯捷尔纳克又一次伤了苏维埃最高领袖。不久，斯大林再一次立死了五年的马雅科夫斯基为诗人样板，而取代了帕斯捷尔纳克。特别是布哈林在 1938 年被处决后，帕斯捷尔纳克在无产阶级作家圈子里便完全孤立了。非但大家不屑同他交往，而且，国内文学刊物和出版社拒绝发表或出版他的作品。从 30 年代中期到战前的这段时间里，帕斯捷尔纳克没有在苏联发表过一部新作，只能靠翻译为生。

这是一段寂寞的日子。苏维埃几乎忘记了他是位诗人、作家，只有遇到政治事件时，才能想到他。比如，1937 年审判苏联军事统帅亚基尔、图哈切夫斯基等人案件，在作家当中征集签名，以示拥护判处"人民公敌"死刑时，苏联作协才想到了帕斯捷尔纳克。但帕斯捷尔纳克拒绝签名，作家协会主席斯塔夫斯基气急败坏，大骂这个不识时务的家伙。你还以为有斯大林同志赏识，有布哈林撑腰，有恃无恐啊，一切都结束了。于是斯塔夫斯基怒气冲冲找到他家里，大发雷霆，百般威胁，甚至派人监听他的一举一动，准备狠狠打掉帕斯捷尔纳克的嚣张气焰。当时帕斯捷尔纳克的妻子正身怀六甲，即将分娩。于是，她苦苦哀求丈夫，不要害了她和孩子，签名吧！

签名意味着家庭平安，甚至也许会获得作品发表的权利，但也意味着放弃真理。执拗的帕斯捷尔纳克顶住了来自当局和家庭的双重压力，最终没有在审判书上签名。但随后，他生活陷入了更为黑暗的深渊。妻子对他的不理解和表现出的来愤怒、不满与冷落，使本来内心孤寂的帕斯捷尔纳克更为孤寂。此时，他多么渴望一个理解他、同情他、爱他的红颜知己，来浇灌作家干涸、枯寂的心灵，滋养他的创作啊！

1946 年,正当他在孤寂中写作《日瓦戈医生》的时候,一个女人走进了他的感情生活。从此,《日瓦戈医生》改变了两个人的命运,也成为无产阶级与资产阶级两大意识形态对弈的靶子。唉,不幸的《日瓦戈医生》!

二

这个女人叫奥莉加·伊文斯卡娅,时任文学杂志《新世界》编辑, 34 岁,比作家帕斯捷尔纳克小 22 岁。此前有过两次婚姻,第一个丈夫在第一轮大清洗中被迫自杀,第二个丈夫战死沙场。她同女儿卡佳相依为命,过着平静的生活。当时,她只想替女儿卡佳找一个关心他们的继父,不敢再有更大的奢望。但是,她在《新世界》编辑部初次邂逅了自己的崇拜偶像——苏联著名诗人、作家、翻译家鲍里斯·列昂尼多维奇·帕斯捷尔纳克之后,一切都改变了。伊文斯卡娅见到仰慕已久的大诗人自是激动不已,而帕斯捷尔纳克第一眼见到伊文斯卡娅,就被伊文斯卡娅超凡脱俗的容貌所震撼。他感觉,她的容貌与他当年在马尔堡大学第一次爱上的那个女孩子——莫斯科著名茶叶商的女儿伊达·费索茨卡娅竟是那么的相像。作家记得很清楚,他在 1917 年创作的诗歌《马尔堡》中,曾描述过初恋情人的容貌。时隔多年, 56 岁的帕斯捷尔纳克恍如又回到了初恋岁月。他热辣辣地望着伊文斯卡娅,感觉身体在燃烧。伊文斯卡娅也感觉到了,这位令他仰慕和尊敬的诗人、作家火辣辣的目光里,传递着巨大的爱情信息。她有些慌乱和兴奋,又仿佛被爱情的信子紧紧牵引着,一步步走近他。当帕斯捷尔纳克动情地称她“我的生活,我的天使,我真心爱你”时,她几乎不能自已了。后来她写信告诉朋友,说她与帕斯捷尔纳克会面,就像“在和上帝交谈”。

第一次相见,这一对爱诗和写诗的人一见钟情。没有更多语言,四目相对,却火花四溅,迅速照亮了苏维埃寂寞的文坛。帕斯捷尔纳克离开编辑部不久,便迫不及待地给伊文斯卡娅寄去他的诗作和译诗。随后,又在刚刚翻译出版的裴多芬诗集上题词,献给伊文斯卡娅:“裴多芬的 1947 年 5、6 月是一个代码,我真情翻译他的抒情诗是表达我对您的感情和思念,与他诗文中的需求相一致。”没过几天,帕斯捷尔纳克几乎把自己创作出版的所有诗集签名赠给伊文斯卡娅,并请她到世界著名钢琴家尤金娜家听他朗读《日瓦戈医生》的前三章。当伊文斯卡娅听完《日瓦戈医生》第二章《来自另一个圈子的姑娘》后,似乎漫不经心地说拉拉的气质同她非常相似。老作家激动了,他说:“是的,亲爱的伊文斯卡娅,你就是我心中的拉拉！”此后,帕斯捷尔纳克便开始以她为原型塑造女主角拉拉,把伊文斯卡娅的经历也写进了这个形象。伊文斯卡娅成了作品的灵魂人物,也成了帕斯捷尔纳克创作的力量源泉——帕斯捷尔纳克离不开伊文斯卡娅了。

文学似乎离不开女人,伟大的女性滋养了俄罗斯文学精英:莉莉娅滋润了马雅科夫斯基创作,普希金没有安娜,心灵不充实,叶赛宁没有邓肯写不出天才诗句,帕斯捷尔纳克没有伊文斯卡娅便不是帕斯捷尔纳克,至少《日瓦戈医生》中的女主角拉拉会是另一种形象。年轻貌美的少妇激发了作家的创作激情,他为这位红粉知己写了许多动人的诗章:“在缠满常春藤的爆竹柳丛里,我俩一道想找个避雨之处。你我的肩头披着件雨衣,我环抱你的双臂被你缠住。我错了。缠绕密林树丛的不是常春藤,而是啤酒花。也罢,不妨把这件雨衣 宽宽地铺在我俩的身下。”

显而易见,在这一年多的时间里,他们的爱情很快进入了高潮。伊文斯卡娅终于听从帕斯捷尔纳克劝说,决定离开杂志社,为伟大的俄罗斯文学而献身,甘愿成为帕斯捷尔纳克的私人助手和情人,帮助他料理生活,处理各种通联和出版事宜,以便使帕斯捷尔纳克安静地写作《日瓦戈医生》。

伊文斯卡娅做出这样大胆的决定,是需要巨大勇气的。因为她已经知道了大作家并非独身,他有妻子、有家庭。他的妻子曾经是世界著名的钢琴家涅考兹的妻子,他们也是因爱而背叛各自家庭走到一起的。尽管自从1938年曼德尔施塔姆再次被捕以后的日子里,由于当局的干扰,夫妻也争吵不断,甚至帕斯捷尔纳克有离开她的念头,但毕竟眼下还有夫妻名分,当她得知自己的丈夫在外面与别的女人同居,会善罢甘休吗?果然没多久,帕氏夫人济娜伊达·尼古拉耶夫娜找上门来了。妻子与“小三”相见会发生什么呢,她伊文斯卡娅向骂骂咧咧的济娜伊达解释自己只是作家的助手或秘书吗?非但人家不会相信,也不尊重自己。干脆一言不发,任凭她发泄。济娜伊达发誓要惩罚她,至于如何惩罚,济娜伊达没说。伊文斯卡娅只好等待着——等待什么?等待帕斯捷尔纳克妻子的惩罚,还是等待帕斯捷尔纳克与她结合,伊文斯卡娅似乎很模糊。但她爱他是真的,爱文学也是真的,那就让爱弥漫她的生活吧。

一时间，伊文斯卡娅成了名人。帕斯捷尔纳克的作家朋友称赞她的献身精神，作协鄙视她有违伦理道德，需要作家站出来予以批评，就连克里姆林宫也在谈论这个女人。看来，已经用不着帕斯捷尔纳克妻子出面惩罚了。在苏联作协的煽动下，巨大的社会舆论几乎达到了惩罚的目的。

其实，作协惩罚的不是伊文斯卡娅，而是作家帕斯捷尔纳克。1947 年 3 月，作协书记苏尔科夫在《文化与生活》杂志上发表《论帕斯捷尔纳克的诗》一文，指责帕斯捷尔纳克视野狭窄，内心空虚，孤芳自赏，未能反映国民经济恢复时期的主旋律。一向我行我素、恃才傲物的帕斯捷尔纳克，依然不买作协的账。除译著外，继续潜心创作《日瓦戈医生》，并把写好的章节读给伊文斯卡娅和朋友们听。可怜的伊文斯卡娅，被天真的、不知险恶的作家给害了。作协终于知道了帕斯捷尔纳克正在写一本反党反社会主义的小说。为了阻止他写《日瓦戈医生》，制裁帕斯捷尔纳克，他们通过克格勃逮捕了伊文斯卡娅。

后来，克格勃头子谢列平在 1959 年 2 月 20 日《关于帕斯捷尔纳克的调查材料致苏共中央的报告》中，这样阐释伊文斯卡娅的被捕："帕斯捷尔纳克的情妇伊文斯卡娅（翻译家）是一个出身贵族、道德堕落的女人，1949 年因表现为反苏情绪且又与一伙诈骗犯相勾结而被逮捕。"

伊文斯卡娅被捕以后，警察查抄了伊文斯卡娅的家，并搜出许多帕斯捷尔纳克的诗集。当警察局传唤他领取诗集时，帕斯捷尔纳克拒绝了。他理直气壮地告诉警察，诗集是赠给伊文斯卡娅的，已不属于他，应归还原主。帕斯捷尔纳克的倔强态度使监狱里的伊文斯卡娅受罪更大。审讯员对她连轴审讯，让耀眼的灯通宵对着她眼睛，不让她睡觉，一直折磨她三天三夜，逼她交代帕斯捷尔纳克的反苏言行。她坚决拒绝将帕斯捷尔纳克牵涉进一桩无中生有的间谍活动中。气急败坏的审讯员把她关进监狱停尸间，暗示帕斯捷尔纳克已死，她何苦替死人顶罪。伊文斯卡娅根本不相信狱方的谎言，当她一一揭开几十具盖着尸体的白布之后，反而增加了对抗的勇气。审不出什么罪证，他们便把伊文斯卡娅送往莫尔达维亚劳改营劳动改造。当时伊文斯卡娅已怀上帕斯捷尔纳克的孩子，艰苦的劳动致使她流产了。

伊文斯卡娅被捕入狱期间，帕斯捷尔纳克不断地给她写信，却杳无音信，只好写诗表达内心深切的思念之情："大雪封了路／埋住了幢幢房屋……这个雪夜加倍长／我不能画一条线／隔断在你和我之间。”

伊文斯卡娅在劳改营待了五年之后，这对苦命鸳鸯终于盼到了斯大林逝世后实行大赦，又一次鸳梦重温了。见到重获自由的情人，帕斯捷尔纳克百感交集，激动不已。五年的折磨非但未摧毁她的精神，未改变她的容颜，而且依然光彩照人。六十多岁的帕斯捷尔纳克紧紧拥抱着伊文斯卡娅，喃喃呼唤着她的名字，泪水奔涌而下。

伊文斯卡娅出狱后，失去了工作，住进莫斯科郊外西南别列杰尔基诺“作家村”帕斯捷尔纳克家里。经历了一次巨大的磨难，帕斯捷尔纳克的妻子济娜伊达默认了他们的关系。但伊文斯卡娅有时不免也有嫉妒心理，因为帕斯捷尔纳克对这两个女人的态度同日瓦戈医生对妻子东尼娅和拉拉的态度一样，时而由于妻子的吵闹，试图摆脱这无爱的婚姻枷锁；时而由于自己对妻子的负疚和怜悯而一次次犹豫，下不了决心同她离异。导致伊文斯卡娅气愤而争吵。最严重的也是最后的一次争吵是 1959 年 2 月 21 日至 3 月 3 日英国首相麦克米伦率领外相和其他人员访问苏联前夕，有关部门要求帕斯捷尔纳克回避。正好有朋友邀请，帕斯捷尔纳克便在妻子的陪同下去了格鲁吉亚首都第比利斯做客。奥莉加·伊文斯卡娅觉得心爱的人怠慢了自己，于是负气离家去了列宁格勒。不过，很快二人又和好如初，相亲相爱。仿佛“有一条比我们两人在众人面前亲切相处更纤细的线”，把他们“结合在一起”。伊文斯卡娅成了帕斯捷尔纳克实质的、须臾不可分离的写作助手和生活伴侣。她做他的文学经纪人，为他的作品打字、联系发表和出版事宜等。

他们共同期盼着《日瓦戈医生》早日完成。因为他们共同创造了拉拉的形象，共同丰富了作品的内涵。但是，他们还无法想到，这部由二人倾注巨大心血创作的小说，将会给他们带来怎样的命运。

三

1955 年 12 月，经过将近十年的辛苦劳动，这部反思历史、控诉暴力、呼唤人性的长篇小说《日瓦戈医生》终于完稿了。当记者问帕斯捷尔纳克小说里的女主人公拉拉是否实有其人。帕斯捷尔纳克坦率地回答说：“是有拉拉这么个人。

我希望你去见她。这是她的电话号码。”随后就把伊文斯卡娅的电话号码告诉了记者。可以看出,作家已经把情人伊文斯卡娅与小说《日瓦戈医生》融为一体了。

如果说,帕斯捷尔纳克是俄罗斯文化杰出的儿子,那么,伊文斯卡娅则是俄罗斯文化最称职的女儿和情人。伊文斯卡娅不但是帕斯捷尔纳克的写作助手和生活伴侣,更是他灵感的源泉。当伊文斯卡娅成为小说一个创作素材,成为“拉拉”之后,可以肯定,没有谁像她那样,作为小说人物原型直接参与了小说的创作。在作家帕斯捷尔纳克心目中,伊文斯卡娅在小说中,也在生活中。既是人物原型,也是创作者;既是圣母,也是受难者。因此,《日瓦戈医生》完成后,小说交给哪家刊物发表,首先要征求伊文斯卡娅的意见。伊文斯卡娅立即想到了自己曾经工作过的、也是他们初次相遇的地方——苏联作协文学月刊《新世界》编辑部。于是,伊文斯卡娅打印好书稿,寄给了该刊主编西蒙诺夫。伊文斯卡娅断定,西蒙诺夫看完书稿会激动地跳起来。因为她曾经给他当过一段秘书,深知他的脾性,每逢看到好稿子,便会激动地跳起来,然后就叫伊文斯卡娅去请其他编委一同分享他的快乐。但是,这一次,伊文斯卡娅判断错了。西蒙诺夫没有激动地跳起来,而是联合五位编委写来一封长达一万多字的愤怒声讨信:“你的小说精神是仇恨社会主义……小说中表明作者一系列反动观点,即对我国的看法,首先是对十月革命之后头十年的看法,说明十月革命是个错误,支持十月革命的那部分知识分子参加革命是一场无可挽回的灾难,而以后发生的一切都是罪恶。”

此时,伊文斯卡娅还没有意识到问题的严重性。她把小说又投寄给《旗》杂志主编科热夫尼柯夫,因为该刊曾刊登过小说中的十首诗歌,科热夫尼柯夫还当着伊文斯卡娅的面连连称赞诗写得很好。但小说转到他手里,连看都没看就立马退稿了。伊文斯卡娅仍不死心,又跑到《文学莫斯科》丛书编委会,恳求他们出版,并提出他们可以随意删去他们无法接受的词句或章节,哪怕出个节本也行,但遭拒绝。

国内出版看来是无望了,伊文斯卡娅决定拿到国外出版。但帕斯捷尔纳克有些犹豫和担心。这时,恰巧朋友塞亚·伯林来访。吃过午饭后,帕斯捷尔纳克的妻子济娜伊达把塞亚·伯林拉到一旁,哭着求他劝说帕斯捷尔纳克不要把《日瓦戈医生》拿到国外出版。她不愿自己的孩子为此受难。于是，塞亚·伯林劝说帕斯捷尔纳克放弃出版，不要对抗当局，要考虑后果。并答应他将小说制成胶卷，埋在牛津、瓦尔帕莱索、塔斯马尼亚、开普敦、海地、温哥华或日本，这样即使爆发一场核战争，这些胶卷也能留下来——直到允许出版为止。

如果就此放弃，就没有后面的故事了。时隔不久，帕斯捷尔纳克接待了一位叫塞尔基奥·丹杰洛的意大利人，使他和伊文斯卡娅以及这部小说的命运出现了一波三折。

丹杰洛是意共党员，受意共党组织委派来到苏联，任莫斯科电台意大利语编辑。他受意大利共产党员出版商詹贾科莫·菲尔特里内利之聘，作为该社的驻苏代理人，并及时注意苏联作家有什么优秀的作品出版，向他推荐，以便在意大利出版译本。1956年5月，莫斯科电台对外广播时用意大利语报道说，著名诗人鲍里斯·帕斯捷尔纳克已经完成一部长篇小说《日瓦戈医生》，即将出版，同时还介绍了作品的内容。丹杰洛及时向菲尔特里内利汇报了这条信息后，菲尔特里内利请他立即跟作者联系，设法马上将手稿复印出来寄给他。丹杰洛找到帕斯捷尔纳克后，直接说明他的来意，说很想读一读他的新作《日瓦戈医生》。帕斯捷尔纳克也许考虑到丹杰洛和出版商菲尔特里内利都是意共党员，而苏联报刊与电台又都正式传递了《日瓦戈医生》将要面世的消息，在这种情况下把原稿交给外国人并没有什么大问题。于是，便把小说原稿交给了丹杰洛。

消息不胫而走。苏共中央很快获得了帕斯捷尔纳克准备在意大利出版《日瓦戈医生》的情报。

苏共中央的4号人物、主管意识形态的苏斯洛夫把伊文斯卡娅召到苏共中央，盘问帕斯捷尔纳克与意大利出版商菲尔特里内利的关系。伊文斯卡娅回答，她是在帕斯捷尔纳克不知情时候，将手稿转交给意大利出版商菲尔特里内利的。当时考虑到菲尔特里内利是意共党员，不会有问题。帕斯捷尔纳克知道后，坚持要求先在国内出版。苏斯洛夫说，既然如此，请帕斯捷尔纳克同志以修改手稿为名，向菲尔特里内利索回原稿。帕斯捷尔纳克照办，但菲尔特里内利拒绝退稿。于是，苏斯洛夫飞往罗马，请求意共总书记陶里亚蒂出面干预，没料到菲尔特里内利抢先一步退党，并在1957年年底出版了《日瓦戈医生》的意文译本。接着欧洲又出版了英、德、法等各种语言的译本，《日瓦戈医生》成为1958年西方最畅销的小说。西方报刊纷纷发表文章称赞这部小说：意大利《现代》杂志主编尼古拉奇·亚洛蒙特认为，帕斯捷尔纳克概括了俄国最重要的一段历史时期，"继《战争与和平》后，还没有一部作品能够概括一个如此广阔和如此具有历史意义的时期"。英国作家彼得·格林把《日瓦戈医生》称为"一部不朽的史诗"，并说"《日瓦戈医生》的出版使阳光穿透了云层"。美国著名苏联文学研究专家马克·斯洛宁则宣称："鲍里斯·帕斯捷尔纳克的这本书是我们这个时代最重要的著作之一。它的出版是文学界的头等大事。"

西方出版、文学界纷纷撰文称赞这部小说的时候，苏联国内却风雨满楼。

苏斯洛夫恼羞成怒，不仅他亲自出马未能阻止小说出版丢了面子，而且他清醒地意识到，我们反对的，敌人却大唱赞歌，帕斯捷尔纳克无疑成了资产阶级意识形态的代言人。随即开始了对帕斯捷尔纳克新一轮的批判，报刊连篇累牍地发表抨击《日瓦戈医生》的文章。在上层的鼓励下，一些天真的学生还到帕斯捷尔纳克住所前骚扰，使他终日不得安生。但伊文斯卡娅预言小说迟早会被苏联人民接受，劝说帕斯捷尔纳克要学会忍耐和原谅，暂时放下反对他的人。她这样劝说心爱的人，而自己却找到苏联作协理事会第一书记费定，庄严声明：如果继续骚扰帕斯捷尔纳克，她和帕斯捷尔纳克便双双自杀。费定清楚，目前苏联文艺正处于"解冻"期，帕斯捷尔纳克果真自杀，对作协不利。于是建议上层停止了对帕斯捷尔纳克的攻击，使作家的生活得到了短暂的安宁。

但是，在此后的日子里，随着帕斯捷尔纳克获得诺贝尔文学奖，他的生活彻底被打乱了。

四

1958年10月23日，瑞典文学院宣布授予68岁的苏联作家帕斯捷尔纳克诺贝尔文学奖。

其实，对帕斯捷尔纳克来说，这是一个姗姗来迟的奖项。从1946年起至1950年，每年都曾把帕斯捷尔纳克作为候选人来讨论。在1953年的最终评定中，评委员会以帕斯捷尔纳克是"生活在俄国的俄国作家"这一理由又否决了授奖给帕斯捷尔纳克。1956 年《日瓦戈医生》在意大利出版引起巨大反响后，1958 年终于尘埃落定，获此殊荣。但授奖词只字未提《日瓦戈医生》，只是一个隐晦的表述："在现代抒情诗和伟大的俄罗斯叙事文学领域中所取得的杰出成就。"

这是何故？随着档案资料的解密，《日瓦戈医生》获奖前后的故事，一一浮出水面。

先说帕斯捷尔纳克获诺贝尔文学奖前，美国中情局所扮演的角色。

根据诺贝尔文学奖评奖规则，《日瓦戈医生》由于没有本国语言的版本，帕斯捷尔纳克不能得到该奖项。该怪谁呢，帕斯捷尔纳克创作完成《日瓦戈医生》后，苏联国内拒绝出版或发表，而自冷战以来，西方对苏联的图书需求量很少，根本没有书商愿意出版俄文版的《日瓦戈医生》。帕斯捷尔纳克被迫在意大利出版了《日瓦戈医生》的意文译本。而且出版后，苏联政府和媒体猛烈炮轰该作品，因此在评奖之前，怎么可能产生俄文版的《日瓦戈医生》。一直信奉"书籍是最重要的战略性宣传工具"的美国中央情报局，在获此信息后，经过分析研究决定，以最快的速度资助出版俄文版《日瓦戈医生》，以争取获奖，反击苏联。诺贝尔文学奖评委会看出了以美国为代表的西方资本主义国家的政治企图，不情愿让文学成为政治工具，又没有办法，只好尽量淡化政治影响，在诺贝尔文学奖获奖理由中做文章，不提及这部小说，只是含糊其辞地说表彰他在现代抒情诗和俄罗斯叙事文学领域所取得的成就。

尽管如此，浓烈的意识形态色彩，还是硬把帕斯捷尔纳克推上了政治舞台的聚光灯下，一部小说的获奖引发了一场政治地震。

苏联政府先是阻止他授奖。苏联驻瑞典大使馆发言人说："帕斯捷尔纳克作为翻译家比作家更知名。"苏联文化部长表示，诺贝尔文学奖授予肖洛霍夫更为合适。塔斯社代表官方发表的声明更决绝：如果帕斯捷尔纳克到瑞典领奖后不再回国，苏联政府决不追究。

苏联政府强行阻止诺贝尔文学奖获得者的诞生，西方却蜂拥而至，极力热捧，把《日瓦戈医生》称作是"自由俄国之声的重新崛起"，是一本"关于人类灵魂的纯洁和尊贵的小说"，甚至攻击社会主义"不人道"，知识分子既不相信布尔什维克，也不赞成十月革命，等等。这场对台戏，几乎就是一场游戏，遭难的则是作家本人。

在瑞典文学院宣布1958年诺贝尔文学奖获得者不久，帕斯捷尔纳克立即成为美国《时代》周刊的封面人物。但帕斯捷尔纳克丝毫也没有得奖后的喜悦，头发灰白，目光呆滞，像刚刚经历过一场大病。

现实比经历过一场大病，还要令帕斯捷尔纳克心力交瘁。就在他获得诺贝尔文学奖后第二天早晨，苏联作协理事会第一书记费定即来到帕斯捷尔纳克家，以会籍相威胁，逼他拒绝诺贝尔文学奖和发表抗议声明。1958年10月23日，苏共中央主席团根据苏斯洛夫的报告中所提的建议，做出了《关于帕斯捷尔纳克诽谤性小说的决定》。《决定》认为：将诺贝尔奖授予帕斯捷尔纳克的长篇小说——这样一部诽谤性地描述十月社会主义革命、实现这场革命的苏联人民和苏联社会主义建设的作品，是针对我国的敌对行动，是国际反动势力在煽动冷战的手段；在《新世界》杂志和《文学报》上发表《新世界》杂志编辑部1956年9月给帕斯捷尔纳克的信；准备一篇文艺短评在《真理报》上发表，对帕斯捷尔纳克的长篇小说本身进行尖锐的批评，同时揭露资产阶级报刊上就授予帕斯捷尔纳克诺贝尔奖一事掀起的敌对性宣传运动的实质；组织并公布一批最著名的苏联作家的表态文章，其中要把授予帕斯捷尔纳克诺贝尔奖看作煽动冷战的企图。

《决定》出台后的第三天，即1958年10月25日，苏联《真理报》发表了著名评论家萨拉夫斯基《围绕一株毒草的反革命叫嚣》的文章："反动的资产阶级用诺贝尔奖金奖赏的不是诗人帕斯捷尔纳克，也不是作家帕斯捷尔纳克，而是社会主义革命的诬蔑者和苏联人民的诽谤者帕斯捷尔纳克。"此后，对帕斯捷尔纳克及其《日瓦戈医生》的抨击铺天盖地而来，称小说是"一株文学大毒草"，小说的作者是"颓废知识分子的典型代表""所有丧失理性的玩世不恭者的同伙""叛徒"，小说中的主人公是一个"道德上畸形发展的怪物"，等等。当时的苏联共青团中央第一书记、后成为克格勃主席的谢米恰特内在庆祝共青团成立41周年大会上讽刺说，帕斯捷尔纳克应该离开苏联去"领略资本主义天堂的妙处"。谢米恰特内将作家比喻为"一头弄脏自己食槽的猪"。并强烈要求政府褫夺帕斯捷尔纳克的苏联公民权，驱逐出国。帕斯捷尔纳克只好借助《真理报》表达自己的心声，他在《致〈真理报〉编辑部的信》中写道："我生在俄罗斯，长在俄罗斯，在俄罗斯工作，我同它是分不开的，离开它到别的地方去对我是不可能的。”

随后，他又致信苏联作家协会：“我认为，作为一个苏联人，我仍可以写《日瓦戈医生》。再说，该书完稿之时，杜金采夫的长篇小说《不只是为了面包》已获出版，那给人造成了一种解冻的印象。我把小说交给了意大利共产党人出版社，并期望经过书刊检查后的版本能够在莫斯科问世。我同意修改所有不被接受之处。我认为一个苏联作家的才能要比其实际表现出来的才能更大。我把小说原样交出，希望能得到批评界友善的指教。

“我在向诺贝尔奖金评定委员会发致谢电时没有想到授奖给我是因为这部小说，而认为，如其授奖通知所述，是因为我所做的全部文学工作的总和。我是可以这样认为的，因为早在该小说尚未写成以及任何人都不知道有该小说之时，我就已曾被提名为获奖候选人了。”

然而，苏联作家协会还是没有放过他。1958 年 10 月 27 日，苏联作家协会宣布，鉴于作家“政治上和道德上的堕落以及对苏联国家，对社会主义制度，对和平与进步的背叛行为”，决定开除他的会籍。

帕斯捷尔纳克非但没有屈服，反而理直气壮地指责苏联作协主席团：“任何力量也无法使我拒绝人家给予我——一个生活在俄罗斯的当代作家，即苏联作家——的荣誉。但诺贝尔文学奖金我准备转赠给保卫和平委员会。我知道在社会舆论压力下必定会提出开除我会籍的问题。我并未期待你们会公正对待我。你们可以枪毙我，将我流放，你们什么事都干得出来。我预先宽恕你们。但你们用不着过于匆忙。这不会给你们带来幸福，也不会增添光彩。你们记住，几年后你们将不得不为我平反昭雪。在你们的实践中这已经不是第一次了。”

但他随后不久又改变了主意，放弃诺贝尔文学奖。他在致瑞典文学院的电报中说：“由于考虑到这项奖对我所处的社会所造成的影响，我必须放弃这项奖，它是我不应该得到的。请不要因我自愿拒绝而不快。”同时又给苏共中央发了一封电报：“请恢复伊文斯卡娅的工作，我已拒绝了奖金。”

是什么力量使作家做出了妥协与屈服？显然，是她的红颜知己伊文斯卡娅。帕斯捷尔纳克得知，由于这部小说的获奖，她的又一次不幸降临了。伊文斯卡娅为他、为这部小说，做出的牺牲已经够大了，他怎么忍心为了捍卫自己的荣誉，再次连累伊文斯卡娅，让她再次蒙受不幸和迫害呢！

帕斯捷尔纳克在来自各方势力的淫威下没有屈服,却在情人受到威胁的情况下动摇了。然而,他天真的愿望很快成了泡影——他的祖国并没因此而放过他和心爱的伊文斯卡娅。

就在他发出谢绝领取奖金电报的当天,《真理报》发表了一篇由六位苏联科学院院士署名的文章。文章高度赞扬瑞典皇家科学院将当年的诺贝尔物理学奖授予三位苏联科学家,认为这是客观公正的选择。而同时,文章再次严厉谴责当年的诺贝尔文学奖,认为将它授予这些科学家的同胞却充满了政治上的偏见和图谋。帕斯捷尔纳克别无他法,只好向赫鲁晓夫申述。1958年11月1日,他在致赫鲁晓夫的信中写道:"我求助于您本人、苏共中央和苏联政府。……无论我的过失有多么巨大,我不可能设想到,我竟会处于西方一些人围绕我的名字而掀起的这样一场政治运动的中心。意识到这一点之后,我通知了瑞典科学院自愿放弃诺贝尔奖。离开我的祖国对我而言无异于死亡,因此我请求不要对我采用这种极刑。"

随后,一份由组织上代写的"悔过书"摆在了帕斯捷尔纳克眼前,让他签字刊出。他"检讨"道:"《新世界》杂志编辑部曾警告过我,说这部小说可能被读者理解为旨在反对十月革命和苏联制度的基础。现在我很后悔,当时竟没认清这一点……我仿佛断言,一切革命都历史地注定是非法的,十月革命也是这种非法的事件之一,它给俄罗斯带来灾难,使俄罗斯的正宗知识分子遭到毁灭。"

按常规,事情到此应该结束了。但是对帕斯捷尔纳克的迫害反而升温了。非但报刊上继续连篇累牍地刊登"愤怒的人民"声讨和批判"人民的敌人"帕斯捷尔纳克的文章,而且还纵容学生到帕斯捷尔纳克的住所游行示威,投掷石头,砸烂门窗,甚至有人举着标语游行要求将他驱逐出境:"犹大——从苏联滚出去!"对这些暴力行为,国家安全机关所持态度是帕斯捷尔纳克"咎由自取","激起民愤"。

帕斯捷尔纳克只得出面为自己辩解:从七百多页书中仅仅引用那么三页,就武断认为"这是一部惊人的小说",是"揭露出专制王国铁幕"的"杰作",这完全违背了作者的原意。

作家辩解的声音何其微弱,素有"作家之家"之称的苏联作协,非但没有保护作家,反而"一致通过"了吁请执法机关剥夺帕斯捷尔纳克的公民权,将其驱逐出境的请愿信。

更令他痛心的是，妻子济娜伊达经不住巨大的压力，开始表态不愿与他在一起，他们不愿离开苏联。

真是四面楚歌，腹背受敌。“可我到底做了些什么坏事，我是杀人犯，还是无赖、泼皮？我仅仅是迫使全世界的人，为我美好的家乡俄罗斯哭泣”。

他对当局已不抱任何幻想了，他要寻求更好的解脱办法——自杀。认真地去死！他写信告诉赫鲁晓夫：“……对我的攻击仍在进行，并且开始带有吹毛求疵和报复性。我不知道这类攻击有多少公正可言。审判针对的是一本书，可谁都并不了解这本书，书的内容被片面摘取的引文所歪曲。它的命运也遭到曲解……我将毫不委屈和悲伤地接受我的命运，并像丢掉不必要的误解那样抛弃一切非分之想。”

万念俱灰的帕斯捷尔纳克在致表妹的信中也表达了解脱自己的愿望：“现在最好的事就是死，但是我也许不应该亲手来实现它。”

种种迹象表明，帕斯捷尔纳克即将走向一条不归路。祖国自然不允许他这么做。作家用这种“快捷方式”来终结自己的痛苦等于是“从背后”再给苏维埃政权一刀。必须坚决制止他对祖国这种另一种方式的“行刺”。于是，克格勃委托作家协会交给伊文斯卡娅一项重要任务，必须无条件完成，否则新账旧账一起算。伊文斯卡娅立即接受，倒不是惧怕官方的威胁，而是为心爱的人的生命担忧。帕斯捷尔纳克早就提醒过她：“我希望你永远不会因我而流泪”，“我们的相聚，不论对你和对我，都不会有好的结局。”但伊文斯卡娅已经抱定了决心，不管怎样的结局，她都会誓死追随他，哪怕是开除会籍还是国籍，不管被驱赶到什么地方，她都会与他永不分离。长子叶夫根尼——帕斯捷尔纳克与第一个妻子的儿子也坚定地表示，愿意跟随他到任何地方。

70 岁的帕斯捷尔纳克流泪了——他深情地对伊文斯卡娅说：“当生活比生病更令人讨厌，美的生存靠着勇敢的时候，你是我的不幸中之幸。”

的确如此。尽管现在支持他、理解他的只有两个人，他还是看到了希望，他有信心、有理由继续活下去。他坚信伊文斯卡娅曾经说过的那句话——苏联人民迟早会接受和理解他的这部书！日瓦格医生认为：“一个成熟的人必须咬紧牙关，与他的祖国同患难。”

于是他在一首诗中写道:“活着,这是关键,一直要活到最后一息。”

“恐惧和压抑是弥漫着我们这一代人一生的共有心理。我永远都不相信这个世界上都是傻子。他们一定是戴着假面具,这是一种生存策略,可以使你保持最低限度的体面的策略。你总得活下去,而且谁都挨着边缘在走。”这是苏联音乐家肖斯塔科维奇在回忆录里说过的话,用在此时“挨着边缘走”的帕斯捷尔纳克最合适不过了。

活着,一定要活着!儿子叶夫根尼告诉他,支持他的还有很多人!

苏联友好国家印度总理尼赫鲁听说诺贝尔文学奖获得者帕斯捷尔纳克在国内的艰难处境,以及即将被驱逐出境的消息后,立即给苏共中央第一书记赫鲁晓夫打电话,声称他准备担任保卫帕斯捷尔纳克委员会的主席。

西方社会的名流和政要纷纷向苏联政府提出抗议,声援帕斯捷尔纳克。巴西的小说家、斯大林奖金获得者若热·亚马多表示,把帕斯捷尔纳克从苏联作家协会开除出来,说明公式化、概念化、宗派主义和教条主义分子在苏联仍然占有优势,他们企图阻碍文学创作,只许一家独鸣,就像在斯大林时代一样;法兰西学院院士、作家弗朗索瓦·莫里亚克发表声明说:“听到鲍里斯·帕斯捷尔纳克受到惩处,我感到愤怒。无论如何,我希望苏联政府重新考虑这个决定,不要阻止帕斯捷尔纳克到斯德哥尔摩去,因为他的作品能使俄国永远获得荣誉,并且帮助我们更好地了解今天的俄国。”法国作家、1957年诺贝尔文学奖获得者加缪说:“《日瓦戈医生》这一伟大的著作是一本充满了爱的书,并不是反苏的。它并不对任何一方不利,它是具有普遍意义的。俄国只要记住这次诺贝尔奖金是授予了一位在苏维埃社会里生活和工作的、伟大的俄罗斯作家这样一件事就行了。”英国作家艾略特、格林、赫胥黎、罗素、毛姆、普鲁斯特、福斯特、韦斯特等人,联名拍电报给苏联作家协会主席,要求他保证不使“这位为整个文明世界所尊敬的作家”帕斯捷尔纳克受迫害,否则会玷污伟大的俄罗斯文学传统:“我们深切地关怀世界最伟大的诗人之一帕斯捷尔纳克的命运。我们认为他的小说《日瓦戈医生》是一个动人的个人经历的见证而不是一本政治文件。”奥地利作家们也联名发表决议,并向这位“我们伟大的俄国同行……在他孤独的时刻”表示敬意;意大利全国作家联盟致电苏联作家协会:“意大利全国作家联盟对于你会对鲍里斯·帕斯捷尔纳克所采取的态度表示沉痛的惊愕,并提出抗议。”“我们认为即使是对待一个政治性的、并肯定是决死的论战,这样的措施也是不公正的。它严重地违反作家的职业尊严。”巴西争取文化自由协会表示:“任何阻碍艺术家发出他的艺术的呼声的企图,都是非人道的极其严重的犯罪行为。苏联政府针对帕斯捷尔纳克所采取的行动,是对人类尊严和自由的无先例的侵犯。这种行动表明,作家的作品必须顺从官僚政治的既定形式,而不是服从于人类的不朽精神的最高准则。”芬兰三位作家分别致电苏联作家协会,要求恢复帕斯捷尔纳克的会籍,以便他能继续从事文学写作。

死是容易的,而活着更为艰难。苏联当局会因为国际的声援,而放弃对帕斯捷尔纳克的惩处吗?他们将会以什么样的方式结束“诺奖的危机”?

五

“我是带着面临自杀的心情和愤怒情绪跨越这个新年的!”1959年春天,乍暖还寒,既出现了“解冻”的迹象,又有着“倒春寒”的趋向。帕斯捷尔纳克在给朋友马可·格列戈尔的信中写道:“我徒劳地期待着我的两封公开发表的信件给予宽容和体谅的回答。宽厚和容忍不是我的收信人的性格,侮辱和欺凌仍将继续下去。在我脖子上拉得越来越紧的那个无法弄清的套索,其目的在于用强制方法从物质上使我屈膝臣服,但这永远做不到。我是带着面临自杀的心情和愤怒情绪跨越这个新年的!”

正如帕斯捷尔纳克所说的那样,早就对帕斯捷尔纳克实行侦查和监控的苏联,在此后的日子里对他的迫害进一步升级。

1959年2月20日克格勃头子谢列平在《关于帕斯捷尔纳克的调查材料致苏共中央的报告》中指出:在苏维埃政权成立的初期,帕斯捷尔纳克“创作的总的特点是歌颂个人主义和脱离苏维埃现实。按照其哲学观点,他是一名虔诚的唯心主义者”。“根据情报材料,帕斯捷尔纳克在自己的亲属中不止一次地表露过反苏情绪,特别是对党和苏联政府的文艺政策问题上更是如此,因为他认为:艺术自由在我国是不可能的。”“在卫国战争期间,帕斯捷尔纳克曾表现出失败主义情绪,在战胜了法西斯德国后,他又表现出失望,因为战争没有带来他所期望的苏联社会和国家制度的变化。他说：‘和以前一样，统治我们生活的仍将是横施暴虐和为所欲为，统治我们心灵与思想的，仍将是暴政和专制。’”

“帕斯捷尔纳克的情妇伊文斯卡娅（翻译家）是一个出身贵族、道德堕落的女人，1949 年因表现为反苏情绪且又与一伙诈骗犯相勾结而被逮捕。目前她仍经常表现出反苏情绪，并挑拨帕斯捷尔纳克和妻子离婚而与她到国外定居。”

同一天，苏联总检察长鲁坚科在给苏共中央的报告中，建议对帕斯捷尔纳克采取以下惩治措施：召唤帕斯捷尔纳克前来苏联检察院进行正式讯问；向帕斯捷尔纳克宣布，成为国际反动势力进行反苏敌对活动手段的长篇小说《日瓦戈医生》和获得诺贝尔奖文学奖，是同苏联公民的行为准则不相符合的，构成特别危险的国事犯罪要素，根据法律应承担刑事责任；同时向帕斯捷尔纳克宣布，他辜负了苏联政府对他的人道态度，尽管他公开保证恪守爱国主义和谴责自己的过失和迷误，但他走上了进行欺骗和玩弄两面派手法的道路，秘密地进行自觉的和蓄意危害苏联社会的反人民活动；联盟检察院将对他的行动进行相应的侦查；鉴于帕斯捷尔纳克做出了背叛苏联人民的行为，而且由于政治上和道义上的堕落使自己背离了苏联社会，因此，更合适的做法是做出决定剥夺他的苏联国籍，并驱逐出苏联。

除最后一条“剥夺他的苏联国籍，并驱逐出苏联”遭到中央主席团会议的否决外，其他几条均得到了贯彻实施。比如，1959 年 3 月 14 日，帕斯捷尔纳克被传唤到莫斯科接受审问，苏联总检察长鲁坚科威胁道，如果帕斯捷尔纳克再不停止与外国人交往，将追究其刑事责任。

一个人为什么会被编织进意识形态的网中，因为恐惧——出于对生计、地位，或者前程的恐惧。苏联政要和普通民众一样，处于同样的恐惧。“诺奖危机”经过漫长的恐惧，在另一种恐惧状态中悄然结束了。

谢尔盖后来在回忆录中写道：“有一次搞到一本帕斯捷尔纳克的《日瓦戈医生》。父亲读了很久：铅字很小，字迹不清，纸又薄得几乎跟卷烟纸一样。有一次散步的时候，父亲对我说，我们不该禁这本书。当时我本该亲自读读，书中没有一点反苏的东西。”

——我不是人民的敌人，我却害怕人民；我更不是党的敌人，党却害怕我。何故，因为恐惧。人民、党和我都是因为恐惧。因此，“诺奖危机”结束之后，帕斯捷尔纳克马上行动，准备与伊文斯卡娅悄悄隐居到偏远城市，以便让剩余时光自由流淌。但是就在出发的一刻里，帕斯捷尔纳克突然失去了勇气——他恐惧了，他恐惧伤害没有过错的人——他的第二位妻子济娜伊达。尽管她在帕斯捷尔纳克的危难时刻，公开开始表态脱离丈夫，但那是在巨大的压力下被迫的、不情愿的表态，亦或许是一种生存策略。然而，他的恐惧深深伤害了一个点燃了他的创作激情，为《日瓦戈医生》坐过五年牢的女人，一个走进作家悲情岁月、为他担当的玫瑰战士，一个世界上最爱他、美轮美奂的爱情女神，一个相爱 13 载，饱经磨难而生不能结合，死亦不能同穴的伟大女性！

无怨无悔的伊文斯卡娅，聪明伶俐、性情温和、才貌双全、举止轻盈、风流潇洒的伊文斯卡娅，自从走进“帕斯捷尔纳克的悲剧岁月”，自己的生活也就变成了悲剧。

1960 年 5 月 30 日，70 岁的帕斯捷尔纳克悄然谢世。帕斯捷尔纳克的妻子不准伊文斯卡娅向遗体告别，更不能扶柩痛哭，她只能站在人群后面远远望着徐徐向前移动的灵柩，任凭自己五脏俱焚、肝肠俱裂。

更大的悲情还在后头，作家乘鹤西去仅仅三个月，伊文斯卡娅再次被捕了。这次还带上了她 20 岁的女儿柳达米拉·叶米里扬诺娃。柳达米拉和帕斯捷尔纳克没有血缘关系，却也像妈妈一样，为捍卫她心目中的“经典作家”而坐了牢。罪名如此前一样子虚乌有，纯属捏造。因此，国外媒体纷纷抗议苏联政府以莫须有的罪名逮捕伊文斯卡娅，直到悄悄地将她们释放，外国媒体才停歇下来。殊不知，出狱后伊文斯卡娅仍是戴罪之身。直到 1988 年才被宣布无罪，恢复正常生活，但这时她已经是一个衰弱不堪、眼睛半瞎的老人了。后来伊文斯卡娅写了一本回忆录，书名叫《时间的俘虏》，记录了这一切。

最令伊文斯卡娅神伤的是，她入狱前被克格勃没收的包括帕斯捷尔纳克所有写给她的信件和其他手稿、文件等，理应归还给她，却遭到帕斯捷尔纳克的妻子的极力阻挠。于是，她又陷入了与帕斯捷尔纳克妻子的诉讼之中。俄罗斯最高法院裁定“没有产权证明”和“文件应留存国家档案”，抗议几次毫无结果，直到去世也没见到她最崇拜、最热爱的作家留给她的最后遗产！

在弥留之际，她也许还会想起帕斯捷尔纳克说过的话：“……甚至生命结束了，我的问题也不会结束。人们将来还会谈论我，最后大家才能承认我，不管怎么说,我毕竟是诺贝尔文学奖的获得者。”

是的,帕斯捷尔纳克故事没有结束,就像这位谜一样美丽的女性一样,故事没有尾声。

没有尾声

多年以后,当年任苏联作协书记处书记、《新世界》主编的特瓦尔多夫斯基向赫鲁晓夫建议说:“靠接吻是不能够生孩子的。取消对文艺作品的书刊检查吧!”

1987 年 3 月,苏联作协秘书处宣布撤销 1958 年关于开除作家、诗人、翻译家帕斯捷尔纳克作协会员的决定。苏联作协还向《莫斯科新闻》披露了当年开除帕斯捷尔纳克会籍的内幕。新闻发言人说,完全是由于当时的苏联领导人赫鲁晓夫的失误造成的。他本人并未读过《日瓦戈医生》,偏听偏信铸成了这宗冤案。当时文坛上某些人出于对帕斯捷尔纳克的妒忌,歪曲事实地摘录出这部小说的一些片段,偷偷地塞给赫鲁晓夫。正是这些阴谋家,唆使国家领导人做出了这个错误的决定,一部抒情小说成了政治恶魔。

1988 年 1 月至 4 月,长篇小说《日瓦戈医生》在《新世界》杂志连载。苏联与西方围绕着作家和他的《日瓦戈医生》发生的旷日持久的政治斗争到此结束。1989 年 12 月 1 日,瑞典驻苏联大使贝尔纳为帕斯捷尔纳克的儿子送来诺贝尔文学奖获奖者证书,并告诉他将重新为帕斯捷尔纳克颁奖。12 月 9 日,在斯德哥尔摩举行了盛大的颁奖典礼,瑞典文学院常务秘书斯托雷·阿连宣布,当年帕斯捷尔纳克拒绝领奖是出于被迫,现于 31 年后将其纪念品交给他的儿子,并对该获奖者已不在人世表示遗憾。他说,这是一个历史性的时刻。

其实,真正的历史性的时刻是后面。1990 年,在帕斯捷尔纳克诞辰 100 周年之际,联合国教科文组织宣布这年为帕斯捷尔纳克年。但是第二年,即 1991 年 12 月 25 日 18 时 32 分,在苏维埃社会主义共和国联盟成立 69 周年即将来临之际,在克里姆林宫上空飘扬的镰刀和锤子国旗徐徐降下, 19 时 45 分,一面俄罗斯的红、蓝、白三色旗在克里姆林宫升起。从此,苏维埃社会主义共和国联盟的历史宣告终结。

此时，饱受磨难的伊文斯卡娅不知做何感想。是喜，是忧？是深深的遗憾，还是一丝丝眷恋？无从得知。因为这个在泪水里浸泡了三十多年的女人不再年轻，甚至年老体衰，耳聋眼花，但依稀还能找到当年的风韵。在苏维埃社会主义共和国联盟的历史宣告终结的1991年之后，她还有不足四年的时光，也要宣告生命的终结。现在与她第二次婚姻的儿子德米特里·维诺格拉多夫住在一个单间的公寓里，慢慢等待生命的判决，一切的经历到此似乎开始化作一缕缕烟云，四下里飘散着。这是这位美丽女人一生中最宁静的时刻。当儿子大声告诉她说，苏维埃社会主义共和国联盟解体了。她说她突然想起了帕斯捷尔纳克那封信——它是1958年写给他的小说《日瓦戈医生》的译者、美国人尤金－凯顿的，信中大概是说："艺术不仅仅是要描写生活，而且是客观世界的一个背景……自己时代的重要作家……就是揭示或表现无人知晓的、无法重复的、独特的活生生现实。"

后来，她也知道了令她又爱又恨的苏联不复存在了。继斯大林之后，赫鲁晓夫、勃列日涅夫……戈尔巴乔夫一个个苏联政党的符号都不复存在了，但俄罗斯还在，叶利钦还在——也就是说有关她与帕斯捷尔纳克的故事还会继续。

叶利钦时代，有好事者果然又找到了故事的续集。此人声称是从解密的档案中发现了伊文斯卡娅在被捕期间的1961年3月10日，曾给苏联共产党总书记尼基塔·赫鲁晓夫写过一封信，向他祈求自由，表示愿意与中央委员会密切合作。信中说她实际是克格勃的线人，长期潜伏在帕斯捷尔纳克身边卧底，监视他的言行。自己做了该做的工作，比如，说服他拒领诺贝尔文学奖，阻止他与国外出版商联系等，为此，请求总书记赫鲁晓夫网开一面，释放她的女儿。

与国内形成鲜明对比的是，1995年9月8日，伊文斯卡娅因癌症病逝后，《纽约时报》在讣告中，把她和俄国两位大诗人生活中的伟大女性相提并论："伊文斯卡娅犹如安娜·凯恩与伊莎多拉，若无安娜·凯恩，普希金就不完整，若无伊莎多拉，叶赛宁也许一事无成；倘若没有伊文斯卡娅——《日瓦戈医生》的灵感源泉，帕斯捷尔纳克就不会成为帕斯捷尔纳克。"

在伊文斯卡娅去世两年之后的1997年11月，《莫斯科共青团员报》刊登了伊文斯卡娅写给赫鲁晓夫那封信的摘要，该报声称提供信件的是原克格勃的工作人员,绝对可信。伊文斯卡娅在信中写了这样的话:“我尽力做了防止发生不幸的一切,但要每件事都立竿见影,这超出了我的能力。是帕斯捷尔纳克自己写了这部小说,是他自己以他所选择的方式接受报酬。不应把他描绘成一个无辜的羔羊。”

我们该信谁,有多少历史是千真万确的?如果我们相信这封信是真实的,那么伊文斯卡娅为苏共卧底所付出的代价可够大的。她不仅把美好的青春献给了受命所监视的人,也被克格勃埋葬在了两次九年的牢狱之中,另外还搭上女儿两年的监牢生活!如果是伪造的,伪造者何意,制造新闻,贬低伊文斯卡娅,还是控诉克格勃对美丽生命的摧残?

我无法找到一个等式——一千个人,就有一千个哈姆雷特!我们,你们几乎都是时间的俘虏!好吧,一切还是等待时间裁决吧!我们,你们只要记住帕斯捷尔纳克曾经说过的一句话就行了:“我们唯一能够支配的事是使发自内心的生命之音不要走调。”

文学硬汉的悲歌

——与海明威一同走过爱与恨的战场

欧内斯特·米勒尔·海明威（1899~1961），美国小说家。代表作有《老人与海》《太阳照样升起》《永别了，武器》《丧钟为谁而鸣》等。凭借《老人与海》获得1953年普利策奖及1954年诺贝尔文学奖。海明威一向以“文坛硬汉”著称，被誉为美利坚民族的精神丰碑，并且是“新闻体”小说的创始人。他的写作风格简洁凝练，对美国文学及20世纪文学的发展有极深远的影响。

事实上,我们钟情于海明威的作品是从他自杀的那一枪开始的。时间应该是 1961 年 7 月 2 日清晨,他从地下室取回英国制造的博斯猎枪和一箱子弹,并把两发子弹推上膛,然后把枪管含在嘴里,用他那只写下了不朽巨作和扣动了无数扳机的大手,最后一次扣动了扳机。

海明威那一枪,把整个美国,甚至把世界给打蒙了。人们忽然感到自己的一生,在这一瞬间变得如此黯然失色:海明威把我们的生命也给毁了!

他的死因多年来一直是个谜,美国坊间也流传着各种猜测。当时乃至后来的传记家们,描述海明威的死因几乎惊人的一致:强烈需要尊严、光荣、强健有力活着的海明威,无数次意外的事故和疾病,摧毁了他坚强的体魄;多得惊人的疾病恶魔,摧垮了他生存的意志。海明威因心理崩溃而开枪自杀。

50 年后(大约 2011 年 7 月初),海明威生前好友、剧作家艾伦·爱德华·霍奇纳,披露了海明威自杀的另外一种原因:他不是因为人格障碍或精神抑郁症自杀,而是死于美国联邦调查局(FBI)之手。美国与古巴因为意识形态的原因闹翻以后,因怀疑海明威与卡斯特罗往来密切,联邦特工对他进行了 24 小时监视,他的车被盯梢,电话被监听,邮件遭拦截,银行账户遭查封。不久之后,海明威就住进了医院,其间几次都试图自杀。他的种种类似行为使得人们认为他得了妄想症,而事实是 FBI 特工对他的窃听和跟踪,让海明威焦虑不已最终导致心理崩溃。

海明威被 FBI 跟踪的说法,一直到他离开人世时都没有得到证实。这或许跟当时美国的政治空气有关,或许跟民众的接受心理有关。人们更愿意相信那个一生沉湎于酒色、多次结婚离婚，并留下许多婚外风流韵事、性格乖张、反复无常、自高自大、与所有亲友都闹翻了的文学硬汉海明威，最后因心理崩溃而开枪自杀；人们更愿意接受带有悲情色彩的作家传奇。

那么，我们也暂且避开海明威死因的历史纠缠，进入作家感性的、鲜活的生命叙事之中，领略这个非凡男人、文坛怪杰的生活与战争、女人与创作的传奇故事。

一

研究海明威的一些权威人士提示我们，了解海明威的关键就隐藏在他的第一个短篇小说集的第一篇小说里。海明威在出版过的《在我们的时代里》《没有女人的男人》《胜者无所得》三个短篇小说集里，有十几篇描写了同一个叫尼克·亚当斯的主人公。从海明威对尼克·亚当斯的简洁叙述里，我们几乎可以看出他从小到大的成长过程。这就为本文的叙述省去了许多笔墨，而直接进入他所经历的战争、女人与写作之中。

海明威崇尚战争，迷恋战争，最能反映他一生追求紧张、暴烈生活的好斗性格。他一生创作了 26 部以战争为题材的作品和许多以拳击、钓鱼、打猎、斗牛等充满暴力色彩为题材的作品。对战争与创作的关系，海明威说："是拿破仑教会了司汤达如何去写作。" 显然，战争也教会了海明威如何写作。他对战争充满了狂热与迷恋，对拿破仑充满了崇敬与神往。但他想不到，拿破仑的财产继承人却夺走了他的初恋——那个叫阿格纽丝的战地医院女护士。

准确地说，这是海明威一生中真正投入了自己全部热情的第一次恋爱，也是最后一次。他一生中有过多次的浪漫经历，先后娶过四个妻子，但没有哪一次有这么强烈，这么疯狂。阿格纽丝的背叛，使喜欢女人的青年海明威陷入了深深的绝望，此后的恋爱娶妻差不多成了海明威的情感游戏。与海明威私交最好、写过《了不起的盖茨比》的著名作家斯科特·菲兹杰拉德曾为我们得出这么一个论断：海明威每写一部成名作就需要一个新的女人——女人催化着作家作品的成熟。

但初恋绝不是这样。因为此时海明威还没有成为作家，还没有意识到女人会起到催化作品的作用。它是男人海明威爱情的开篇和终结。好吧，还是让我们回到海明威的初恋——因为它与一场战争有关，与一个坚强的美国青年的成长有关。

1914 年 7 月，第一次世界大战爆发后，整个欧洲立即陷入了烽火连天的战争硝烟之中。美国青年海明威像许多人一样，心如潮涌、热血沸腾。他甚至为此而放弃了保送上大学的机会，坚决要求参军入伍。但因为眼疾，几次申请都被拒绝。无奈，他只好参加了非战斗队伍密苏里国民自卫队，并接受了六个月的军事训练。但他对硝烟弥漫的欧洲战场仍然心驰神往。几年后，终于如愿以偿，他经人指点参加了对视力要求不高的红十字救护车队，终于投身到了意大利战场，亲历了一次残酷的战斗。1918 年 7 月 8 日午夜，在皮亚韦河畔的福萨尔塔，一颗巨大的迫击炮炮弹在他身边八英尺内爆炸，他身中两百多块弹片，有 227 处伤口。共做了 13 次手术，并换上了一块白金做的膝盖骨。

战争结束后，海明威被意大利政府授予十字军功奖章、银质奖章和勇敢奖章，获得中尉军衔。同时也在美国公民心目中，第一次树立了硬汉子的形象。

海明威获得了荣誉，也获得了爱情。她叫阿格纽丝，是米兰战地医院的护士。海明威刚被送进医院时，很多医生都说他活下来的可能性很小，即使能活下来也是个残疾人。但护士阿格纽丝坚信这个多处负伤的青年，迟早有一天会醒过来。她日夜守护在他的病床前，在她精心的照顾和护理下，居然使海明威创造了奇迹。随着时间的推移，海明威日渐康复，由病床转坐轮椅，然后用拐杖，最后拄着手杖也能行走了。阿格纽丝热泪盈眶，激动地拥抱着她的病员。海明威对这位身材修长、头发乌黑、性格开朗的美丽护士多日来的精心照料心存深深的感激，同时对这位比自己大八岁的女人产生深深的依恋。她那超凡的风度、成熟的魅力，深深吸引了正值青春萌动期的青年海明威。每次见到她，就产生一种抑制不住的兴奋。他意识到，自己爱上阿格纽丝了。尽管相距咫尺，海明威竟然一天内向阿格纽丝连写五封信，表达自己的爱慕之情。阿格纽丝何尝不是如此，口袋里经常放着海明威的好几张照片。她不仅喜欢这个青年的坚强和英俊，而且被他文采飞扬的文笔深深吸引了，读他的信简直就是一种艺术享受和心灵的慰藉，她断定这个青年将来一定大有作为。因此，阿格纽丝心驰神往，她兴奋地悄悄地设计着那美好的未来。

而此时，荣誉的潮水也正向康复中的海明威涌来。因为他是第一个在意大利战场上受伤的美国人，芝加哥各家报纸在显要位置刊登了有关他作战受伤的消息。在米兰战地医院的病床上，他每天就像国王接见臣民一样接见络绎不绝的来访者。

两个多月以后，阿格纽丝被调往佛罗伦萨的边界医院。分别前，二人自是缱绻依依，缠绵悱恻、海誓山盟。海明威伤愈回国后，他们仍频繁地通信。热烈的语言，炙热的感情，已经表明，爱情的果实即将成熟。同时，亲历大战归来的英雄海明威，在享受爱情的同时，也在享受着家乡人民的赞美和拥戴。演讲、做报告成了海明威这个时期的频繁任务，每日陶醉在掌声和鲜花里。但好景仅仅维持了一个时期，随着欧洲战场的硝烟慢慢散尽，美国人民对这位英雄的热情也逐渐消退了，继之而来的是“门庭冷落鞍马稀”。有一天，海明威忽然意识到，阿格纽丝的来信也逐渐减少，甚至很少收到她的来信了。即使来信也是象征性的问候，信越写越短，语言越来越干涩，感情的温度越来越低。世界病了——喜欢热闹、紧张的海明威感到世界病了。海明威很惶惑，开始变得烦躁不安。他致信询问阿格纽丝这一切都是为什么，可是过了好长时间，才收到阿格纽丝的来信。阿格纽丝在信中说，她已经开始准备结婚了，她向他表示歉意。这个青年是个门第显赫的世家子弟，即将继承爵位和财产。她向海明威表示歉意。说开始时他可能不理解她这一决定，但过些时候，相信他会原谅她的，说不定还会感激她。她衷心希望他干出一番大事业来。

海明威怒火焚心，大病一场。

十年以后，这段在米兰战地医院发生的爱情，被海明威写进了他的第二部长篇小说《永别了，武器》。

二

爱情的太阳刚刚升起就落山了。荣誉的光环瞬间荡然无存。海明威的生活从沸点迅速降到了冰点，冷寂的日子接踵而至。失业在家的海明威，除了借酒浇愁便是独自徘徊在家乡橡园镇寂寥的大街上。昔日战场上隆隆的枪炮声似乎还在耳畔响起，米兰战地医院欢快的笑声还在心中回荡，但是现在都成了往事，都化作了一股云烟。孤独和寂寞伴随他消磨着不可知的日月。

从欧洲回来以后，他已经依赖家里生活了半年了。既无意于跟父亲学医，经商也不感兴趣，可整天幽灵似的游荡，不但父母看着心烦，自己也觉着没劲。于是，熬过了一段寂寞的时光之后，他决定写作，写作可以使他心灵安宁和安定，可以转移失去阿格纽丝的心灵伤痛。海明威对自己的选择时而信心十足，时而犹豫踌躇。他拟了十几个标题，可是好多都没有完篇就写不下去了。但强烈的自尊心又驱使他朝着拟定的目标挺进。他想起了一个启蒙老师说的话："写自己最熟悉，最有体会的题材。" 于是他以自己在欧洲战争中的经历、见闻和感受为素材，创作了《渥安皮的道路》《在异邦》《你们决不会这样做》《现在我已倒下》《月夜炮轰》等小说。

小试牛刀，初见成果。海明威那颗骚动的文学之心开始跃跃欲试了。他要走出去，到更广阔的天地寻求发展之路。他想到了老朋友霍恩。霍恩曾跟海明威一起在红十字会服役，并一同参加了意大利战争。霍恩出身于名门望族，他家在纽约、芝加哥等地都有房产。听说他弟弟在东芝加哥大道 110 号有一套豪华的寓所，专为青年艺术家提供聚会的场所，是一处文学沙龙。

海明威带上他那台老掉了牙的打字机，通过老朋友霍恩顺利地住进了东芝加哥大道 110 号。在这个文人聚集的场所里，由于相互的交流和碰撞，海明威文思泉涌，灵感突发，很快写出了一篇关于拳击的小说，并被新奥尔良一家杂志《两面派》采用刊发了。

小说创作的第一次成功，大大激发了海明威的创作热情，坚定了一生选择文学道路的决心。他兴奋地接受文友们的祝贺的同时，也在为给自己带来好运的东芝加哥大道 110 号这所沙龙暗自祈祷。真是好运到来挡也挡不住，刚刚享受到文学成功的喜悦，又要收获爱情的果实了。

这个女孩叫哈德莉·理查逊，毕业于圣路易女子玛丽学院，钢琴弹得很出色。与她长期同住的母亲过世后，因心情抑郁，便应邀来芝加哥散心，并希望能在芝加哥这座有名的音乐之城谋个职位。

也许是巧合，她恰好与海明威的初恋情人阿格纽丝同岁，长海明威八岁。但实际看上去要小得多，就像刚出校园的女孩，天真但不幼稚，自信而不自傲，美丽而娴雅，秀外而慧中。她已经与青年艺术家们朝夕相处三周了，其间，自然有许多的追求者。但她把他们只是当作志同道合的朋友，从未动过心。也许是有人说她的长相与海明威的母亲相似的缘故，见到刚来的这个年轻人差不多是一见钟情。特别是她听说海明威在意大利勇敢作战的故事，少女的芳心被进一步撩动了：他这么年轻，却已经有了丰富的阅历，而且言谈举止如此富有魅力，优秀的女人见到会很快爱上他的。哈德莉意识到自己恋爱了，但她还有一丝顾虑，自己比海明威大八岁，这个年轻人会接受吗？

年龄的顾虑是多余的。她还不知道，这个年轻人的初恋情人也比他大八岁。问题的关键是，此时的海明威还没有从失恋的阴影里走出来，感情还处在真空里。还有一个原因造成了海明威的审慎态度，他正在为工作，为前程，为实现文学之梦一天到晚忙得不可开交。尽管他很喜欢哈德莉，她的美丽、风度和教养，正是他心目中的佳偶。但是，他的感情之火已经为阿格纽丝燃尽了，现在他要积聚力量为文学喷发。

所以，当哈德莉离开芝加哥回到圣路易斯，邀他到她家去做客时，他却回信说他收入太低，没有钱坐车。

哈德莉知道这个小伙子在借故推脱，于是干脆在信中挑明："我和你情投意合，心心相印，我非常爱你，我越来越喜欢你，但愿有更好的方式来表达我对你的爱慕之情。"

这么热烈直接的爱情表达，海明威开始动心了，他在信中表达爱意的同时，也把与阿格纽丝的恋爱悲剧告诉了她。哈德莉非但没有介意，反而坚决表示要用自己的爱，弥合海明威心灵的创伤。海明威 22 岁生日那天，哈德莉还送他一台崭新锃亮的柯罗纳牌打字机，鼓励他在文学上有所成就。

海明威无法抵抗哈德莉的爱情烈火的燃烧，终于于 1921 年 9 月，与哈德莉在霍托湾的一座乡村教堂里举行了婚礼。到此为止，哈德莉揭开了海明威生活新的一页。但她还意识不到，前面的路并不都是鲜花，还有荆棘，甚至会走向极端。如果说他们是没有爱情的婚姻，是不可信的；如果说他们单纯为爱而结合，多少也有些牵强。海明威甚至连自己都不清楚，他的感情之水，自从初恋失败以后不再清澈，正无意识地一点点变浑变浊。还在蜜月里的海明威有一天突发奇想，说要带着哈德莉去看望他以前在霍托湾一带结识的姑娘们。还津津乐道地告诉哈德莉说，那些姑娘差不多人人都希望同他结婚。也许是一句玩笑，哈德莉却认真起来，她气冲冲地甩开海明威，跑到一旁饮泣去了。事后海明威解释说，他是想证明他只爱她，证明她比她们强，证明他自己也不赖。他原以为她会高兴，会赞扬他呢。

这种解释，仍然无法令哈德莉释怀。这个小青年无疑为她日后的婚姻生活增加了一些忧虑。

这只是开始，婚后他们生活拮据，磕磕绊绊更是在所难免。他们在东芝加哥大道110号文学沙龙认识的小说家舍伍德·安德森是个古道热肠的人，刚从巴黎回国，就听说了海明威夫妇的生活窘况，于是建议他们去巴黎发展。安德森说，对于想在文学、艺术方面闯出一条路的青年人来说，巴黎是最合适不过的地方。而且欧洲正闹通货膨胀。在巴黎外国货币的兑换率很高，只要口袋里有几块美元，就能过上王族一样的生活。用不着花几个钱，一个作家所需要的条件和舒适就都有了。

对于在美国瘪三一样生活的一对夫妇，巴黎的诱惑力实在太大了。况且，安德森还主动帮他们写了好几封介绍信，介绍他们拜访旅居巴黎的一些美籍作家、艺术家，比如，斯泰因、庞德，等等。

到了巴黎后，果然庞德念老乡亲情，很热心地把海明威的诗歌和文章介绍给文友办的刊物，并说他个人很喜欢海明威的诗歌。海明威很受鼓舞。以至有一段时间热衷于写诗，也确实写了一些构思新奇、字句凝练的诗歌。庞德教海明威作诗，海明威则教他打拳。庞德还像兄长一样调解海明威和哈德莉的矛盾。在巴黎的许多日子里，海明威既要为生计奔波，又要埋头文学创作，经常冷落哈德莉。内忧外困使这对一见钟情而又互相挚爱的年轻夫妇还来不及尽情品尝新婚的甜蜜与欢乐，就显出了破裂的危机。为此，热心的庞德积极帮助他们弥合感情裂痕。感情危机暂时度过了，但逐渐在文坛上崭露头角的小青年，能够安心过日子吗？

他一面与斯泰因、庞德等搞“纯文学”的文人雅士频繁交往，一面结识了许多报业同仁。《多伦多明星日报》经常委派采访任务，甚至派他到意大利采访。海明威故地重游，在意大利偶然遇到了墨索里尼，并采访了他。此时墨索里尼是

25 万“黑衫党”的领导人，尚未掌握国家政权。但海明威预感到这位野心勃勃的“黑衫党”领袖，迟早会步入政坛而控制整个国家。后来墨索里尼建立独裁政府，成为发动第二次世界大战的盟国之一后，海明威作为最先报道墨索里尼的记者之一，而深感遗憾。海明威也有收获，那就是 25 岁就确立了优秀记者的声誉。重要的是，记者生涯不仅练就了他简洁明快的语言，而且笔记本上记下的形形色色的人物和见闻，为日后文学创作积累了大量的素材，这是其他作家所不具备的。

1923 年春天，海明威迎来了文学创作上的第一个丰收季节。《我的老人》被编入 1923 年度最佳短篇小说集，不久，他的第一个作品集《三个短篇，十首诗》也在巴黎出版了。

初出茅庐的海明威，此时就像西班牙斗牛士一样野心勃勃。关于战争与创作的关系，海明威说是拿破仑教会了司汤达如何去写作。而现在，海明威又发现了斗牛与创作的关系，认为作者应和斗牛士一样，按自己的风格去写作、去生活。他称之为压力下的优美风度。

1923 年夏天，海明威决定到西班牙旅行。原因很简单，他迷上了那里的斗牛。他发现了斗牛运动的悲剧性和美学意义：“这里是你能了解到生与死的唯一场所，在战争已经过去的今天，暴死往往发生在斗牛场。我打算去学，去写，从非常简单的事情开始，所有事情中最简单和最基本的事是横死。”

他的生活不能缺少壮美，他需要从壮美中汲取勇气。在西班牙，他甚至领着正怀孕的妻子哈德莉一同看斗牛。他认为看斗牛对胎儿发育有益。

之后，海明威发表了论述西班牙斗牛的文章，并以此为基础，写成了小说《午后之死》。小说对斗牛做了极为详尽而有趣的介绍，指出斗牛是一种“绝无仅有的艺术家处于生命危险之中的艺术”，并从斗牛引申开去，论及了小说创作的一些理论和具体原则，以及他对死亡的深刻见解。随着《午后之死》等大量描写斗牛运动的小说问世，这项充满“甜蜜的”血腥味的残酷运动在全世界声名大振。海明威用文学的方式，为西班牙做了一次广告，极大地促进了西班牙的旅游业，这是后话了。

文坛上这个初生牛犊海明威正横冲直撞的时候，他的第二个作品集《我们的时代》被同一家出版社出版了。而且跟第一本作品集《三个短篇，十首诗》

遭遇一样，只印了300册，销量170册。更主要的是，这两本书都是非正式出版社抛出来的，令海明威甚为苦恼。紧接着就是不计其数的退稿，更使海明威大为光火。许多退稿信甚至不把海明威的作品称为小说，而是不屑地称之为“速写”“短文”“逸事”。

接二连三的打击没有击败这个坚强的汉子，他像个笼中豹，困中雄狮，发誓要在文坛上重拳出击、震山一吼。这不是盲目的自大情绪，而是他已经构思好一部长篇小说。他决定把从参加第一次世界大战以来的经历、见闻和体验都写进这本小说。于是，他决心舍掉一切，全力以赴。为写作，他甚至推辞了报酬优厚的报社聘请。他清醒地意识到，记者生涯帮助了他的写作，再当记者会毁了他的写作。但他们生活很拮据，需要钱。为此，哈德莉与他大吵一顿。

这期间，海明威创作热情很高，越写越好。他连续不断地写了一系列精彩的小说：《印第安人营地》《医生与他的妻子》《归来的战士》《终结》《风刮了三天三夜》《在积雪的乡村旷野驰骋》《落汤鸡》《史密斯夫妇》《打不败的人》《滔滔的心河》《五万元》等。

同时还有两个贵人在美国正为他摇旗呐喊、大造舆论。

一是以《人间天堂》一炮打响，又以《了不起的盖茨比》而红极一时的美国作家菲兹杰拉德，他是海明威真正钦佩的为数极少的同时代作家之一。他也属于斯泰因所说的“迷惘的一代”中的一分子。菲兹杰拉德向自己的出版商极力推荐海明威这位很有潜力的新作家；另一个就是安德森，他也向自己的出版商做了相似的推荐。安德森的出版商利夫莱特的出版公司捷足先登，与海明威正式签订了出版合同。其中有两项最关键的内容：一、对于海明威的头三部作品的出版有优先权；二、为海明威已经构思成熟并正在进行中的长篇小说——就是后来的《太阳照常升起》——预付200美元稿费，以解决这位眼下正受困的文坛新秀的燃眉之急。

海明威的感动之情无以言表，很快就向利夫莱特交了第一部书稿《我们的时代》（增订版）。并于1925年10月在纽约出版。这是海明威在美国出版的第一个作品集。而此前在巴黎非正式出版的这本书，只包括18个短篇，这次海明威又增补了12篇新作。

书出版后，评论界也有了反响。《纽约时报》率先评论说，《我们的时代》

的故事情节使人愉快,文笔简洁,语言地道,用词很新颖,读来耐人寻味。评论家赫伯特·哥尔曼评论说:“海明威大刀阔斧地砍掉了一切不必要的烦言冗语,不加修饰地说出了最本质的东西。”

人才是夸出来的,而不是压制、批评或者冷漠造就的。《我们的时代》点燃了海明威创作的篝火,也开启了文学的新篇章。就在同一年,即 1925 年 9 月 21 日,海明威完成了长篇小说《太阳照常升起》。但他没有急于交给出版社,而是经过了漫长而审慎的打磨和修改。海明威后来说:“我是在 26 岁生日那天在巴伦西亚开始写这本书的,后来是在巴伦西亚、马德里、圣塞巴斯蒂安、昂代和巴黎等地花了三个月写完的。”后来他又花了一个冬天和半个春天的时间修改,当时,他带着书稿在欧洲大陆到处寻找安静的写作环境,过着离群索居的生活,终于如愿以偿。1926 年斯克里布纳公司出版了海明威的成名作《太阳照样升起》,而成为“迷惘的一代”的代表作。这一年,海明威 27 岁。

这部长篇小说的问世,像一颗照明弹瞬间照亮了美国文坛。

但是,他也迎来了第一次婚姻的终结。

三

小有名气的海明威频繁地出入社交场合后,与哈德莉的夫妻关系虽几次产生危机,但还能勉强维持下来,直至遇到波琳。

刚开始,海明威并没有看重个子矮小的波琳,而是看上了来自英格兰的达芙·特怀斯登夫人。达芙·特怀斯登夫人与海明威是 1927 年在巴黎开始认识的。这位身材苗条而性感的英国女郎,长着一双美丽的蓝色眼睛。喜欢把金色的卷发剪得短短的,穿一件男式的花呢外套,后脑勺上戴一顶男式皮帽,漂亮又潇洒,且有气派。海明威认识她时,她已经有过两次婚姻,有数个情人,是个熟练在男性中间周旋的女人。令海明威措手不及的是,这样一个交际花却拒绝了海明威的求爱。一向自尊心很强的海明威,遭到严重挫伤。一种巨大的空落迅速弥漫了海明威,而波琳适时填补了他的感情空白。

波琳比海明威大四岁,是美国阿堪萨斯州一个富绅的女儿,毕业于密苏里大学。几年前她从美国回到巴黎，在一家名叫《风行》的杂志社当编辑。她经常蓄着刘海发式，个子矮小，皮肤黝黑，算不上漂亮。但体态秀气，服装考究，穿戴时髦，常着一件漂亮而昂贵的小金鼠皮外衣，也颇有一种富家闺秀的气派。他们在一次友人聚会上相识，很快成了朋友。特别是与哈德莉一见如故，很快发展成了无话不谈的知心朋友。波琳看过海明威的小说《太阳照样升起》，对海明威颇为崇敬，常当着海明威夫妇的面赞美这篇小说。哈德莉很高兴，海明威也觉得波琳志同道合，愉快地接受她的赞美。

之后，她与海明威夫妇开始了频繁的交往，并很快融入了这个三口之家。海明威埋头写作的时候，有波琳陪伴，哈德莉也不再感到寂寞了。儿子约翰跟她也非常亲热，一天未见就念叨不停，可以说这个三口之家已经离不开波琳了。他们经常在一起游玩，在一起生活，波琳俨然成了这个家庭的一员。

但是，严重情况终于在其乐融融中出现了——海明威摆脱不了感情的诱惑，与波琳共同迈出了实质性的第一步，同居了。

这一切，天真的哈德莉还蒙在鼓里。每当见到波琳还直埋怨她到家里来的次数少了，约翰想波琳阿姨了。面对天真而真诚的哈德莉，波琳时常陷入深深的自责和无限的内疚之中，但又无法摆脱诱惑，或者说对海明威的爱恋。海明威也是如此，感到快乐和刺激的同时，也对妻子深深地愧疚。既舍不下妻子，又割不断与波琳的关系，令他左右为难，痛苦不堪。他一个人独处时脑子里常常冒出死的想法，与人交谈，也常常是死的话题。

海明威忍受不了这种感情背叛的折磨，只好向哈德莉诚实地坦白。这个不幸的消息，对哈德莉无异于晴天霹雳。她做梦也想不到，与自己无话不谈的好朋友会干出这种事来；与自己相濡以沫整整五年的丈夫会另寻新欢，她无法接受的这个现实，却是事实。此时的哈德莉还带着几分天真，或者说自信，痛定思痛之后，她向海明威提出，如果他与波琳分开 100 天后，仍然彼此相爱的话，她就退出这场爱的角逐。

哈德莉无非是想利用这 100 天时间，经过自己的努力和感化，迫使海明威回心转意。可怜的哈德莉啊，苦苦挽救着他们的婚姻，可是，五年的婚姻都无法拴住男人的心，100 天岂能改变现实。是侥幸还是对丈夫缺乏了解？波琳离开海明威回国后，他们用情书继续着两人的爱情。她虽然也给哈德莉写信表示内疚，但是疯狂恋爱中的女人，将会不顾一切地占领婚姻高地。哈德莉无望了，破镜难以重圆了，她只好接受了痛苦的现实。决定离婚的头一天晚上，她给海明威写了一封信，信中充满了母爱与温情，她希望他今后吃好，睡好，工作好，身体好，写出好小说；希望他幸福、健康、快乐！

读到哈德莉的信，海明威愧疚不已，忍不住失声痛哭。波琳却隔着大洋频频向他招手："你太可爱了，你美貌、潇洒、无与伦比。"

"只花两分钱，信纸一张，信封一个，我就来到你的身边。"

"圣人约瑟啊，请求你赐给我一个善良英俊的基督徒丈夫吧！"

愧疚和眼泪有时候难抵诱惑，海明威终于向来自大洋彼岸的诱惑投降了。

1927 年 1 月海明威与哈德莉正式办理了离婚手续。5 个月后，他和波琳双双走进了婚姻的殿堂。

但海明威无法忘记哈德莉，依然忍受着感情的煎熬和良心的折磨。海明威清楚，他们共同走过的五年，是他一生中最艰难的五年，而海明威却在自己成功之际，给了她致命的伤害。

为了弥补给哈德莉造成的心灵创伤，海明威把自己的成名作《太阳照常升起》献给了哈德莉，小说的扉页上题写了献词。此后他的许多小说情节，都来自他与哈德莉共同生活的那段时光。许多作品里的女性形象，都有哈德莉的影子；他常常写信给哈德莉，但面对哈德莉时又不知道说什么。随着海明威接触的女性逐步增多，愈加对哈德莉感到钦敬。他逝世后才出版的长篇小说《海流中的岛屿》就是以自己与哈德莉的悲欢离合为生活原型的。

这能说明什么呢，充其量说明哈德莉在海明威心中的位置，或者是海明威心中永远的妻子。但改变不了海明威喜新厌旧的天性。他的每一部优秀作品，都意味着他生活中一位新的女性的出现。

波琳与海明威结婚后，第一个重大行动就是要帮助如日中天却还捉襟见肘的年轻丈夫结束漂泊异乡的生活。

波琳具备这个优势，她不仅有一个富有的家庭，而且有一个富有的家族。波琳的伯父送给他们的新婚礼物是基韦斯特的一所住宅。基韦斯特位于美国的最南端，四季如春，气候温暖宜人，适合休养和写作。他在这里完成了构思已久的长篇小说《永别了，武器》。这部小说初稿写了六个月，修改了五个月，清样出来后最后一页改了39次，终于在海明威过完30岁生日后（1929年9月27日）出版了。小说很快引起了轰动，持续畅销，评论家认为海明威的创作已经成熟，达到了新的高度。这部小说为海明威博得了“25岁成名，30岁成为大师”的评语和荣耀。

但在《太阳照常升起》和《永别了，武器》之间，也即海明威的婚变时期，即1927年10月，纽约斯克里布纳出版公司出版了他的第二个短篇小说集《没有女人的男人》，是他收集了《大西洋月刊》《斯克里布纳》《新共和》等全国性大杂志上发表过的十篇小说，其中包括《五万美元》《不可打败的人》《异国他乡》《阿尔卑斯山牧歌》《白象似的群山》《十个印第安人》等，还有几篇尚未发表过的短篇作品。虽然这部选集内容参差不齐，评论家们给予了很高的评价，认为这些小说中塑造了“具有比较复杂的气质和极为敏感相结合的高度文明的人物”，甚至比《太阳照样升起》更有价值、更动人。小说集以《没有女人的男人》为书名，似乎是在影射作者在婚变前后的生活处境。这应该算是海明威第二次婚姻的最初成果。

除了笔和枪以外，海明威最喜欢拿在手上的东西，大概就是酒杯和钓竿了。

海明威从青年时代起就酗酒，酒吧间就是海明威最常光顾的地方，每到任何一个地方，他都要表演他的豪饮。酗酒最能体现他的粗犷、暴烈性格。

之后，他对钓鱼的迷恋达到了几近疯狂的地步。开始海明威是租船出海，后来，他定制了一艘长40英尺、带卧舱的快艇，取名“拜勒号”。这条快艇装备齐全，有一个大柜专门储酒。他常常驾着这条船在墨西哥海上遨游，一边钓鱼，一边写作。他一出海便是十天半月。最长的一次一连在斯特里姆海湾度过了100天。

海明威迷恋垂钓，热爱他的“拜勒号”，常使波琳心中郁郁不快。但此时海明威沉浸其中，不能自拔，哪顾得妻子的情绪。在风浪里垂钓是海明威体验生活的又一种方式。在加勒比深蓝色的大海上，他写出了《一封古巴来信》《在湛蓝的大海上》等作品，《在湛蓝的大海上》成为他16年后创作《老人与海》的雏形。

此后，他又迷恋上了狩猎。据说海明威童年时代就梦想着到非洲去打猎，现在他实现了这一梦想。1933年8月，波琳的格斯舅舅为他提供了25万美元经费资助，促成了海明威夫妇非洲冒险的计划。海明威的非洲之行战果辉煌，他在非洲待了72天，一共打死3只狮子、1只野牛和27只其它动物。但是他非洲之行的真正收获是，出版了他在非洲打猎的专著《非洲的青山》。更重要的是创作出了最负盛誉的两部短篇小说《弗朗西斯·麦康勃短促的快乐生活》和《乞力马扎罗的雪》。

海明威的目标始终盯住下一部作品。他认为一个作家在生前的名气是看作品数量，死后的名气则看作品的质量。

紧接《死于午后》，他又出了一个小说集《胜者无所得》。这个集子包括《一个清洁明亮的地方》《向瑞士致敬》《暴风雨之后及其他故事》《杀人者》《世界之光》《胜者无所得》等 14 个短篇。

但这部小说集招致了很多批评，它成了作者进入思想危机的标志。此前我们说过，海明威每一部优秀作品，都意味着他生活中一位新的女性的出现。在下一部伟大作品——《丧钟为谁而鸣》到来之际，似乎意味着海明威身边的女性将发生更替了。随着《午后之死》《胜者无所得》《非洲的青山》等作品的问世，海明威与波琳的婚姻也即将走向终结。

这位新的女性名叫玛莎·盖尔霍恩。1936 年 12 月，他们初次相识在基韦斯特岛上。此时，正在马沃学院念书的玛莎已出版了一部长篇小说《狂热追求什么》和一个短篇小说集《我意识到的问题》。这位金发碧眼、性感苗条的女学生陪母亲和弟弟来基韦斯特岛度假时，在一个酒吧间里碰到了海明威。见到大名鼎鼎的作家海明威，玛莎首先送给他自己刚刚出版的长篇小说《狂热追求什么》。当海明威看到这本书的卷首上印着自己作品中的名言时，立即心头一热。接下来，玛莎便成了海明威家的常客。

了解丈夫性格而又敏感多疑的波琳，很快意识到自己要重蹈哈德莉的覆辙了。她尝到了十年前哈德莉的滋味。海明威的家里又出现了两个女人爱上一个男人的局面。

海明威在基韦斯特度过了 38 岁生日。但由于玛莎的到来，这个生日过得很舒服。

正当海明威家庭悄悄发生内战的时候，西班牙内战也全面爆发了。西班牙的战火使海明威摆脱了家庭的尴尬与烦恼，却为他的第三次婚姻迈出了实质性的一步。

四

1937 年 2 月，由 60 家报社组成的“北美报业联合会”聘请海明威到西班牙去做战地采访。

尽管波琳不同意，甚至还写信求助海明威的母亲规劝，但海明威还是迫不及待地踏上了西班牙的土地。

同时，玛莎也以战地记者的身份来到西班牙。他们在西班牙战场上，上演了一出战争与爱情的大戏。他又重温了第一次世界大战时在意大利米兰经历过的“战地春梦”。

在西班牙，海明威勇敢无畏的精神，赢得了西班牙共产党和人民的真诚赞扬。海明威也很佩服这些为了人民浴血奋战的共产党员，很快写出了电影剧本《西班牙大地》，并和伊文思合作，拍成了纪录片。

在西班牙将近八个月的时间里，年轻貌美的女作家玛莎始终陪伴着他。他们一同爬上红土山冈，观察共和军发起的进攻，一同到前线战壕里与士兵们交谈，一同参与实地拍摄《西班牙的土地》。开始时，其他记者都不清楚他们的关系，只觉得玛莎总喜欢捉弄海明威。直到有一天早晨，一颗炮弹把他们住宿的旅店里的锅炉炸坏，热水四处流淌，旅客们纷纷出屋，看到海明威陪着玛莎从卧室里出来，这才明白他们已经同床共枕了。

枪林弹雨中，他们的爱情也在一天天升温。拍完《西班牙大地》回到纽约以后，海明威带着玛莎参加了全美作家代表大会。应该说这是玛莎第一次在全美文学圈里亮相，也是他们爱情的一次暴露。当他们第二次重返西班牙战场不久，波琳也来到西班牙，死拉硬拽把海明威拖回了美国。她不甘心失败，她要为他们的婚姻做最后的努力。但是，就像十年前的哈德莉一样，破镜还能够重圆吗？海明威勉强在妻子身边待了一段时间，又一次来到西班牙。

不过，这次西班牙之行以后，海明威没有回美国，而是到了巴黎。波琳继续竭尽全力地维护他们的婚姻，于是她也赶到巴黎陪伴海明威。她有意留起了长发，梳成玛莎那样的发式，以取悦海明威，但仍然无济于事。为此，与海明威大吵大闹了一顿，甚至威胁要从旅店的阳台上跳下去自杀。

波琳的威胁非但于事无补，反而坚定了海明威离婚的决心。海明威后来说，在波琳或者别人眼里，自己反正是个坏蛋，干脆破罐子破摔。

于是，海明威在1938年出版的《第五纵队和第一个四十九篇小说》的自序中写下了这样一句话："作者怀着诚挚的爱谨将此书献给玛蒂。""玛蒂"是玛莎的爱称，海明威用这种方式大胆地将自己新的爱情公之于众，无异于是对现实婚姻的一次挑衅，也是向世界的坦诚告白。从马德里到巴塞罗那，从巴黎到纽约，很快明白了大作家海明威又即将面临一次婚变。

海明威的强硬态度使波琳逐渐明白，他们的婚姻无法保住了，海明威已经被那个狐狸精迷住了，自己与海明威即将成为路人。回顾十多年来，自己当海明威的妻子也确实很辛苦。海明威反复无常的性格和他那种时刻处于行动之中的生活方式要求她像走马灯一样不停地变换自己的角色：钓鱼的同伴，打猎时的陪猎，拳击手的看客，作品的鉴赏者和听读人，头脑清晰的秘书，技艺高超的厨师，迎接各方宾客的贤惠女主人，三个儿子的母亲……最后还必须是心胸宽广容忍丈夫与其他女人调情的妻子。但她清楚，这一切只不过是海明威当作他的文学创作所进行的一次次生活体验。

在西班牙内战期间的两年里，海明威的文学创作也达到了一个高峰。他重写并出版了长篇小说《有的和没有的》，同伊文斯合拍了电影《西班牙大地》，写了剧本《第五纵队》和十多个短篇。

《第五纵队》是海明威唯一的剧本。在不断遭受敌机空袭的马德里创作完成。这是一部有关战争、家庭与爱情的大戏，带有很强的自传性。可以想象得到，当他在西班牙内战的炮火中构思这部戏的时候，当他在马德里的旅馆里创作劳林斯这个主人公的时候，摆脱波琳的念头已经在内心深处时时闪现。

当他最后一次从硝烟未尽的西班牙战场上回国后，与波琳过了一段貌合神离的日子。但海明威很快以写作为名，又离开了波琳。他正构思一部以西班牙内战为背景的长篇小说。他觉得与波琳在一起无法完成这部杰作，需要离开基韦斯特这个安乐窝，走出去寻找灵感。他说："我现在必须做的事就是写作。过去我经常这样想，只要战争存在，你迟早总会被杀死，所以你根本不需要顾虑什么。可是现在，我并没被杀死，所以我就得工作。"

1939年2月，他来到古巴开始动笔写作这部后来命名为《丧钟为谁而鸣》

的长篇小说。这部作品使海明威度过了 17 个月的离群索居的生活。跟以往的作品一样，脱稿后天天都在修改，清样出来后，他又连续 96 小时没有离开房间，改了又改，终于于 1940 年出版发行。《丧钟为谁而鸣》取得了巨大成功，为他赢得了巨大的荣誉，也为他带来了婚姻的裂变——与波琳维持了 14 年之久的婚姻终于解体了。玛莎这位聪明美丽而工于心计的记者兼作家，经过精心而巧妙的策划，终于成功地取代了波琳，成为海明威的第三任妻子。

海明威习惯每换一个妻子，就要迁居一次地方。他和阿格纽丝的爱情游戏结束，与哈德莉结婚后，便迁居巴黎。后来与波琳迁居到了基韦斯特。这次，他和玛莎又一起迁居到了古巴哈瓦那附近的瞭望农场。

新婚燕尔的海明威夫妇，在瞭望农场过完温馨而浪漫的第一个圣诞节之后，他们商定了一个大胆的计划——到远东战区，到中国战场去度蜜月和采访。

两位记者兼作家的浪漫爱情始终是以战争为底色的。

1941 年 1 月，海明威夫妇从旧金山启程，取道洛杉矶、三番、夏威夷，一个月以后抵达中国香港。在香港海明威认识了一个富有传奇色彩的人物——英国人柯恩。柯恩在 20 年代初担任过孙中山先生的贴身警卫，后来当上广东省的警察厅长，直到 1938 年广东沦陷，才被迫隐居香港。宋庆龄先生当时也在香港，经柯恩的介绍，海明威拜访了她。在香港的一个多月中，他还意外地遇到了老熟人，中国当时的财政部长孔祥熙。海明威夫妇吃完孔祥熙的宴席之后，便离开香港，踏上了中国大陆，几经辗转来到当时中国的首都重庆，并受到了蒋介石夫妇接见和宴请。海明威感到，蒋介石虽然竭力想成为一个政治家，但实质上只能算是一个军事领导人，他考虑问题，都是着眼于军事，他没有民主思想。对他来说，权力就是一切。他怕共产党，而不怕日本人。日本人总有一天要从中国消失，对他们权力的真正威胁是共产党。

为此，海明威夫妇不太喜欢蒋介石，而对共产党的领导人周恩来情有独钟。

曾在西班牙与海明威拍战地纪录片《西班牙大地》的荷兰导演伊文斯，此时也在中国大陆拍摄战场纪录片，通过他的帮助，他们见到了周恩来。为了避开重庆国民党特务的盯梢，海明威夫妇与周恩来在一间地下室里秘密会见。周恩来用法语与他们交谈，宾主谈笑风生，一见如故。后来玛莎称周恩来为“我们在中国见到的唯一真正的好人”。

而海明威的中国之行并未像他的西班牙之行那样,导致大量作品的问世。除了给《太平洋邮报》的报道外,他几乎没有写什么东西。但中国之行使他得出两点大胆的预言:一是日本将向美国开战;二是战后共产党将在中国取得政权。这两点都被海明威言中了。就在他们返回瞭望农场不久,日本偷袭了美国珍珠港,并将美国卷入了第二次世界大战。

第二次世界大战摧毁了无数美好的生命,摧毁了无数代表古老文明的建筑,也摧毁了海明威与玛莎的婚姻。

玛莎生性好强,不甘于当家庭主妇。她聪明、能干,她不愿意受名人丈夫的支配,努力保持自己工作和生活的独立性,甚至在事业上和海明威竞争。她有着与海明威相似的追求,要做名记者和名作家。如此年轻,她就已出了几部小说。而作为记者,她拥有比海明威更多的政治敏感和热情。她不安于在瞭望农场过安闲舒适的日子,经常到各个战区去采访,而且不让海明威同行。如同当年海明威与波琳,不过现在倒过来了。海明威是个彻头彻尾的大男子主义者,妻子必须依附于自己、顺从于自己。因此,两个个性很强的人的婚姻冲突不可避免地时常发生,久而久之,这场轰轰烈烈的婚姻就要褪色了。

从亚洲采访回来以后,她曾经试图扮演好以前波琳在基韦斯特担当的角色,当好瞭望农场的女主人。但海明威那种既有家长作风又有顽童刁蛮习气的性格使她无法忍受,那种生硬的发号施令令她生厌。这时候,她想到了波琳能够与海明威维持14年的婚姻,是何等不易,需要多大的牺牲和勇气!

但玛莎毕竟不是波琳,她需要自己的事业和生活的独立。于是,她在海明威生日的前几天离开瞭望农场,到荷属奎亚那、苏里南丝林、曼哈顿商业区采访去了。以致海明威在43岁生日的那天晚上心潮翻滚,久久不能入睡。他想起了第一任妻子哈德莉,他们在一起的日子是多么美好啊,可是由于波琳的出现,被打破了;现在波琳也被这个叫玛莎的漂亮女人给打破了。美好的回忆永远无法填补眼前的寂寞和空虚,玛莎时常离家去外地采访,给海明威带来了无尽的孤独感。一个时期,他除了钓鱼、打猎、到酒吧间狂饮之外,就是到战争中寻求解脱。他先是改装了自己的游艇,在大西洋上搜寻德国潜艇,后是建立私人反间谍组织和情报网。当时,古巴有30万西班牙人,大约有3万人是亲纳粹的“长枪党暴力分子”,为了监视他们,防止他们干有损于美国利益的事情,海明威组织了一个以当地渔夫、牧师、酒鬼、妓女和侍者组成的反间谍队伍。这支有点滑稽,甚至几近儿戏的队伍,非但没有给他带来成绩或荣誉,反而招致美国联邦调查局的猜忌。联邦调查局怀疑他有共产党倾向,于是,为他建立档案,着手调查。但顾及海明威在美国国内和古巴的巨大声誉以及玛莎与罗斯福总统夫人的密切关系,联邦调查局才暂时没有动海明威。日后却带给他无尽烦恼,精神几近崩溃,才用那把自己挚爱的、向许多猎物扣动过无数次扳机的猎枪对准了自己。这是后话了,眼下,海明威正在欧洲战场上进行着出色的表演。

1944 年 5 月,海明威到达英国后,同玛莎一样为《矿工》杂志提供战争报道。在欧洲战场上,海明威不仅是个战地记者,而且是个真正的战士和指挥官。他与英国皇家空军一起飞往敌占区,执行战斗任务。和美军一起在诺曼底登陆,端着枪向前冲杀。之后随美军一起登上了欧洲大陆,率领一支法国反法西斯的游击队,随美军一起参加了巴黎西南 23 英里朗布依埃周围一带的战斗,并且赶在正规部队之前,率领着这支法国反法西斯的游击队,进入并占领了朗布依埃。他俨然以指挥官自居,设指挥部,升美国国旗,俘虏敌军,在室内架设武器。在美军横扫欧洲的战斗中,海明威始终战斗在第一线,充分表现了他那种不怕死的硬汉性格。大战结束后,他获得一枚铜质奖章,可他也因此受到了军事法庭的审判。原因是日内瓦公约规定,战地记者的任务只是观察和报道,一律不得携带武器。而海明威未经授权而参加战斗,并率领一支没有军人纪律和未经训练的游击队打仗。

后来艾森豪威尔将军下令说,对于似乎会运用自己的想象力求得战争胜利的人应该不予追究。军法部长最好去清算罪有应得的纳粹战犯的全部罪行。

军事法庭的审讯就此作罢。

三年后,即 1947 年 6 月 13 日,美国陆军总部颁发给他一枚星字勋章,授奖荣誉状上表彰了他的功绩:“海明威先生作为一名战地记者从 1944 年 7 月到 12 月,在法国和德国为盟军做出了卓越的贡献。他熟悉现代军事科学,对敌我双方的军事情况做了实地调查和报告。为了取得第一手资料,他不顾生命安危,冒着猛烈的炮火在各战场进行采访。

“海明威先生还把获得的资料进行整理加工,巧妙地写成文章表达出来,从而让读者对整个作战部队,对将士们面临的各种艰难和取得的辉煌胜利留下了完整的印象。”

官方无可奈何地表明，海明威在二战中的欧洲战场上是一名特殊的战地记者，收集了特殊的资料，完成了特殊的任务。但官方乃至朋友也许无法料到，这个特殊任务也包括了海明威又一次婚姻的终结。

五

从欧洲战场回到古巴哈瓦那市郊区的芬卡以后，海明威做的第一件事是将瞭望农庄装扮一新。因为它要迎接新的女主人了。

这位瞭望农庄即将的女主人名叫玛丽·威尔斯，比海明威小八岁，出身于一个富裕而有教养的家庭，有过两次婚史。此时被《时代》周刊伦敦分部聘为记者，年轻阳光，身材匀称，体格健壮，看上去有点像个生机勃勃、充满活力的小伙子。海明威在伦敦初次遇到她就觉得眼前一亮，意识到上苍又赐给他一个别样的女郎。

的确，上苍太眷顾海明威的爱情了。玛丽的出现似乎恰逢其时。

海明威到达伦敦后，便迫不及待地要求跟随英国皇家空军一起去执行任务。他还没来得及上天就负了重伤——在临执行任务的头天晚上，一同到伦敦的记者们宴请海明威。他在大家的奉承和颂扬中一直喝到凌晨3点，当他醉醺醺地开车回住地时，不幸撞到一个塔上，而被缝了57针，住进了医院。几天以后，当玛莎来到伦敦，听说海明威是因通宵酗酒自己撞成脑震荡之后，非常生气。她历来就反对海明威喝酒。在战时的伦敦还这么放肆，就更令她憎恶至极。因此，怀着这种心情见到躺在医院的海明威，自然没有好话。事后海明威向朋友诉苦说，玛莎简直“傻到不懂人之常情”，“没有良心”，“在我养伤期间，只来看过两次。”

其实，海明威一多半是托词，他巴不得玛莎不来看他。因为健康阳光的女记者玛丽已经取代了玛莎的角色。玛丽经常陪伴在他身边，百般体贴，万般温柔。海明威回国后，按捺不住激动的心情，连续写了好几封信表达爱意。年近五十的海明威，此时需要尽快结束与玛莎的婚姻，寻求一个新的爱情的归宿，让那颗动荡不安分的心停泊在平静的港湾。

此时,《纽约星期天明镜杂志》上刊出了一篇题为《丧钟为欧内斯特的三位妻子而鸣》的文章叙述了他婚姻破裂的历史,对海明威进行了抨击性描述。

但这不影响瞭望农庄更换女主人的进程。1945 年 12 月,与玛莎离婚三个月以后,海明威与玛丽在瞭望农庄结婚。

婚后他们度过了一段幸福而难忘的时光。玛丽既是妻子又是情侣,既是崇拜者又是批评家,既是钓鱼打猎时的陪伴又是书房里的秘书和编辑,另兼护士、厨师和瞭望农场产业管理人。

玛丽办事果断干练,对海明威体贴入微,从不试图占有他的灵魂,她有办法让海明威站着不动,又不伤他的尊严,如果他愿意,也允许他进攻。从与玛丽的共同生活中,海明威第一次感到爱情超过了他自己的那种强烈的自我为中心的大男子主义,并深切感悟到,以前总想到某一个地方去寻找幸福,现在才知道,幸福不是在哪个地方,而是在一个人身上。他遗憾自己到 47 岁时才找到玛丽,他又庆幸自己终于在这时候找到了玛丽。玛丽将成为海明威人生旅程最后 15 年里风和日丽的避风港。

他曾在一篇文章里这样赞美玛丽:"玛丽小姐是始终如一的。她勇敢、妩媚、机灵,看看她就叫人感奋,伴着她就觉得其乐无穷,实在是个好妻子。她还是个很出色的捕鱼能手,枪法相当准确的猎人,游泳健将,第一流的厨师,品酒的行家,优秀的园丁,业余天文学家,懂艺术,懂经济,又懂斯瓦希里语、法语和意大利语,还能用西班牙语管理船只和家务。她也很会唱歌,嗓音准确,真实。她认识的陆军将领,空军军官,政界要人,数目之多,超过我所认识的阵亡的连长,营长、酒友、恶棍、草莽歹徒、酒店老板、飞机驾驶员、赛马赌徒、形形色色的作家……

"她不在家时,整幢房子就像她曾拿开的倒得空空如也的空酒瓶一样空,我也就生活在真空里了,那种孤寂的情形活像电池用完 后又没有电流可接的一个无线电真空管。"

玛丽的确有这极强的忍耐力。在他们此后的生活中,玛丽进行了一系列艰苦卓绝的婚姻努力。酗酒、无缘无故的发火,甚至包括与众多女人的暧昧关系,她都宽容地容忍下来。玛丽后来在自传里说,在他们婚后的日子里,海明威始终不断地与其他女人调情或保持两性关系。其中有他的前妻哈德莉、电影导演霍华德的妻子斯丽姆、小说家和电视剧作家彼得的妻子吉姬。当玛丽不在身边时，他甚至还叫了一名 18 岁的哈瓦那妓女与他一同进出，而非真想与她上床。此时他正向一个叫阿德里亚娜的 19 岁女孩表白，遭到了拒绝。无非是向她证明，他堂堂的大作家并不缺少女人，而是缺少爱情！他与阿德里亚娜相识在 1948 年 12 月的一个雨天。海明威应邀参加了意大利运动员巴罗内在塔利亚门托河上拥有的狩猎屋里举行的聚会，下午狩猎活动结束后，海明威无意撞见了正在小屋烘干头发的阿德里亚娜。得知她忘了带梳子来，他从夹克的口袋中摸出了自己的梳子，把它整整齐齐地掰成两半，递给她一半，然后他们就熟识了。

1950 年冬天和春天，在意大利和法国，他们有过几次有他人在场的重逢。此后他们靠通信来往。他在写给阿德里亚娜的信中，声音颤抖地呼喊着，他思念她那"利刃一般的智慧和可爱的心灵、身体及精神"；他告诉她，他想把她拥入自己的怀中，尽管他知道这是不可能的。每当他们在一起时，他会连续几分钟地抚摸着她的手，还总忘不了赞美她那蹩脚的诗歌和糟糕的绘画。

"如果阿德里亚娜对于作为男人的海明威怀有一丝情感，他们就有可能会发展出一段爱情，"后来，小马里奥·梅诺卡尔这样评论阿德里亚娜与海明威的关系，"她接受了他给予她和家人的款待、善意与慷慨，但却没有任何回报。"

实际情况是，阿德里亚娜准备以与海明威结婚作为回报。她并不爱这个年老体衰的海明威，只不过是她试图以为手段来挽救日益衰落的家庭，一句话，她需要的是海明威的名气、地位和财富。

如果不是玛丽及早察觉并狠狠责骂海明威，他的第五次婚姻很有可能实现。她在自传中是这样写的：

"我的话不多，但是你要仔细听好，"我说，目光直视他忧郁的棕色眼睛，"我想我能理解你对这个姑娘的感情。"（我避免了使用"着魔"这个词。）"我早就告诉过你，我同情你。"（我把"幼稚"和"傻瓜"这类词咽了下去。）

"你对我的侮辱与无礼伤害了我，这一点你一定明白。"

"但是尽管如此，我仍爱你，而且我爱这个地方，爱'皮拉尔'号游艇和我们在这里正过着的正常生活。"

“所以，尽管你试图赶我离开这儿，离开你，可你是不会成功的。你听见了吗？因为我认为这对你我都会很糟，会令你我都无所适从。”

欧内斯特点了点头，他听到了我说的话。

“好了，就说这些。无论你说什么或做什么，除非杀了我，那样会弄得一团糟，否则我仍会待在这儿，掌管你的房子和你的观景庄，直到有一天你能在早晨清醒地到我这儿来，坦率而明白地告诉我说你想让我离开。

“我希望你听见我说的话了。”

1954年4月，海明威与阿德里亚娜见了最后一次面。此时的海明威已远非当年，他开始意识到，无数次意外事故和疾病，摧毁了他坚强的体魄，体重下降、皮肤病、酒精中毒、视力衰退、糖尿病、可疑的血色素沉着病、阳痿、高血压、肝炎、肾炎等，多得让人吃惊的疾病恶魔正一步步吞噬着他。正在威尼斯疗养的海明威对阿德里亚娜所象征的青春是如此地渴望又无可奈何，终于无法控制感情的决堤痛哭起来。他说他想活下去，这样就能再见到她，因为他仍爱着她；他发疯似的补充说，离开她就像被截了肢一样痛苦。当泪水开始流下来时，他惨兮兮地说：“瞧哇，女儿，瞧。现在你可以对所有的人说你见过海明威掉眼泪啦。”

以眼泪告别爱情，是海明威的情史上绝无仅有的。阿德里亚娜占尽了风光。而玛丽凭借着温顺、服从、容忍、大度，艰难地维持着自己的婚姻，几次险些走到婚姻的悬崖。最后一次，应该是1959年玛丽全力组织海明威60岁生日宴庆期间，他制造了一生中最后一次婚姻危机。这个单纯的19岁爱尔兰少女没有对玛丽构成威胁，因为她太了解自己的丈夫喜新厌旧的性格和旋风式的爱情特征了。她知道，过不久他又会对另一个产生兴趣。因此，这次她没有过多地阻止，而且默认了他与这位迷人的黑发美人的情人关系。令她想不到的是，此后她的丈夫再也没有力量制造风流韵事了。1960年11月30日，海明威飞往玛丽的故乡罗切斯特，住进了圣玛丽医院。但此时的海明威失去了高大强壮的身体、无与伦比的运动能力、文思泉涌的创作才华。海明威需要的是尊严、光荣、强健有力地活着，他不能丢掉“硬汉子”形象，不能容忍自己的软弱无力，不能容忍别人的同情、怜悯和救护，于是他的结局也就注定了。他终于选择了那把击毙过无数猎物的猎枪，对准了自己。

六

拿破仑曾经说过，男人的尊严和骄傲是在马背上和女人的胸脯上。

海明威的一生恰似这种论断的最佳注释。作为作家的海明威，在第一次世界大战期间，与阿格纽丝的苦恋催生出《永别了，武器》；在西班牙内战的战场上，与玛莎的炽热爱情写出了《第五纵队》和《丧钟为谁而鸣》。但是，当第二次世界大战的飓风把一个温柔娴雅而又聪明能干的玛丽·威尔斯卷到他的生活中后，海明威似乎江郎才尽或者乐不思蜀了。尽管他到过亚欧许多战场，参加过许多次战斗，但整整十年之久没有出版长篇小说。甚至可以说，《丧钟为谁而鸣》之后的整个40年代，他都没有影响较大的作品。他却真正享受到了名人生活：和百万富翁一起钓鱼、打猎、漫游欧洲大陆，参加重要的文化活动，接受各种报刊、杂志记者的拍照和采访。住在各式各样的豪华饭店里，享受年轻美貌的女人们的崇拜……

在此期间，他也创作了一部新的长篇小说《伊甸园》。《伊甸园》充满了海明威对哈德莉和波琳两任妻子的怀念，却将玛莎逐出了自己的“伊甸园”。在西班牙内战的炮火硝烟中催生的浪漫而短暂的婚史，很快被他逐出了记忆的屏幕。遗憾的是，一部长达20万字的著作却以失败而告终。接下来1950年创作长篇小说《过河入林》，又一次遭到了空前的失败。这部自传性极强的小说，只不过是《永别了，武器》的翻版，毫无新意。美国著名评论家马克斯韦尔·盖斯马尔在《星期六文学评论》上撰文评论道：“这是一部不幸的小说，不论哪一个尊敬海明威的才华和成就的人来评论它都是一件不愉快的事。这不但是海明威最糟的一部小说，也是集他所有以前著作中坏的一面之大成，从而对未来投下了阴影。这本书太可怕了，事实正是如此，它自有其病态的魅力……”

十年来，苦苦期待的读者失望了，评论界失望了，海明威也失望了。

遭受打击的海明威，在古巴度过了一段封闭而懒散的生活。在这里，他几乎远离了文学界和文坛上的朋友，远离了文明生活美国政治和经济现实。他所交往的不再是作家、编辑、记者，而是一些闲人和水手。与他们一起狩猎、钓鱼和坐在酒吧间里喝酒闲聊。没有激情，没有灵感，写不出作品的懊恼时时在折磨着他。对作家来说，这无疑是一个精神炼狱，但又何尝不是蓄积力量的蛰伏期呢！

实际上，海明威早就拟订了创作以海上生活为背景的系列小说《年轻时候的海》《远离家乡的海》和《与大海在一起》的计划，只是始终找不到最佳喷涌出口。在他的脑海里活跃了16年的关于老人、大海、马林鱼、鲨鱼的故事，以及追寻人的尊严、力量和勇气的哲学意念，终于有一天喷涌而出。海明威用了八星期时间创作完成了其中的一篇《与大海在一起》，后来发表时叫《老人与海》。

1952年，是世界文学史上着墨最多的一年。《老人与海》瞬间使海明威恢复了在文坛上的荣誉。500万册《老人与海》带着一股清新的墨香撒向世界各地，随之荣誉、财富向海明威涌来。连续几个星期，海明威平均每天收到八九十封读者来信，其中有学生、士兵、教授、码头工人，他在各地的老朋友以及许多不相识的人。还有人打电话或者找到他，感谢他写出这么好的作品。连教士和牧师们布道时也开始引用海明威在《老人与海》中的名言。三年前刚获得诺贝尔文学奖的福克纳说："时间将证明，海明威这本小书的质量将胜过我们任何人的作品。"

当年5月，《老人与海》获得普利策奖。一个月之后，这位五十多岁的男人，迅速恢复了对自己的体能、运动技巧和狩猎本领的自信，像年轻人那样意气风发，乘"弗兰德"号轮船，远渡重洋，进入非洲丛林狩猎。他渴望在狩猎中找回行将逝去的青春和文学硬汉形象，他甚至神经质地进行返祖尝试：把头发剃光，用长矛打猎，把自己的衣服染成马萨伊人服装那样的铁锈色，并痴迷地向一位浑身散发着"营地臭垃圾味道"的非洲黑女人求爱。

这次狩猎非但没有值得夸耀的东西，简直是自毁形象。尽管如此，依然没有撼动他的文学成就。海明威从非洲返回哈瓦那不久的1954年10月28日，便被通知获得了诺贝尔文学奖。不过，他没有前去领奖，只送去了一份简短的发言稿：写作，充其量也只是个孤独的生涯，各类作家组织减轻了这种孤独感，但是我怀疑它们是否改进了作家的写作。他增加了知名度，摆脱了孤独，却往往降低了写作的质量。

海明威一生中获奖数次：1941年有限版本俱乐部授予他金质奖章，1952

年获普利策奖，1954 年 4 月获美国艺术学会勋章，10 月获诺贝尔文学奖。这些授奖仪式海明威一律没有参加。然而在古巴的几次授勋仪式他全部参加了：1947 年 6 月在美国大使馆接受青铜星勋章（这是表彰他在第二次世界大战中作为战地记者所做出的贡献），1952 年接受古巴的荣誉勋章，1954 年接受卡洛斯·曼努埃尔德·塞斯佩德斯勋章，1955 年 11 月 17 日接受圣克里斯托巴勋章。

这令我一直存有疑问，是海明威与古巴感情深厚，还是轻视文学荣誉？

的确，海明威对古巴的感情很深。在古巴的日子里他受到了很高的礼遇，人民见到他就像见到古巴国王似的，充满了崇敬。卡斯特罗也曾向记者表明了自己对海明威的崇拜："我们把《丧钟为谁而鸣》带到山上去。它教会我们怎样进行游击战争。"卡斯特罗掌权后，海明威不止一次地表示了对新政权的支持："至今为止这是场非常纯洁和美好的革命，当然我不知道它将会如何发展。但是我希望能达到最好的结果，到目前为止，正如我们在成立西班牙共和国时所希望要达到的目的（西班牙共和国却未能达到）他们都做到了，我希望一切能往好里发展，那些被枪毙的人罪有应得。"

在此后的 1960 年 5 月，海明威还给在钓鱼比赛中获胜的卡斯特罗颁了奖。在他颂扬卡斯特罗，吻古巴国旗的时候，他的美国朋友们非常伤心，有的甚至同他断绝了关系。但美国和古巴的关系全面恶化之后，海明威还是离开古巴，迁回爱达荷州。在美国公民应尽的义务与古巴感情之间，他选择了爱国。

但令这位"爱国者"始料不及的是，他回国不久就被联邦调查局给盯上了。联邦调查局想从这位赫赫有名的作家、一生漂泊异邦被赤化的硬汉身上搜集到里通外国、叛国投敌的罪证，为政府有效打击赤化国家古巴提供帮助。但最后他们听到的是一声打破黎明宁静的枪声。

一生永不言败的海明威被自己——疾病、愤怒和焦虑消灭了；一生创作出《丧钟为谁而鸣》等许多令文坛震惊的作品的作家海明威，在黎明时刻为自己敲响了丧钟。

他曾在《永别了，武器》中说过一句话："世界毁灭了每一个人，但后来，在那毁灭的地方又有了许多健儿。"

但愿这些健儿能够像海明威那样尊严地活着、顽强地写作——世界需要海明威！

海明威是一个永不言败的文学硬汉，一个令女人着迷的美国男人，一个孜孜寻找精神家园的孤独漂泊者，一位经历丰富、富有现实感和正义感的作家，一位开了一代文风的语言艺术大师，他以其简约、含蓄、清新的文风在世界文学史上独树一帜。